思想會
MIND TALK

UNA GIORNATA NELL'ANTICA ROMA
by ALBERTO ANGELA

古罗马的日常生活

UNA GIORNATA NELL'ANTICA ROMA

奇闻和秘史

Vita quotidiana,segreti e curiosità

[意大利] 阿尔贝托·安杰拉 (Alberto Angela) / 著

廖素珊 / 译

社会科学文献出版社
SOCIAL SCIENCES ACADEMIC PRESS (CHINA)

罗马图拉真市场遗址

罗马天坛圣母堂附近公寓大楼遗址

图拉真浴场（复原图）水彩 —— Peter Connolly(1935–2012)（绘）

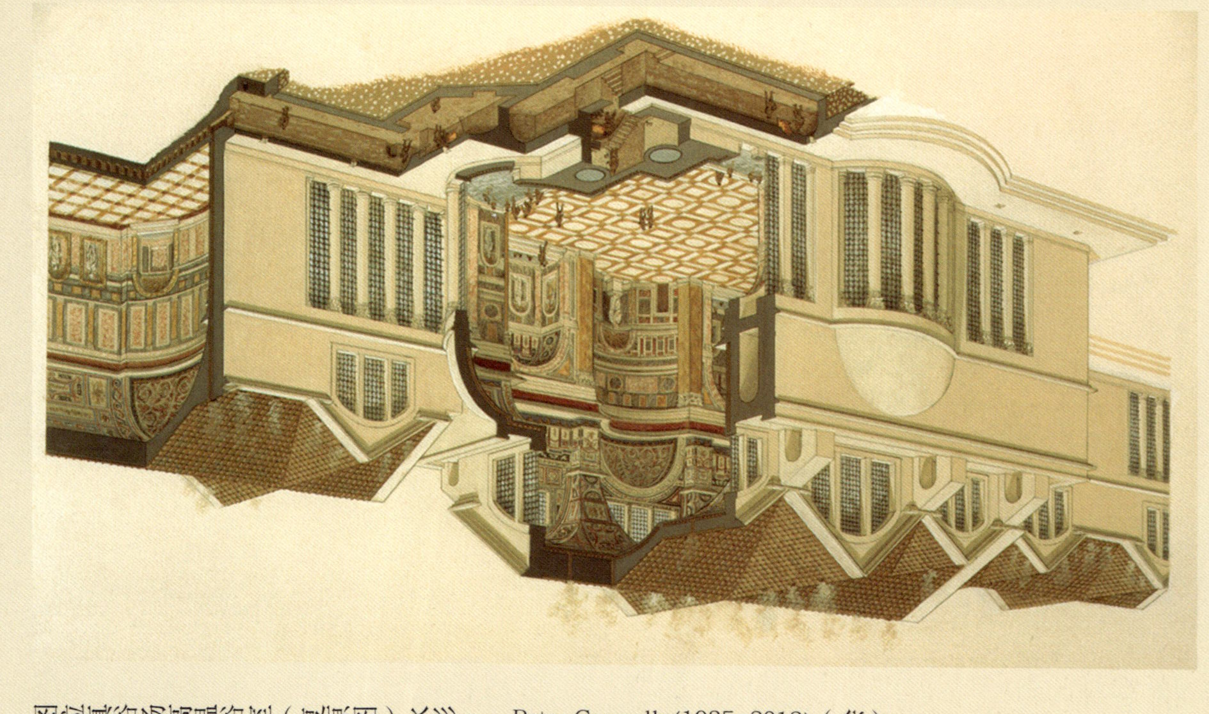

图拉真浴场高温浴室（复原图）水彩 —— Peter Connolly(1935–2012)（绘）

献给

莫妮卡、里卡尔多、爱德华多和亚历山德罗

他们为我的人生带来光芒

A Monica,

Riccardo, Edoardo e Alessandro.

E alla luce che hanno portato nella mia vita.

目　录

序　言

古罗马人的生活是什么光景呢？在彼时罗马的街道上，每天都发生着什么样的事情？这些是我们常常问自己的问题。而我猜想，就是这种好奇心促使您打开本书的。

毋庸置疑，古罗马对我们而言有一种难以言喻的魔力。每次我们参观罗马时期的考古遗址时都会有这种感受。不幸的是，旅游指南和考古展览品对于你所正探索之地的日常生活，往往只能提供笼统的概念，而且大部分总是集中在建筑的风格或年代上。

事实上，要真正了解这些遗址的日常生活情景是有窍门的，那就是要注意细节：台阶上的磨损迹象、灰泥墙壁上的胡乱涂鸦（在庞贝古城到处都是）、两轮马车的车轮在人行道上留下的车辙、房子的大理石门槛上因（早已消失的）前门不断开关而磨出的擦痕……

如果专注在这些特定细节上，你所探访的任何一处遗迹都将会顿时复活，你将能“看见”那个往昔时代的芸芸众生。这便是本书背后的精神——以无数的小故事来重新发现人类历史上最伟大的那个时代。

在多年对古罗马废墟和地中海周遭罗马遗址的电视拍摄中，我发现了有关罗马帝国时代生活的无数故事，它们在被世人遗忘许久后，才由考古学家重新挖掘出来。探访这些遗址使我接触到当时人们的日常生活习惯和实际细节，以及一个不复存在的世界的风俗和社会规范。当我和挖掘遗迹的考古学家讨论或拜读他们的书籍和出版物时，我也有相同的体验。

我意识到，这些有关罗马世界的珍贵资料几乎从未向大众公开，常常只流通于专业的学术期刊或封闭的考古挖掘遗址中。因此，我试着在此把它们讲述出来。

我写这本书的目的，是想通过讲述这些日常生活，使古罗马的废墟复活，并试着回答许多非常简单的问题——那时候走在城市里的大街小巷是什么感觉？会看到什么样的人？从阳台上会看到什么？食物好不好吃？人们说着哪一种拉丁语？卡比托利欧山①上矗立着的神庙在曙光中呈现何种景象？

在某个程度上讲，我在此书中试图打开一架摄影机，探索城市各个部分在两千年前的模样，让读者仿佛有正走在街道上的兴奋感受，你能闻到气味和芳香，观察到人们的脸部表情，走进商家、房舍或圆形竞技场之内。我认为，这是我们能了解帝国首都实际生活的唯一方式。

我自己就住在罗马，因此，对我而言，要我描述整日斜照在街道和纪念碑上阳光的变化，或探访考古遗址从而为多年来的电视拍摄和现场观察增添诸多细枝末节等，都易如反掌。

当然，在这趟访问古罗马的旅程中，你将看到的光景并非想象之物。相反，它们直接来自科学研究和考古发现、样本或

---

① 卡比托利欧山（Campidoglio），古罗马朱庇特神庙所在的山丘，为罗马七丘之一。（本书脚注均为译者添加）

骨骸的实验室分析，以及对古文献和书籍的考察。

对我而言，遵循城市中一天的进展，似乎是井井有条地呈现这些琐碎资料的最佳方式。每天中的每个小时对应着在永恒之都某地点的独特活动。如此，随着每个小时的流逝，古罗马生活中的一天将在我们眼前展开。

但还有一个问题。为什么要写一本关于罗马的书？答案是我们的生活形态衍生自罗马。倘若古罗马从未存在，我们今天的生活形态将会截然不同。你不妨好好思考这一点。罗马文明通常让我们联想到它的皇帝、出征作战的勇猛军团，以及罗马神庙那些长长的柱廊。但是，罗马文明的真正力量却躺在别处。这力量让罗马延续了超乎想象的悠久年代：在西方超过一千年，而在东方甚至更久，延续超过两千年直到文艺复兴初期，尽管帝国首都后来从君士坦丁堡迁移到拜占庭[①]。没有任何军团、政体或意识形态，足以确保这么长久的帝国寿命。罗马的成功秘诀恰恰在于其日常生活形态（modus vivendi）：建筑房舍的方式、衣着打扮、饮食，以及在家庭内外与其他人的互动关系，这些全都被纳入法律和社会规范的精准体系中。尽管罗马的生活方式经历了逐步的演化，但它在数世纪间基本没有太大变化，并使得罗马文明得以长久延续。

但是，我们真的能确定罗马时代已经完全消失了吗？实际上，罗马帝国留给我们的不仅是优秀的雕像和纪念碑，它也在我们的日常生活中留下许多不可磨灭的痕迹。我们所使用的字

---

① 此处有误。君士坦丁大帝于公元 330 年将拜占庭改为君士坦丁堡。1930 年，此城正式改名为伊斯坦布尔。

母，甚至在网络上使用的字体都是罗马正体字。意大利语，如同西班牙语、法语、葡萄牙语和罗马尼亚语等语言一样，都源自拉丁语。大量的英语单词也是如此。更不用说我们的法律体系、道路修筑法、城市规划、建筑、绘画和雕刻了，它们都源自罗马。没有罗马人，今日这一切都会大大不同。

严肃地思考这个问题时，你会发现，许多西方文明的最基本要素都不过是罗马生活方式的现代化演变，正如同我们每天在帝都罗马的街道上和房舍内看到的景象一样。

我试着写了一本我一直想在书店里找到的书：一本能满足我对古罗马世界好奇心的书。我希望这本书也能满足你的好奇心。

一切全都从公元 115 年，图拉真皇帝[①]统治时期的一条小巷子开始说起。在我的看法中，此时罗马正处在国力巅峰，也许，它的美也有着最卓越的表现方式。这是一个平常的日子。而天将破晓……

阿尔贝托·安杰拉

① 图拉真（Marco Ulpio Nerva Traiano，53～117），罗马皇帝，于公元 98～117 年在位，统治时期罗马帝国达到鼎盛。

当时的世界

公元 115 年，在图拉真皇帝治下，罗马帝国的疆域扩展至其最大版图。帝国边界超过 9600 多公里，几乎是地球圆周的 1/4①。帝国从苏格兰延伸至伊朗边境，从撒哈拉沙漠拓展到北海。

居民由形形色色又迥然不同的人群构成，从来自北欧的金发民众到来自中东的黑发民族，从亚洲人到北非人，不一而足。

想象一下，试着将今日中国、俄罗斯和美国的人口加总起来。相较于当时的世界人口，罗马帝国的人口总和甚至比前述加总人口所占的比例更大。

最重要的是，帝国囊括各式各样的地理环境。若从帝国的一端走到另一端，我们将遇到充满海豹和海狮的冰川、矗立着冷杉的巨大森林、大草原、白雪覆盖的山脉、庞大的冰河，接着就是湖泊和河流，它们将引导我们往南探向地中海的温暖海滩和意大利半岛的火山。沿着被罗马人称为“我们的海”② 的对岸走去，我们将发现自己身处广袤无际的（撒哈拉）沙漠

① 在古代，人们想象中的地球要比实际小得多，而且认为它是平的。

② 罗马人称地中海为“我们的海”（Mare Nostrum）。

的沙丘前，然后遭遇到红海的珊瑚礁。

在历史上，没有其他帝国曾横跨如此多样的自然环境。各地的官方语言是拉丁语，各地的流通货币是塞斯特斯[①]，到处都只遵行一种律法：罗马法。

有趣的是，这个庞大帝国的人口并不多——不到5000万人，比今日意大利的人口稍微少些。人口分散在村庄、乡镇及遗世独立的农庄别墅中，它们如同餐桌布上的面包屑，散布在无垠的疆域里，而几座大城市则从中陡然冒出。

所有主要的城市都以效率颇高的道路网相连，我们至今仍开着房车和卡车在这些延伸8000～9600多公里的道路上驰骋。这个道路网也许是罗马人留给我们最伟大、最历久不衰的遗产。但在这些道路的尽头，仍然有未经探索的广袤土地，狼、熊、鹿和野猪在那里徜徉。对于早已习惯耕地和工业仓库等景致的我们而言，这些野地看起来像是广袤无垠的国家公园。

军团保卫着这个世界，他们驻扎在著名的堡垒里，沿着帝国边界驻守在易守难攻的战略要地。在图拉真的统治下，陆军就有15万人，编成30个左右的军团，在历史上赫赫有名，如第三十乌尔皮乌斯军团（Ulpia Victrix）、驻扎在多瑙河的第二“辅助”军团（Adiutrix），或驻守在离今日伊拉克边境不远的第十六“坚定”军团（Flavia Firma）。

军团士兵需要后备部队，后者由外省居民组成，他们使有效军额加倍，听命于皇帝的总士兵人数则高达30万～40万，他们都是武装人员。

---

① 塞斯特斯（sesterzi），古罗马的一种铜铸货币。

而帝国的心脏地带在罗马。它屹立在帝国的正中央。

当然，罗马是个权力中心，但它也展现了丰富的艺术和文化——充斥着作家、哲学家和法律学者。最重要的是，它还是个大都会，与今日的纽约或伦敦相似，在这类城市里你可以认识来自全世界的人。在昔日罗马街道熙来攘往的人群里，你会碰到斜靠在马车上的富有中年贵妇、希腊医生、高卢①来的骑士队长、意大利元老院元老、西班牙水手、埃及祭司、塞浦路斯妓女、中东商人、日耳曼奴隶……

罗马成为全世界人口最稠密的城市——几乎有 150 万人。这是自从智人（Homo sapiens）出现后未曾有过的景象。他们是如何生活在一起的？这趟探访永恒之都的旅程将会帮助我们了解，在古代世界中达到最大疆域和鼎盛年代时，罗马帝国首都的每日生活景况。

帝国数千万子民的生活，均取决于罗马做出的裁决。但反之，罗马的生活要仰赖什么？它产生自居民间错综复杂的社会关系网络。那是一个令人惊讶的宇宙，在历史上独一无二，在某个平凡无奇的一天，它将在我们的探索中展开，就说那天是个星期二好了，在距今 1892 年前。

---

① 高卢（Gaul），约指现今的法国、比利时和意大利北部。

黎明前的几小时

她的眼眸默默凝望着远处，就像陷入沉思中的人。苍白的月光映衬出一张柔和的脸孔，宛如牛奶般洁白，嘴角隐藏着一抹微笑。她的前额缠绕着一条缎带，挽着发髻，但有几缕调皮的发丝松垮地掉落在她的肩膀上。突如其来的一阵强风在她周遭卷起尘土的云朵，但她的头发没有拂动。她的头发也不可能拂动，因为她是由大理石雕刻而成的。就像她赤裸的手臂是由大理石雕刻而成，她衣裙上的数百个衣褶也不例外。制作她的雕刻家使用全世界最珍贵的大理石，将罗马人最尊崇的神祇之一冻结在石头中——她便是玛图塔圣母（Mater Matuta，伟大的母亲），也就是“吉祥之母”、生育女神、“起源”和曙光女神。这雕像已经在此矗立多年之久，巍巍屹立在她那雄伟的基座上，俯视着邻近区域的一个十字路口。她为黑暗所包围，但散漫四射的苍白月光在她的大理石手臂之外，照亮了一条宽广的街道，两旁是鳞次栉比的商家。在夜晚的这个时分，商家大门紧闭，用的是结实的门闩和插入地面的厚重木板。它们位于庞大、阴暗的建筑中最低矮的那一层。这些巨大的黑色幢影包围着我们，仿佛我们正身处峡谷底端，抬头望向繁星满布的天篷。这些建筑物叫“insulae”，也就是下层阶级或平民的房舍，类似于我们的公寓大楼，但和我们的相较，极为不舒适。

这些公寓大楼和罗马的街道一样缺乏照明，这令我们吃了一惊。不过，这或许只是因为我们已经太过习惯现代都会中的明亮灯光。好几个世纪以来，当夜幕降临时，世界上的城市便为黑暗所吞噬，除了几盏挂在客栈或照亮神像的油灯（后者通常被放在需要照明的地点，比如街角或十字路口，用以帮助在夜晚出门闲逛的路人）。在罗马帝都亦是如此。多亏这几盏“夜灯”，或某些房舍里仍在燃烧的油灯光芒，我们才有可能辨识出城市某些地点的“地理位置”。

另一个让人印象深刻的现象是周遭一片寂静。当我们走下街道时，那股安静非常不真实。只有从街道下方几米处的临近喷泉流泻而下的哗哗水声，划破了这份沉寂。喷泉的设计非常简单：四片厚重的石灰华板所形成的四方形水池中央，矗立着一根低矮石柱。月光挣扎着想划过两栋建筑间，投射到街道上，照出那根石柱上所雕刻的神祇脸庞。那是墨丘利①，他带着有翅膀的头盔，嘴里倾泻出潺潺流水。在白天，女人、孩童和奴隶在此轮流取水，将木桶注满，然后提回家中。但现在，此处空无一人，只有流水的汩汩声响与我们为伴。

这份静谧很耐人寻味，应该说很罕见。这城市有 150 万人，而我们正身处其中。夜晚时分通常是商家的运货时间，马车的铁轮在石制的人行道上碾出金属的吵闹声响，回音中还夹杂着狗的汪汪吠叫。罗马是座不夜城。

---

① 墨丘利（Mercury），众神的信使，司商业、旅行、诈欺和盗窃等。

我们前头的街道变得稍微宽阔，创造出光线的绿洲。月光照亮了铺在人行道路上的网状玄武岩板。它看起来就像巨大乌龟被石化的龟壳。

再往前走一点儿，于街道尽头，有东西在移动。是人，他停下来，又往前走几步，然后蹒跚摇晃，靠在墙壁上。他一定是醉了。他嘟囔着我们听不懂的话语，摇摇晃晃地朝一条巷弄走去。谁知道他能不能安然返家呢？事实上，夜晚的罗马街道就像夜间的抢匪一样令人恐惧万分——那儿充斥着小偷、罪犯和数不尽的街头混混，后者光为了一点小钱，会毫不犹豫地将匕首刺向某人的肚子。如果明天早上有人在街道上发现一具遭抢劫并被刺死的某某尸体，要想在这般人口密集和龙蛇杂处的城市里抓到凶手，那可绝非易事。

那位醉酒的路人走进巷子前，在街角因绊到一样凸起物而摔跤。他发出一声咒骂，粗声低哼了几个字，然后继续那貌似不可能完成的路程。那块凸出的东西动了一下。它是活的。他是首都中众多无家可归的人之一，绝望地想找一处可以安心睡觉的地方。自从他的房东在几天前将他赶出那个简陋的租屋后，他便一直住在街上。他不是唯一的游民，躺在他旁边的是一整个家庭，他们尽力寻找还算舒适的安身之所，他们拥抱在一起，只带着几样他们带得走的家当。每当六个月的租期结束时，罗马便充斥着这样的可怜人。许多人在一夕之间发现自己被迫在街道上扎营，寻找容身和睡觉的地方。

忽然间，某种节奏明确的声响吸引了我们的注意力。刚开始时模糊不清，随后越来越清晰。它在建筑物之间回荡，因此很难判定它来自何处。门闩的陡然声响和好几盏油灯的光芒解释了这个谜团——这是由守夜人组成的巡逻队。他们究竟是谁呢？理论上，他们是消防队员，但由于需要不断执行防止火灾发生的检查勤务，所以他们也肩负着维护公共秩序的职责。

你应该看得出来，这些守夜人是军人。巡逻队共有九人：八名新兵和一位班长。他们正从一座大门廊的阶梯上攀爬下来。他们有进入任何建筑物的权力，这样他们才能检查火苗，预知危险状况，并及早发现可能导致悲剧的粗心行为。他们刚完成一项检查，班长正在和手下念叨着什么。他将油灯举高，因此新兵都能看清楚他。他的体格结实强壮，刚毅和轮廓分明的五官恰好搭配他那粗重沙哑的嗓音。他一解释完，便狠狠地看了其他新兵（vigiles）一眼，皮革头盔下那对深色的眼眸发出慑人的光芒。然后他大声发出命令，一行人开始迈步向前走。他们踢的正步过于节奏分明，这是新兵的典型毛病。班长看着他们迈步走开，摇摇头，然后跟在后面。他们用力踱步的声响逐渐消退，直到为喷泉的潺潺水声所淹没。

我们瞥向东方，看见天色已有改变。它仍是黑黝黝的，但现在你看不见星光。一张无影无形、不可触知的面纱仿佛正缓缓笼罩整个城市，像是试图将它与星光璀璨的苍穹分隔开来。几小时后，新的一天将会展开。但在一个古老的世界中，在这个最强大的帝国首都里，这将是一个与众不同的早晨。

奇闻 | 永恒之都罗马的数字

公元2世纪，罗马处于鼎盛时期。这真的是拜访这个城市的最好时机。与帝国的开疆拓土齐头并进，罗马也拓展到它最大的地理疆域，面积涵盖1800公顷，周长几近22.5公里。这还不是全貌。它的人口在100万到150万之间（根据某些估算，罗马当时人口多达200万，几乎与现代罗马相当!)。它是整个古典时期人口最稠密的城市。

事实上，我们不该对这样的人口增长与建筑热潮感到惊讶：罗马在数个世代以来稳定成长。每个继位的新任皇帝都用新的建筑物和纪念碑来装饰它，因此逐渐改变了城市的样貌。尽管如此，有时它的样貌会因火灾而发生突然而激烈的转变，而且这样的情形相当常见。罗马面貌的不断转变将持续数个世纪之久，甚至在古代，罗马便已经像一座开放的巨型博物馆，随处都能欣赏到艺术和建筑之美。

在这方面，当我们浏览君士坦丁大帝①统治时编撰的城市建筑和纪念碑列表时，仍不免感到惊诧。我们当然不会列出整张表，但仅是举出某些重点所在便足以让你惊掉下巴，特别是如果你记得这个城市的面积远比今日要小的话。

① 君士坦丁大帝（Constantine，272～337），罗马皇帝，在位期间是公元306～337年，承认基督教为合法宗教，330年将罗马帝国首都从罗马迁至拜占庭，改名为君士坦丁堡。

40 座凯旋门

12 个广场

28 栋图书馆

12 座巴西利卡[①]

11 座大浴场和 1000 个公共浴室

100 座神庙

3500 个著名人物青铜制雕像，和 160 座黄金和象牙制神祇雕像

25 个骑马雕像

15 座埃及方尖碑

46 个妓院

11 个水道桥和 1352 座街道喷泉

2 个马车竞技场（较大的马西姆斯竞技场拥有将近 40 万个观众席）

2 座供角斗士打斗的圆形露天剧场（较大的圆形竞技场有 5 万 ~7 万个观众席）

4 座剧院（最大的庞贝歌剧院有 2.5 万个观众席）

2 座海战剧场（为水战和海军战役打造的人工湖）

1 座用于田径和竞技比赛的体育馆（图密善竞技场有 3 万个观众席）

……

---

① 巴西利卡（Basilica），古罗马用来做审判或集会场所的一种公共建筑形式，其特点是平面呈长方形，外侧有一圈柱廊，主入口在长边，短边有耳室，采用条形拱券做屋顶。

那绿地呢？我们几乎无法置信，在这个密布着纪念碑和公寓大楼的城市里，绿地很多。在私人花园、公共公园、神圣森林和贵族们那为柱廊所环绕的庭院之间，等等，绿地大约占城市表面面积的1/4，超过400公顷。

有个问题令我们感到好奇：罗马的真实“颜色”为何？当我们远眺城市时，哪种色调将吸引我们注意？罗马可能有两种主要颜色：赤陶瓦屋顶的红色，以及房屋正面和神庙大理石廊柱的明亮白色。在绵延一片的红色屋瓦中，我们会注意到，到处是在阳光中闪烁的璀璨金绿色屋瓦。那些是神庙和某些帝国建筑的镀金青铜屋瓦。它们过一段时间便会氧化，往往染上绿色色调。列柱或神庙顶端的镀金雕像使我们惊讶，它们屹立在城市天际线之上，显得特别突出。白色、红色、绿色和金色，这些便是罗马的颜色。

06:00

多穆斯——富豪们的宅邸

罗马人住在哪里？他们的房子看起来是什么样子？我们习惯在电影和电视剧中看见他们住在明亮的房舍里，有柱子、内院花园、装饰湿壁画的房间、小喷泉和餐厅（“triclinia”，放有躺椅的正式餐厅）。但事实却迥然大异。只有富豪和贵族有能力住在仆人成群的别墅里，而这种人可不多。罗马的绝大多数居民都住公寓大楼，生活条件往往极差，有些甚至让我们联想到孟买贫民窟的房子。

不过，我们还是来一一介绍，从罗马精英的房舍，也就是所谓的多穆斯（domus）开始。在君士坦丁大帝治下，当局记载罗马有1790座这类房舍，这的确是个不容小觑的数字，但它们的格局并不都是一样的。有些相当大，有些则很小，后者是由于图拉真时期的罗马长期缺乏空地所致。尽管如此，我们就要去拜访的那座豪宅拥有传统的古老格局，它的主人非常以此为傲。

这种豪宅最引人注目的地方在于它的外观：它像牡蛎般向内封闭。事实上，你得将典型的罗马多穆斯想象成某种类似外国军团的小堡垒。它几乎没有窗户，即使有的话也很少，只是在高高的墙壁上开着几个小洞。豪宅没有阳台，围墙将它与外面世界隔离。事实上，此种防御性的围墙反映了罗马和拉丁文化初期的家庭农场结构。

那一道面朝马路又毫不引人注意的朴质大门使得豪宅与街道上的喧嚣隔绝，这是很明显的。豪宅两侧是数个商家，在清晨的这个时候仍关着门。主要入口处有两扇高高的木制大门，上面有大型青铜球形拉手。在每扇门的中央有个青铜制的狼头，嘴里叼着一个当作门环的圆环。

进了门，有一条短短的走廊玄关。踏入大门内几步后，我们便踩到一个用马赛克镶嵌而成的恶狗图案，上面还写着“当心恶犬”（Cave canem）的警语。我们从庞贝的别墅得知，古罗马的许多居民都选择了相同的马赛克图案。早在罗马时期，窃贼和挨家挨户的推销员就已经是个问题了。

我们注意到走廊一侧几步之遥处有个小房间，一个男人坐在椅子上打瞌睡。他是“门房”，守护入口的奴隶。他身边有个年轻男孩像狗一般睡在地板上，他一定是“门房”的助手。豪宅内的每个人都还在呼呼大睡，因此我们可以自在从容地逛游这栋别墅。

再走几步路，走廊通往一个金碧辉煌的空间：前厅(atrium)。这是个长方形的房间，宽敞宏大，绘制着明亮的湿壁画，曙光的光芒将它照得闪闪发亮。但既然豪宅没有窗户，这道光线又是从何而来的呢？我们往上一瞥，得到答案：天花板的正中央缺了一片屋顶。天花板上有个巨大的正方形开口，阳光从此洒入，仿佛在庭院里一般。阳光像瀑布般垂直穿透屋顶，然后水平地散射入开向前厅的几个房间内。

这个天窗不仅能让阳光透入，它还能使雨水落下来。下雨时，前厅上方的巨大屋顶表面会收集雨珠，然后将它们导向漏斗般的天窗。几道水流从沿着屋顶边缘安置的几座赤陶雕像的口中宣泄而出，以一个精彩的腾空跳跃，潺潺流入前厅。在暴风雨来临时，水声将会震耳欲聋。

但这水不会被浪费掉。雨水精准地坠入前厅中央的正方形大池。这是承雨池（l'impluvium），一个非常古老又相当合理的点子。它收集雨水，再将它输送到一个地下的储水槽。储水槽是豪宅的水塔。一个小型大理石水井使得收集来的雨水能供应豪宅每日所需。这口水井已经使用了好几个世代。事实上，水井边缘到处都是磨痕，那是用绳子从储水槽里提水桶上来时所留下的擦痕。

承雨池也具有装饰功能：这个室内水池能倒映蓝天和云朵。它看起来几乎就像一幅画在地板上的绘画。对所有进入这豪宅的人来说，不管是客人或游览者，它都留下令人非常惊诧和愉悦的第一印象。

但我们现在正在观看的承雨池里还有别的东西：水面上漂浮着花朵。花朵是昨晚在这个豪宅里举行晚宴时所留下来的。

池里的水就像一面镜子，将清晨曙光折射到宅邸里的每一个角落。微风吹拂起的阵阵涟漪反照在客厅墙壁上，光线的波浪似乎越过湿壁画的表面，追逐着彼此。我们再走近一瞧，整个客厅内所有墙面上都显示出灿烂的色彩。四面墙壁上都是神话人物、想象中的风景或拥有几何装饰图案的绘画。色彩相当强烈：天蓝色、红色和赭黄色。

这些事实让我们得到一个重要的结论：罗马的世界远比我

们的世界来得五彩缤纷。鲜明的色彩装饰着室内建筑和纪念碑；甚至连人们在重要场合所穿的衣服也有着丰富的色调和明暗层次。我们现代人往往认为黑色或灰色西装或洋装才是优雅的极致。丧失这些缤纷色彩真是非常可惜。尤其是我们的家里，大都漆着白色的墙壁。罗马人则会将它们视为框好的空白画布。

我们继续探险。有些房间开向前厅四周，它们是卧室，或说是小房间（chiamate cubicula）。跟我们的卧室相比，它们非常窄小阴暗，比较像牢房，而非卧室。我们在那里必定会过得很不愉快：卧室没有窗户，唯一的光线来自油灯的微弱照射。因此，我们吃惊地发现，要看清楚经常装饰着这些房间的绚烂湿壁画和马赛克，是件多么不容易的事；在今天的博物馆中，我们还得利用灯光的巧妙照明，才能赞叹艺术品的独到之处。但罗马人却从来不觉得困扰。一旦他们的眼睛适应卧室的昏暗，闪烁的油灯火焰便将这些绘画映衬得十分引人入胜，同时更加凸显画中风景的轮廓和人物的五官特征。

我们在前厅的角落可以看到楼梯。楼梯通往楼上，仆人们还有家里的某些女眷住在那里。一楼，也就是“高贵的一楼”，属于男人，尤其是作为一家之主（pater familias）的领域。

我们继续往前走，走过承雨池，来到另一边的墙面。在大部分的时间内，它被开起来像折叠门的大型木制门板封闭着。我们打开门板，看见屋主的办公室（tablinum），他在这里接见客人。房间中央端放着一张气派的大型桌子和一把宝座般的椅子，沿着墙边则置放着几张凳子。它们的脚全都装饰繁复，点缀着骨头、象牙和青铜的镂嵌雕刻。房内还有些放置着油灯的高大分枝烛台，一个（取暖用的）火盆放在地板上，里面有燃烧的木炭，桌子上则放有价值不菲的银器（无疑是贵重的礼物或纪念品），以及写字工具。

在房间远处是片巨大帷幔。我们拉开帷幔，进入豪宅较为私密的空间。直到现在，我们已经看过豪宅较为公共的区域，那里是陌生人也可以参观的。但这片帷幔之后是宅邸的私密空间。这里是柱廊围绕起来的庭院，或说是多穆斯的大型内院，是房舍里的绿地。它由美丽的柱廊环绕，柱子间的天花板上悬吊着大理石圆盘，圆盘上绘画或雕刻着神话人物。这些圆盘有着一个奇怪的名字“oscilla”，意谓摆动，但我们不难猜出名称由来。当风儿吹拂时，圆盘轻柔地前后摇摆，而僵硬的柱廊仿佛也轻轻摇摆起来。

在清晨此时，内院有种迷人的氛围。我们为各式各样的香气所包围，它们来自栽种在花圃里的观赏类、芳香类和药用类植物。

事实上，在这些花园里，依据多穆斯的不同，我们可以观赏到桃金娘、黄杨树、月桂树、夹竹桃、常春藤和莨菪，里面甚至还有大树，比如丝柏和悬铃木。别忘了还有鲜花，如栽种在花坛里的紫罗兰、水仙、鸢尾或百合。里头往往还有座葡萄藤架。内院的确是多穆斯里面让人心境平和、放松的绿洲。一座精巧细腻的绿洲：植物不是随意栽种，而是排成几何图案，小径和花坛精心规划，有时还有个小迷宫。园丁常常修剪灌木丛和树本，将它们剪成动物的形状。而在花园里常常可以看到活生生的动物，比如雉鸡、鸽子或孔雀。

我们可以在晨曦的微弱光芒中，看见两个纹风不动的人：它们是装饰在花园角落的小型青铜雕像。两座小雕像是肥嘟嘟的男婴，每个人怀里都抱着一只鸭子。我们再走近点儿看。一个男婴正发出像是咯咯声的怪响。突然间，在两道嘈杂的水流喷射过后，一道细细的流水从一只鸭子的嘴中涌出。原来它们是喷泉雕像。水流径直坠入一个圆形水池中央，创造出赏心悦目的水舞。这还不是唯一的。我们转身看去，另外三座小喷泉也开始喷水。

显然在这栋多穆斯里，承雨池不是水的唯一来源。一段时间以来，这栋宅邸有另一个供水的源头：水道桥。多亏屋主的人脉广阔，他总算得到一条私人的运水管道。事实上，他的宅邸是少数拥有自来水的幸运家庭之一。这在罗马很罕见。他也用这些小喷泉游戏来取悦客人。

现在，一只瘦骨嶙峋的手关上了藏在灌木丛里的栓塞。那是奴隶的手；他正在检查水管是否运作正常。他高大瘦长，皮肤黝黑，有着黑色卷发，他应该是中东或北非人。现在，他要在内院里捡拾落叶和凋谢的花朵。他一定是园丁。

有些声响从面向廊柱的一个小房间里传出，听起来像是有人在扫地。我们朝着声音走去，声音来自餐厅。这是昨晚举行晚宴的地方。宾客使用过的躺椅已经整理好，弄脏的罩单全数更换过。另一个奴隶正在收拾昨晚欢宴后的残羹剩肴，包括一只龙虾螯。事实上，这是种习惯，在晚宴时，要将食物残渣丢在地上，而非放在盘子里。

已经有人在厨房工作。那是个女人，也是一名奴隶。她有一头短发，藏在以碎布缝制成的头巾下，但你还是看得出来她是金发；几络金色卷发垂挂在她脖子上。她也许来自日耳曼或达契亚（罗马尼亚），后者是新近才被图拉真征服的土地之一。厨房很窄小。奇怪的是，以晚宴闻名的罗马人似乎不怎么重视厨房。他们将其视为一个次要的房间，其角色与现代公寓的小厨房相当，因此，厨房在多穆斯中没有标准位置。有时，厨房在一道短走廊的尽头，有时在楼梯下方。这的确很奇怪，但不必为此太过惊讶。富豪的宅邸里，没有“家庭主妇”的角色，在厨房里干活的都是奴隶。厨房纯粹是个服务区，因此没人担心装饰、舒适度，或空间大小的问题。但此外，在比较卑微的罗马人家庭里，则是由女主人负责烧饭，不过，与今日相比，她在家庭中的角色比较像仆人，而非妻子。

罗马厨房让我们熟悉的一个景象是墙壁上挂满了红铜（或青铜）锅和平底锅以及砂锅，目的是展示和炫耀。也有些过滤器，它们的洞口设计如此精致，宛如刺绣作品。厨房里还有大理石研钵和杵、烤肉叉子、陶锅，以及形状像鱼或兔子的烤盘，用以盛放最受喜爱的菜肴。观察这些物品的形状，就等同于浏览那个时代的菜单。

食物在灶台上加热，那是个砖造的台子，火炭像放在户外的烤肉架般铺在上面。当火炭够热时，便可以将炉子或金属三脚架放在上面，然后再放上铜锅或平底锅。

这些砖造灶台往往以优雅的拱孔支撑和装饰，它下面的空间也可作为小型的柴堆间。这里堆满备用的柴薪，相当于今日许多意大利厨房所用的瓦斯桶。

现在，奴隶正在点火。但罗马人是如何点火的呢？我们走近她，越过她的肩膀偷看，发现她正在使用一片火镰。火镰的形状像个小马蹄，她像抓着陶罐把手般抓着火镰。她的另一只手里握着一块石英，用火镰在上面击打。点点火星飞起，一道火星掉落在作为引火物的蘑菇薄片（Fomes）（一种长在树干上，像木头般的蘑菇）上。女孩轻轻对着它吹气，蘑菇表面开始因白热而燃烧，形成许多小洞。这时，她将薄片推向一些麦草，将蘑菇的热焰“传染”给它们。她又吹了几口气。刚开始时，一道烟雾从麦草上袅袅升起，然后，陡然间便冒出一道火焰。大功告成。现在，她可以燃烧木头，并准备火炭了。

让我们在这里稍停一下。这趟多穆斯之旅帮助我们了解了罗马宅邸的一些事物。它们的确很美丽，但远远不及我们的住宅舒适。宅邸到处都是缝隙，冬天很冷，你得借助放在每个房间地上的火盆取暖（相当于我们的电暖炉）。更有甚者，房子很暗，每个房间都是昏暗不清。窗户很罕见，就算有的话通常也很小，没有我们的窗户透光。在富豪的宅邸里，窗玻璃是以滑石、云母甚至玻璃制成，穷人则用半透明的兽皮，或更常见地，只用木头作为窗板而已。

总之，要了解罗马人的房舍，或者富豪的宅邸，比如像这栋多穆斯里的氛围，你只消想象一座老旧农舍，有着厚实的床和厚重的毛毯，从门下面缝隙渗透进来的些许朦胧光线，壁炉里燃烧的柴薪气味，漫天飞舞的灰尘和蜘蛛等，就已足够。

06:15

室内装潢——一种纯粹的罗马风格

如同我们所见，宅邸里的日常活动已经展开。每天最早起床的是奴隶。宅邸里总共有 11 名奴隶，他们构成被称为“家庭”（familia）的团体，也就是屋主所拥有的奴隶整体。对我们而言，一栋宅邸就有 11 名奴隶，数量可能太过庞大，但这只是一般标准。实际上，每个富有的罗马家庭都拥有 5 ~ 12 名奴隶。

那么，他们睡在哪里呢？这就如同要容纳整个足球队一般……奴隶没有自己的房间。他们睡在厅堂、厨房，或全部挤在同一个房间里。一个特别受到信任的奴隶则睡在主人（dominus）卧室前的地板上，看上去就像狗和它的主人一般。

今早稍晚时，我们将有机会了解奴隶的世界：他们是谁，他们如何变成奴隶，以及他们的主人如何对待他们，等等。但现在，让我们继续观察正在醒过来的豪宅。

一个奴隶女孩拉开厚重的紫色布幔，走到一张有着海豚状桌脚的大理石大桌前。桌子沿着承雨池边缘放置。桌上摆着一个精致的银质水罐，这显然是接待客人的桌子。奴隶女孩小心翼翼地将它拿起来擦拭。我们绕着桌子走了一圈。其他的家具在哪儿？

罗马房舍最惹人注意的地方在于以下强烈对比：墙壁（湿壁画）或地板（马赛克）上丰富多彩的装饰和稀少的家具。基本上，它和我们的现代居家设计刚好相反。

我们再看不到充斥在客厅里的沙发、扶手椅、地毯和书柜。所有的房间都是空荡荡的，只放着最基本的家具。

这种来自罗马人的室内装潢概念与我们的理念南辕北辙。他们不但不会将注意力放在家具和房间装潢上，通常还试图隐藏或伪装它们。床和椅子有时会消失在坐垫或帷幔之下。同时，墙壁上的湿壁画往往重新制造出假的门、假的布幔，甚至假的风景——后者或许还与墙壁上真实的开口所呈现的花园景观相互交替。[最精巧的呈现此技术的范例之一，是托雷安农齐亚塔[①]著名的欧普隆提斯别墅（Villa Oplontis），这别墅可能属于尼禄[②]的情妇和第二任妻子波佩雅（Poppea Sabina）。]

由此可见，许多罗马豪宅显示了罗马人的这类奇怪癖好：在视觉和幻觉间大玩捉迷藏，让某些物品消失的同时，又创造出其他事物的复制品，有时甚至在墙壁上画出整片风景。考虑到他们身处的时代，罗马人倒是拥有极端精致细腻和现代的品位。

即使家具稀少，但我们在罗马房舍里所能看到的家具却十分珍贵。桌子可能是最常见的元素。有许多种类的桌子；罗马人最喜爱的似乎是三脚圆桌，桌脚雕刻成猫脚、山羊脚或马脚。（三只脚并非巧合，这是确保桌子不会晃动的最简单造型。）

---

① 托雷安农齐亚塔（Torre Annunziata），意大利南部那不勒斯省的一个城市。

② 尼禄（Nero，37～68），在位期间是公元54～68年，罗马暴君。

我们可能会吃惊地发现，罗马人是第一批想出对我们而言应该是现代发明点子的人，例如，折叠桌或靠墙站立的半圆形桌。

不过，罗马的椅子就没那么新奇了。它们一点也不舒适。罗马人完全不懂我们今日常常在沙发和扶手椅中所使用的填充技术，他们试图以坐垫来弥补这项缺失。坐垫真的到处都是：床上、躺椅上和坐椅上。

在这栋多穆斯里，角落处可以看到衣柜似乎再正常不过，但事实上，它是最古老世界的创新发明。罗马人是第一个使用衣柜的人。希腊人和伊特拉斯坎人[①]并不懂得使用衣柜。尽管如此，奇怪的是，罗马人的使用方式与我们不同，他们并不拿衣柜来装衣服。相反，他们用这类柜子来储藏精美或贵重的物品，比如酒杯和高脚杯、梳妆用具、墨水池或秤。

衣服和亚麻床单则放置在一种叫作“vestiariae”的特别柜子里，它与现代的长椅柜非常类似。柜脚雕刻成小狮爪，盖子从上头打开。这种家具将被使用数世纪，延续到整个中古时期和文艺复兴时期。

当然了，富人家中的室内装潢会使用大量的帘幕和帷幔。它们能够为房间阻挡太阳和强风，创造出冬暖夏凉的效果，并能使主人与灰尘、苍蝇和偷窥的眼神保持安全距离。在这方面，考古学家最近在位于现今土耳其的罗马城市艾费苏斯[②]的多穆斯废墟中获得一些有趣的发现，这座城市遭地震损毁，掩

---

① 伊特拉斯坎人（Etruscans），位于现今意大利托斯卡纳地区的古文明。

② 艾费苏斯（Ephesus），位于小亚细亚西岸。

埋了数世纪之久。考古学家在挖掘过程中发现大量的罗马小型装潢饰品。在围绕着花园或这栋贵族豪宅内院的柱廊里，仍依稀可见青铜杆装置的残余部分，它们之前是用来支撑柱子之间所挂的帘幕的。事实上，廊柱可以用一道帘幕封闭起来，创造出一处凉爽阴暗的门廊，居民在艾费苏斯的酷暑中可以于此漫步。在门框上面有更多的青铜杆，证实帘幕也可以用来挡住通道，在今日地中海国家的酒吧和商店也可以见到类似的景象。（我们不能排除，某些罗马帘幕就像我们所使用的帘幕一样，也是用彩色布条和打了数百个小结的长绳制成。）

必须补充的是，罗马的多穆斯也常常装饰着非常精美的挂毯、席子，甚至地毯，这是从中东传至罗马的时尚。

银器、保险箱和古董

富豪宅邸的某些装饰品是用来作为地位的象征。比如大理石半身像和雕像，以及放在显眼处展示的银杯、碗和其他物品。一整套的银水罐和高脚杯则放置在特别展示桌或餐具柜上进行展示，好让客人或门客好好赞叹欣赏。

买不起银器的人就展示青铜器、玻璃或珍贵的陶瓷。但遇上重要场合，一定要展示点什么，这是社会习俗。事实上，这个习俗也流传到我们的时代，在客厅里以玻璃门餐具柜展示“精美餐具”仍然是被广泛接受的做法。

富裕人家的另一个象征物品是保险柜。我们想尽办法把保险柜藏在家里，罗马人则恰恰相反，保险柜往往放置在大家都能驻足观赏的明显地点，比如前厅。

那是富贵和财富的明确象征。当然了，它会被牢牢固定在地板或墙壁旁，旁边甚至还有一位相当于管家的奴隶（atriensis），他就像保安人员，指挥着进出前厅的人们的路线，尤其是在访客前来和屋主洽谈生意，或是举行派对和晚宴的夜晚。

保险箱说来也不是真的保险箱：它比较像个大柜子，外面固定着螺栓和铁条。但想打开它可得大费周章，这个精巧的程序值得詹姆斯·邦德来大显身手：拉开青铜假头，推开杠杆，或转动圆环。一旦打开它后，里面又有什么宝物呢？当然是这家人最贵重的金器和银器，还有重要文件，比如遗嘱、合约和房契——全部写在木头写字板或莎草纸卷轴上，上面还有不可或缺的，以主人徽章戒指盖出的印章。

这里要介绍一个奇闻。在古代，罗马人便已热衷收集过去的古董、文物和杰作，并放在家中展示。但是，既然我们现在正处于古典时代的中期，什么样的文物才可以被视为古董呢？考古学家已经提供给我们答案。罗马废墟的发掘显示罗马人将伊特拉斯坎小雕像、镜子和高脚杯视为珍贵的古董。考古学家亦发现来自古埃及的文物。坦白说，对图拉真治下的罗马人而言，古埃及文明遗存是真的被视为“古董”。例如，法老拉美西斯二世①是活在图拉真时代1400年前的人物！这段时间间隔几乎与我们现在所讨论的罗马时代相当。

---

① 拉美西斯二世（Ramses II，1303 BC～1213 BC），在位期间是公元前1279～前1213年。统治时扩张埃及版图，兴建神庙，死后埃及开始走下坡路。

公寓大楼的源头

在此提出最后一项观察。我们刚拜访的多穆斯遵循一种典型的楼层平面图，类似于旅游者在许多考古遗址所能欣赏到的结构，尤其是在庞贝。但在一个像罗马这样的城市里，都会的过度发展使得对空间的需求增加，而且，不是所有的多穆斯都有足够的空间采纳典型格局。考古学家在罗马的古老港口奥斯蒂亚古城[①]有惊人的发现，那里的房舍（建造于图拉真时代推行城市重新开发计划之时，也就是我们所探索的年代）仍旧清晰可见，反之，在罗马，所有事物如今已被数世纪以来出现的新建筑重重掩埋。

在奥斯蒂亚古城可以看到许多“简略”的多穆斯，也就是说，没有前厅——那个包括收集雨水的承雨池的大房间。长期缺乏空间和城市水管（房舍里不也再需要用到井），往往使得屋主删减前厅这个部分。

在其他地方，如庞贝，多穆斯的三楼常包含着独立入口。显然富裕家庭并不会因为让房客住在上方楼层而忐忑不安。也许他们会因此失去一些隐私，但好处是会带来丰厚的租金收入。

到了某个时期，富裕人家不再居住于这类房屋里，反而是中下阶层的居民纷纷搬入。换句话说，城市生活在几代之前便使得都会住宅发生基本演变，导致越来越高的建筑出现，更多

---

① 奥斯蒂亚古城（Ostia Antica），位于罗马西方的古老港口。

家庭住进更为独立的公寓，结果便产生了名副其实的公寓大楼。

而今日我们许多人所住的公寓建筑，正源于两千年前发生在罗马和其他帝国主要城市里的这种转变。

06:30
主人起床

在多穆斯的卧室外面，我们可以听见主人沉沉的鼾声。我们慢慢打开房门，一道光线射进房间，并照到一张床上，床则位于凹入墙面中的壁龛内。主人睡在床上，裹着刺绣精美的毛毯，毛毯上有紫色、蓝色和黄色条纹，垂挂到地板上，形成华丽的皱褶。

床的尺寸让我们大吃一惊。依循传统，床非常高，你甚至需要使用一只凳子才能爬上床。我们可以瞥见几乎掩埋在床单下的凳子，上面放着凉鞋，主人钻进被单前在此脱下凉鞋。

这张床有着老式的三段式床头板，让我们联想到一张沙发。木制床腿雕刻精细，装饰着镶嵌的象牙和镀金的青铜片。床的边角装饰着猫和萨蒂尔[①]的头部，斜照的阳光将它们映衬得栩栩如生。没有弹簧，床垫就放置在皮质带子上，这些皮质带子组成了床架。罗马人的床绝对没有我们的舒适。

但罗马人的床垫是以何种材质制成？就我们今天所了解的，某些床垫里塞着麦秆。其他床，比如这张床，则塞着羊毛。

---

① 萨蒂尔（satyrs），半人半兽的森林之神，性好渔色。

当然还是有些例外，像在赫尔克拉尼恩[①]出土的，奇迹般保存得完好无缺的婴儿床，里面仍存有在维苏威火山爆发中丧命的婴儿骨骸。床垫里塞满树叶（树叶或许能保护婴儿的健康，或可以驱走寄生虫）。

主人单独睡在他的房间内，他的妻子在哪儿？在我们的社会里，丈夫与妻子习惯共睡一床，但在罗马时代则并非总是如此。事实上，虽然新婚夫妇通常睡在双人床上，但富裕夫妻分睡两房才算品位高尚。因此，主人的妻子（也就是女主人）（domina）睡在她自己的卧室（cubiculum）里。

起床时间到了。罗马人很早起床，在曙光乍现时便醒过来，但也遵循着太阳升沉的自然节奏，睡得很早。好几个世纪以来都是如此，我们才是例外。

主人最信任的奴隶小心翼翼、轻轻地将主人唤醒。几分钟后，主人离开卧室，还有点睡眼惺忪。他身材高大结实，有着花白的头发和蓝色的眼眸，他出众的鼻子强调出他眼部的高贵气质。

他裹上品位高尚的蓝色袍子，慢慢走近一个靠墙而建的木制建筑。它看起来就像个小神庙，两根柱子支撑着一座三角形山墙。这里的确是房舍里的圣地：它是家神的神龛。它供奉家神，也就是保护这个家庭的神灵。“神庙”中央的两座小雕像便是家神的化身。他们看起来像一对正在跳舞的长发年轻人。在他们旁边还有两座神祇的雕像：墨丘利和维纳斯。奴隶递给

---

① 赫尔克拉尼恩（Herculaneum），古罗马人的度假胜地，公元79年因火山爆发而被夷为平地。

主人一个小盘子，里面装着供品。主人姿态庄严地向前移动，嘴里背诵着祷词，将供品放在神龛里小雕像前的高脚杯中，然后焚烧一些香油。

罗马人每个早晨都以这种仪式展开一天。其他数千个房舍里也正在举行该仪式。永远不要低估这些小神像的力量：它们负责照看罗马家庭的种种问题。这仪式就相当于抵挡盗贼、火灾，或预防家庭成员发生不幸的保险措施。

07: 00

罗马式穿着

该是穿衣服的时候了。罗马人都穿些什么衣服？我们常在电影和电视剧中看见他们裹着色彩缤纷、长被单似的长袍。但他们总是这样穿吗？的确，第一眼望去，这些衣服看起来很不舒适；裹着它不好走动，根本不可能快跑、爬楼梯，甚至坐下时衣服都会纠缠在一起。实际上，它们却很舒适，甚至现在还有人这样穿。如果去印度和其他亚洲国家，或去阿拉伯国家，你可以看见与罗马人穿着相去不远的传统穿着，基本上是长袍（toga）、短袖长衣（“tunica”，又称贯头衣）、披风和凉鞋。这不过是习惯问题。

我们就从内衣开始说起吧。罗马人穿内裤吗？答案是，穿的。实际上，他们穿的不是真的内裤，而是一种由羊毛制成的腰带，称之为缠腰布（subligar），它裹着私密部位，在腰部系紧。

得知它并不是人们一早起来穿上的第一件衣物，可能会令你相当吃惊。事实上，罗马人通常不会在上床前脱个精光，他们是半裸着入睡的。他们脱下披风，将它丢在椅子上（或将它当成被单），然后穿着缠腰布和短袖长衣爬进被单，短袖长衣在晚上便权充睡衣。对我们而言，这听起来可能很不卫生，但这习惯在乡村延续到19世纪。只有一点不同：罗马人非常爱干净，因为他们每天都上澡堂。因此，在睡前几个小时，他们会将身体洗得干干净净。唯一的问题在于他们的衣服仍旧是脏的。

罗马式时尚的基本要素是著名的短袖长衣。有个方法可以帮助你了解它的实际穿着效果。想象套上一件长至膝盖的T恤（我们就说是特特特大号吧），然后再于腰际绑上一条皮带。尽管有些许不同，短袖长衣大概就是如此。如今，我们仍然继续遵循（尤其是在夏季）诞生于古代的衣着方式，这倒让我们很惊讶。我们只是用别的名词称呼它：T恤。

当然了，短袖长衣的制作材质有所不同：我们使用棉花，罗马人则大部分使用亚麻或羊毛。亚麻不经染色便拥有强烈的米黄色调；若染上污迹和灰尘是很不容易看出来的。

大体上说，亚麻在埃及生产并编织成布，然后外销到帝国的其余地区。因此罗马人就像我们多数人一样，穿着在遥远国家制造的衣物，原因是罗马人在地中海盆地开疆拓土，因而带来史上第一个大规模的“全球化”现象。我们对这个主题还会有更多的探讨，尤其是在稍后探访帝国首都市场的时候。

短袖长衣适合任何场合。它们可以作为睡衣、长袍下的内衣，或较低阶级的正式服装。一个穷人只要套上短袖长衣和凉鞋，就可以大大方方地走出房子。但对有钱人来说就不是如此了，因为在离开房子前，他们还得穿上对所有罗马市民来说最重要的衣物，那就是长袍。

我们可以将长袍界定为那个时代的西装外套和领带，长袍的功能是用来制造良好深刻的公众印象，特别是在重要场合。

长袍从古代开始便为人使用，并且经历了实在的演变。刚开始时，长袍的尺寸很小，后来越变越大。在地板上将它（由羊毛或亚麻制成）摊开时，它的形状是半圆形，直径达5.5米！

因此，需要奴隶帮忙才能穿好长袍也就不足为奇了。在我们参观的多穆斯里，正进行着这件事。这也刚好让我们有机会目睹罗马人是如何穿上长袍的。

主人直挺挺地站立着，纹风不动，眼睛凝望前方。奴隶将毛毯般的长袍披在他的双肩上，同时留意着不能让左右等长，而是把其中一端的布留得极长，一路悬挂到地板上。他非常灵巧地提起尾端部分，从一边腋下穿过，然后绕胸而过，盖到脖子上，模样宛如斜系肩上的子弹带。接下来，他把它当作围巾，在脖子上绕一大圈，在锁骨下方用别针固定住。但这还没结束。尾端的长布仍旧很长，奴隶得把它再绕着主人身体缠一圈，然后将它塞进前面的层次里。最后，奴隶往后站一步，审视整体效果。他很满意。他的主人相当高雅，那些皱褶尤其赋予他全身高贵的气质。一只手臂是空着的，另一只手臂则被布料半掩着，主人得不断稍微举高手臂，确保长袍不会因掉在地上而弄脏。刚开始时是有点不方便，但你很快就能习惯。

长袍的确是罗马文化和文明的象征。只有罗马公民才能穿着长袍，外国人、奴隶或被解放（获得自由的）的奴隶都不在此列。长袍就像制服一样，遵循一种明确的社会“准则”。长袍依穿者身份和穿着目的，有各种不同的名称。比如，镶紫边的白色长袍象征穿者受到保护，只有元老院的元老和14岁或16岁以下的年轻男孩才能穿着。一旦长到那个年龄，男孩便会在一场重要的仪式中脱下保护他们的长袍。这个仪式象征青春期的结束。从这一刻开始，男孩“正式”成为男人，也就是说，能够上战场杀敌并参与公共生活。

那裤子呢？你不常看到它们。裤子实际上并非罗马和地中海的穿着。在图拉真时代，只有军团士兵会穿着裤子。但他们所穿的裤子很短，只稍微超过膝盖，而且是紧身的。实际上，裤子是存在的，但只有罗马的敌人，那些发明裤子的“野蛮人”才穿。他们是北方的凯尔特人①和日耳曼民族，以及东方，即现今伊朗的波斯人。不过，这种情形并未持续太久。再过150年，裤子将“征服”罗马，因为它很实用。裤子还将成为罗马时尚不可或缺的一部分。

现在，主人坐了下来，奴隶正给他的脚套上鞋子。奇怪的是，罗马人不穿袜子（除了在帝国的北部疆域，严苛的气候使人们必须保护他们的脚），所以脱下鞋子时，他们是光着脚的。

鞋子有许多种：包起来的是短靴，敞开着的是凉鞋，有些有很多皮条，或鞋底有许多细小的“防滑钉”，以提供更好的摩擦力（这些就是军团士兵所穿着的著名钉鞋）（caligae），等等。

在罗马的生活中，无后跟软皮鞋（Calcei）无疑是许多富有罗马人的最爱，但他们通常不会在家里穿着这种鞋。你知道为什么吗？因为在进入房舍时脱掉脚上的鞋子，才是良好的礼数。因此，在多穆斯里，人们就穿着简单的皮底或软木底凉鞋。出外去拜访朋友时，他们也随身带着自己的凉鞋，原因是，他们朋友家里显然也遵循着相同的规矩……

---

① 凯尔特人（Celtic），指西欧的不列颠族和盖尔族。

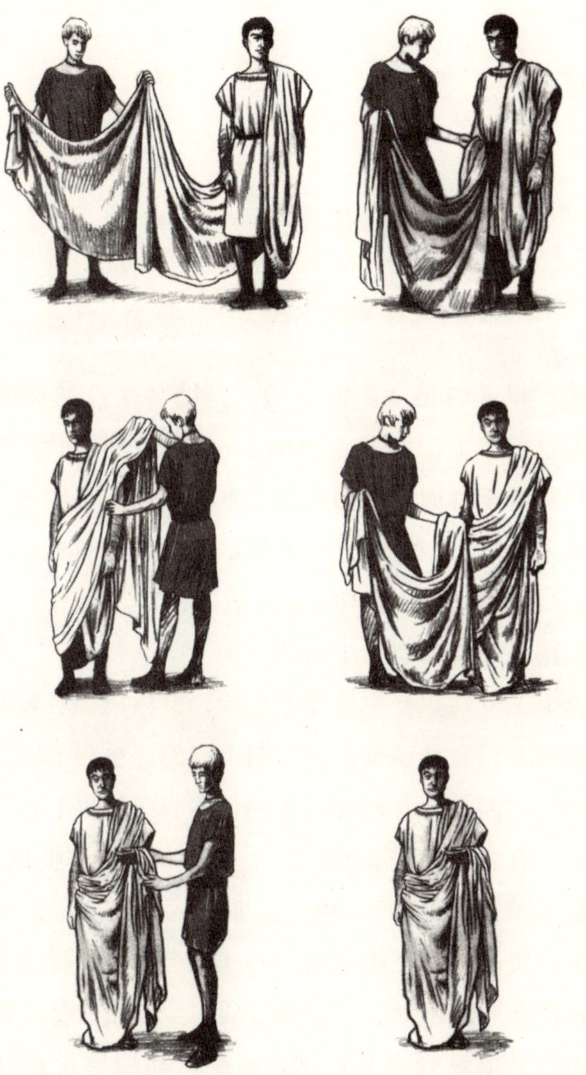

富有的罗马人绝对会穿上长袍才出门。长袍非常长（直径有5.5米），因此常常需要奴隶帮忙才能穿上。仔细叠出的皱褶则散发出高雅和富贵的气息。

07:10

女性时尚

与现代相反的是，在古罗马，男性与女性的穿着非常类似。女性也穿着类似短袖长衣的衣物，称作斯托拉（stolae），只是斯托拉长至脚面。它们看起来绝对更为优雅飘逸，与希腊的宽大长袍有几分神似。斯托拉的特点在于它以不止一条（是两条）皮带扎紧。除了腰际间的皮带外，胸部下方也有一条皮带，用来强调胸型和丰满的程度。

理论上，罗马妇女也能穿着长袍，但你很少看到妇女这样打扮。事实上，女性穿着长袍有两个意思：被判了通奸罪，或是身为妓女。因此，女性会在短袖长衣或斯托拉上再罩一件垂挂到膝盖，有着高雅褶皱的长方形长围巾（或称披风）。这种围巾被称作帕拉（palla），由于它非常大，女人走在街上时常用它将头罩住。好好想想这点——这是个你见过很多次，却从没有真正注意到的习惯。在对基督的一生所做的各种美学呈现中，无论是从电影到宗教绘画，还是从马槽场景到钉上十字架，圣母玛利亚和其他女人通常都用这类围巾盖住头部。

和男性服饰相反的是，女性服饰更为色彩缤纷，而且总是刺绣精美。女性的衣着鲜艳，因此即使是在拥挤的街道上，女性也会马上吸引众人的目光。有时，女性也会因她们穿着的鞋子而引起注意，鞋子通常是白色的，比男性的要高雅精致。

说到罗马女性的内衣，则存在一个有趣的现象。她们在斯托拉下穿着什么？她们穿着一种布料相当稀少的内衣，类似于男性的缠腰布，但更为高雅。她们也穿着胸罩，一种柔软的布制或皮革制束带（“strophium”或“mamillare”）。它的名字千变万化，但基本功能是一样的：是用来支撑和托高胸部。在奥维德[①]的著作中，他建议女人如果胸部发育不够丰满的话，不妨在束带里塞些东西。

考古学家已发现许多这类胸罩的绘画，比如位于庞贝妓院里的著名色情绘画。但最令人印象深刻的是位于西西里的亚美琳娜广场（Piazza Amerina）上的卡萨莱（Casale）罗马别墅里的马赛克。那幅马赛克镶嵌展示了几位女孩穿着相当令人吃惊的两件式现代泳装。罗马女性在游泳池里泡水或做体操运动时便是如此穿着。毫无疑问地，比基尼是项罗马发明。而你在罗马大街小巷所碰到的女性，她们的衣物通常由亚麻或羊毛制成。但有钱的贵妇仍有其他非常特殊的选择：精良的棉花或丝绸。两者都成为真正的地位象征，会在特殊场合拿来炫耀。

众所周知，中国人长期以来垄断了丝绸生产，保守着丝绸是来自桑蚕的秘密。多亏商队横越蒙古草原、亚洲沙漠，最后终于完成诸如抵达地中海等不可思议的长途旅程，丝绸才运抵罗马。因此，丝绸的价格非常昂贵，许多贵族挥金如土，大肆购买丝绸来穿着，或用其来装饰房子。事实上，由于这类情况

① 奥维德（Ovid，43 BC～17 or 18），罗马诗人，以《变形记》闻名。

根据罗马时尚规则，女人穿着被称为帕拉的偌大长方形围巾，长度垂挂至膝盖，形成精致的皱褶。在公共场合，她们往往用它盖住头部。发型、金饰和高雅的仪态，标志着这位贵妇（左）的贵族地位。

所有的罗马女人都穿着短袖长衣。由这位普通妇女（右）的打扮可看出，它轻柔，色彩鲜艳，长度及地，胸部下方所系的皮带则强调出身体的曲线。

过于普遍，不止一位皇帝曾经徒劳地试图通过立法来规范丝绸贸易，以防止过多的钱流入罗马宿敌波斯人的口袋，因为丝绸商队需经过波斯人位于伊拉克和伊朗间的领地。但这些努力全都徒劳无功。实际上，罗马人后来发现了丝绸的秘密，便将桑蚕进口到君士坦丁堡。但这已经太迟了。此时，罗马城和西罗马帝国已经在蛮族的入侵下衰亡。而从新的丝绸制造术中得到好处的是东罗马帝国，也就是由查士丁尼大帝[①]所统治、新近诞生的拜占庭帝国。

① 查士丁尼大帝（Justinian，483～565），东罗马帝国皇帝，在位期间是公元527～565年。其统治时期被视为历史上由东罗马帝国转变为拜占庭帝国的重要过渡期。

07:15

罗马时代的男用盥洗室

当一天展开时，我们再次发现另一项罗马家居生活的古怪现象：几乎没有人在早晨洗澡。他们最多只在奴隶端着的脸盆里洗洗脸，目的也只是让他们自己赶快醒过来。更有甚者，罗马人还不会用肥皂（“sapo”这个字指的是种染料!）。

如果更仔细观察罗马房舍，我们也会发现屋子里没有浴室（浴室尚未发明），浴缸则相当稀有。不过，就我们所知，罗马人在古代世界中比在任何社会都还要重视卫生。直到现代，人类才达到可与罗马相比拟的洗澡用水标准。这怎么可能呢？我们也许已经猜到，解释这项矛盾现象的答案在于，罗马的浴室位于房舍之外，就在离街道几个街区远处，也就是公共浴场。人们在这里尽情地洗澡，在这里按摩，并得到其他让身体放松的方式。但这些通常是在午餐后进行，没有人在早上洗澡。

的确，有些富裕人家的房子里有私人的小澡堂，但这只局限于一小撮精英分子，我们的主人并不属于这个精英阶层。他的房子里没有私人浴室，而我们将会看到，他稍后也会到公共浴场洗澡。

现在，他正坐在放着坐垫的舒适椅子上，一位奴隶正用锋利的刮胡刀为他刮胡子。这位奴隶是个家庭理发师，只有有钱人才雇得起理发师。刮胡子很痛。当时还没有刮胡霜，也没有双刃刮胡刀，理发师只用水和半月形的刮胡刀，后者以青铜或熟铁制成，在普通的磨刀石上磨利。但这还只是被主人视为真正折磨的开端而已：奴隶刮完胡子后，会用镊子一根根拔除主人眉毛旁边和颈部周遭的“多余”毛发。

我们也许会惊讶于男人肯接受这类琐碎的装扮仪式。但罗马人真的花很多心思在仪容的打扮上。比如，男性使用有机身体除毛蜡（也用来刮胡子）的情形相当普遍。我们从历史学家苏埃托尼乌斯[①]那里得知，恺撒大帝热衷于除毛，而奥古斯都[②]为了让自己的腿长出更柔软的毛，习惯拿烫得吓人的胡桃壳摩擦双腿。

甚至早在这个时代，头顶上的毛发就已经是许多男人最烦恼的问题了。当头发开始变白时，许多男人会将它们染成黑色。而对某些男人而言，开始秃头可是令人难以承受的悲剧。好在坊间有许多偏方。

第一个方式是将头发梳过来，掩盖日益稀少的区域。比如，恺撒大帝便将他的头发往前梳，以遮盖明显的秃头地带。

当事态越来越严重，只有薄薄几缕头发可以覆盖看似光秃的头部时，许多男人会将灯黑染料涂抹在头上，让人从远处看以为他们仍有着一头黑发。

---

① 苏埃托尼乌斯（Suetonius，69 or 75 ~ 120），罗马历史学家。

② 奥古斯都（Augustus，63 BC ~ 14），公元前 27 年即位，被视为罗马帝国第一位皇帝。

当头发最后掉光时，最不服输的受害者便求助于发套、发片和假发，它们在那个时代已经存在，并有不同的颜色。

就像今天一样，承诺能够奇迹般再生新发的偏方到处可见，尽管显而易见地，它们毫无效果。

07:30

两千年前的美容秘诀

在“酷刑室”内，每拔一根毛发，主人便发出一声用力压抑的惨叫。中间传来的一个古怪尖叫声，使两个奴隶的脸上闪过一抹忍俊不禁的微笑，但他们马上掩藏起笑意。他们将腰弯得更低，更用力刷洗地板，以掩饰他们的忍俊不禁。他们看起来很像两个正在刷洗船上甲板的水手，但事实上，他们正用一小块浮石擦拭一块美丽的马赛克。这是令这些石制杰作保持干净和闪闪发光的最佳方式。

现在，早上的活动已经在繁忙热闹中开始了。特别是在其中一个房间内，女仆们不断地来来去去，她们都是奴隶。这是主人的妻子，即女主人的房间。一个奴隶拉开帘幕，于是，一个非常特殊的场面在我们眼前展开：三名女仆正在往女主人脸上涂抹着化妆品。

她正坐在一把高背的柳条扶手椅上。化妆过程正进行到最细腻处。一个奴隶正用炭笔“强调”女主人的眼睫毛。她将借助些许的灰来做出晕染效果。她小心翼翼地上妆。在她前面，另一名奴隶高举着一面青铜镜子，好让女主人可以紧盯着化妆的每一步骤。你得在手术室里才能感受到相同的紧张气氛。

我们环顾一下房间。某一侧，一个打开的化妆箱端放在有小狮脚的桌子上。这个精致的木盒上装饰着雕刻的象牙镶嵌。我们瞥见化妆箱里有乳霜、香水和油膏，装在以玻璃、陶土和雪花石膏制成的小罐里。我们也注意到两把以相当精美的骨头制成的梳子、镊子，以及一些用于涂抹乳霜和面膜的小银刷。在化妆箱四周则散布着装有各式化妆品的罐子，它们都是打开的。

化妆的动作和工具实际上与我们今日所知的非常接近：强调眼睫毛，眼睑上涂抹着眼影，等等。尽管如此，所用原料均有些差异。比如，用在眼睛上的原料特别值得我们注意。眼圈粉在当时已经存在，但为了凸显眼部轮廓，罗马女性也会使用乌贼墨水、锑，或从烤过的椰枣中提炼出来的灯黑。就拿我们的女主人为例，奴隶女孩所使用的其他原料着实使我们大吃一惊。桌上放着一片用来当小盘子的贝壳，里面仍然有些黑色的糊状物。而这糊状物的主要原料竟然是烤蚂蚁！

现在，化妆师正要进行最后的修饰：她正要为女主人的嘴唇涂上颜色。根据奥维德提供的史料，罗马贵妇可选择的颜色范围很广，但她们最喜爱的颜色就跟现代人一样，是鲜红色。唇膏是以铅丹（红铅）或朱砂（红硫化汞）制成，不幸的是，两样材料都有毒。

现在，女主人抿抿嘴唇，凝视着镜中倒影。她的眼神明亮，肌肤焕发光泽。“做得很好”，她称许地对着一位奴隶女孩点点头，女孩则害羞地低下了头。

事实上，我们只看到早晨化妆的最后一个步骤。如果再早个几分钟踏入房间，我们将会看到一种特殊粉底的准备方式。

目的虽然简单，却很棘手：要让年近 40 的女主人（这在当时可是高龄）看起来更年轻。要怎么办到呢？奴隶女孩准备了一层薄薄的蜂蜜，再加入一些油脂和一点铅白，铅白能让皮肤看起来更加闪耀动人。为了让女主人的脸庞看起来更加年轻红润，她在粉底里加了一点红色颜料。然后，在女主人脸上轻轻涂抹一层粉底后，她将一点赤铁矿粉涂在双颊上，让皮肤明亮，闪闪动人。

富裕罗马女性的早晨化妆程序相当繁复，不亚于准备一份精致佳肴。

有时甚至连身体的其余部分都会涂上色彩：脚底和手掌涂上红色，乳头涂上金粉。当然，这些人显然负担得起昂贵的化妆品。

最后，这仪式最令人吃惊的步骤在于画痣。早在罗马时期，女性便依照精确的规则在脸上画上假痣：不同位置（嘴角、脸颊等）的痣则传达着不同意涵。

美容面膜

在我们继续探索前，值得在此为美容面膜和皮肤乳霜写一小段专文。它们在罗马时代非常盛行，好几位作家，从奥维德、盖伦[①]到老普林尼[②]都曾大力推荐。它们的种类繁多，且其原料和所能带来的益处，特别是对那些有皮肤问题的女性而

---

① 盖伦（Galen，129～199 or 217），罗马哲学家。

② 老普林尼（Pliny the Elder，23～79）：罗马作家和自然哲学家。

言，更是令人吃惊。比如：母牛胎盘被用来治疗皮肤溃疡；公牛胆汁用来治疗斑点（兵豆则用来去除其他部位皮肤上的斑点）；奶油可以治疗粉刺；水仙花球茎可当作软化剂和美白圣品；小苏打用来治疗割伤；甜瓜根和莳萝可当作美白药物；小牛生殖器的萃取物则被推荐来治疗皮炎……

像埃及人的发型

女主人最信任的女仆拍拍双手。负责化妆的女孩便离开房间，换另两位女孩进入房间。她们要替女主人做头发。其中一位女仆负责管理她的假发，她急忙走到一个小柜子前，拿出三顶假发，并将它们放在桌上。每一顶颜色都不同：金色、红色和黑色。

我们无需对罗马时代已使用假发一事感到吃惊。实际上，当时的女性非常流行用假发。它们以真发制成；红色和金色假发来自日耳曼，黑色则来自中东和印度。假发是奢侈品，因为购买时得付出高额的关税。

女主人选了红色假发；她将在今晚的宴会中戴上它。奴隶在接下来数小时的工作便是整理假发，确保它会在晚宴时处于最佳状态。考虑到它的庞大和必须整理的卷发为数众多，因此这并不是一件件轻松的差事。

女主人不会在白天戴上假发，而是顶着她真正的头发，因此必须加以梳理和造型。这就是为什么她将第二个女孩——梳头女仆叫进来的原因。她带来一整套的象牙梳子、发针、缎带和夹发用的夹子。她有很繁重的工作要做，从将女主人的头发弄卷开始。由于女主人的头发相当直，因此，她会使用一项直到今日仍在使用的技术。她叫另一位奴隶将一只小火盆端进来，里面的木炭已经烧得滚烫。她用木炭将两个中空的铁棒加热，然后用铁棒将女主人的头发弄卷。

我们必须指出，在图拉真治下，女人的发型达到令人赞叹的繁复程度，而这是逐渐演变的结果。

你得想象与我们的时尚趋势相类似的事物，根据时代的不同，发型有着巨大的变化。通常引进新发型的是第一夫人，也就是皇帝的妻子，或皇帝家族里的女性成员。在帝国境内，所有女性在见过展示于公众场所的有权势女性的雕像，或雕刻在货币上的女性脸庞后，都会试图仿效。罗马世界的伟大“时尚设计师”其实是那些位高权重的女人。

因此，随着朝代势力更迭，发型越变越复杂。比如，奥古斯都的姐姐奥克塔维娅[①]创造了一种所谓的“奥克塔维娅发型”。这发型的样式是太阳穴周遭蓄着浓密的卷发，前额也留下几缕小卷发。然后用这几缕卷发后面的头发编成一条辫子，在头顶盘成鸡冠状，最后与梳在后颈上的发髻（由许多条辫子盘成的）连接起来。

如果你认为这个发型过于复杂，你该看看后来在尼禄时代所梳的发型，或者在弗拉维王朝[②]时期（韦帕芗[③]、提图

---

① 奥克塔维娅（Octavia，69 BC～11），罗马历史中最有名的女性之一。

② 弗拉维王朝（Flavians，69～96），上接四帝内乱期，下启安东尼王朝，王朝由韦帕芗开创，到图密善为止，共计三位皇帝。

③ 韦帕芗（Vespasian，9～79），在位期间是公元60～79年。罗马皇帝，在位时整顿财政，加强军事化管理。

在这个时代，女性的发型已经演变到相当夸张的地步。有些是如此气势不凡和高耸（左），让人联想到教皇的三重冠。

贵妇的发型相当复杂：辫子盘起的发髻和前额高耸的鸡冠由进口发片制成。说到发型的流行，通常是由皇帝的妻子引领风骚（右）。

斯[①]和图密善[②]）那些令人叹为观止的头发造型。

女性脸庞被一圈卷发围绕的发型蔚为时尚。人们开始追求更为夸张的效果。女性自身的头发不足以做出这类造型，因此她们求助于发片，将它们层层堆叠起来，活像剧院里成排的座位。这些发片堆得如此之高，让女人的头发看起来像一座巨大的卷发喷泉。这些发型相当惊世骇俗，类似文艺复兴和巴洛克时代的流行风格，并在颈后用辫子盘成发髻。我们轻易便可想象，负责头发造型的女奴（ornatrices）就如同一位得烘烤出结婚蛋糕的糕点师傅，每次梳理女主人头发时都必须倾注大量时间。

根据资料显示，这些巨大惊人的发型似乎多半为矮个子女性采用，以增加身高。而我们将在后面讨论，罗马时代的女性一般来说并不高。

在这个我们所描述的时代里，富裕罗马女性的发型抵达演变的最高峰，呈现出前所未有的形状和高度。她们创造出一种张开于双耳间的垂直扇形发型，以看起来像耳环的优雅卷发作为收尾。有些女人看起来像是在头上顶了个椅背。另外，有些女人的发型是如此气势不凡和高耸，让人联想到教皇的三重冠。为此新风尚推波助澜的是图拉真的妻子普洛蒂娜，因此这风格被称作“普洛蒂娜发型”。

我们就此打住。但你要知道，这只是罗马发型演变中的一

---

① 提图斯（Titus，41～81），在位期间是公元79～81年。罗马皇帝，曾镇压犹太人。

② 图密善（Domitian，51～96），在位期间是公元81～96年。罗马皇帝，施行恐怖统治，最后遭到谋杀。

个时期。在后来的时代里，著名的新发型仍将出现，例如，“甜瓜”、“乌龟”和“头盔”发型，等等。

最后要提一件奇闻。罗马女性显然很喜欢染发，特殊的混合染料使她们能拥有金发和红发。为了拥有乌黑的秀发，你必须混合羊脂和锑。当时也有蓝色和黄色染料，但通常是妓女或行为不检的女人才会染这种发色。长期使用下来，染料显然会损毁发质。这是为什么有色假发被如此广泛采纳的缘故，它能让你每天都变换新的发色和不同的发型。

08：00

罗马式早餐

罗马人一早起来时都吃些什么？罗马早餐相当丰富，卡路里很高；我们今天可能会将它称为“美式早餐”。当然了，不是所有罗马人的桌上都堆放着我们将要描述的食物。贫穷家庭只能凑合着吃，而且往往吃不饱。但贵族就有较多样的选择。对罗马人来说，早餐有个精确的名称：“ientaculum”。

桌上总会有一些福卡恰薄饼、面包、几碗蜂蜜，以及不可或缺的牛奶。我们不难猜到，这些是可颂、吐司和果酱的前身，我们习惯将它们蘸上牛奶和/或咖啡。不仅如此，桌上还有水果、乳酪、蘸酒的面包，甚至还有肉类。早餐通常包含了昨天午餐和晚餐的剩菜。因此，对罗马人来说，早餐是一天中的大餐之一，午餐反而吃得较为简单。

但罗马的早餐缺乏两样我们典型早餐的基本要素：咖啡和热可可。罗马人还不知道它们的存在。实际上，在这个时代，野生咖啡仍在埃塞俄比亚自由自在地生长，据传一直要到数个世纪后，隐士们才会发现，在祈祷和漫长的夜间冥想时，咖啡能帮助他们保持清醒。直到中世纪和文艺复兴时期，咖啡才被广泛饮用，即便如此，那时喝咖啡的人主要还是局限在伊斯兰世界。有很长一段时间，外销咖啡的港口之一是位于红海的摩卡[①]，我们不仅常在厨房里听到这两个字，它也常出现在我们的早餐中。

至于巧克力，则有另一个截然不同的故事。罗马人还不知道巧克力，是因为可可树成长于新大陆，而且要到大约1300年后，才会被哥伦布发现。在图拉真时代，中美洲的居民便已经开始喝可可。但他们从可可种子中制造出来的饮料非常苦涩，罗马人可能不会喜欢（我们可能也不会）。还得等好几个世纪，在有人想出将可可与糖混合在一起的点子（有时还加入各种调味品）后，我们才会有现在称之为巧克力的甜品。

富有的罗马人在吃完早餐后，便准备展开新的一天。通常他们一天的行程都排满了各种会晤和会议。因此，这使他们有必要注意到另一个重要的个人卫生问题：牙齿和口腔的气味。

为了确保口气清新，市面上已经贩有含香气的药片了，如果在前一晚大啖了油腻又口味重的晚宴食物的话，这可会是你的救命仙丹。但说到牙齿保健，方法则比较复杂。

罗马人很注重他们的牙齿。他们在餐桌上使用牙签。我们在罗马贵族晚宴上所看到的牙签往往是由银制成，大约是叉子般大小。一端长扁而弯曲，用来清洁牙齿。另一端则是汤匙状——用来挖你的耳垢（而且是在大庭广众之下）。

在罗马时代已经有数种以小苏打制成的“牙膏”，由奴隶帮忙涂抹在主人的牙齿上。尽管如此，有些人却喜欢另一种清洁牙齿的方式，但我们会觉得很恶心：用尿冲洗。这方法在西班牙和北非被相当广泛地采用。

---

① 摩卡（Mokha），位于也门。

08:30

开门！

主人最信任的奴隶环顾四望。前厅井然有序，卧室关闭，没有任何细节出错。他对着管门的奴隶点点头，后者也对他点个头，走进通往前门的走廊。一小群人已经默默聚集在门外。许多人坐在门旁的两个砖造长椅上。其他人则静静站在四周。他们是谁？从他们的衣着我们可以猜测出，他们是卑微的平民，来自比主人要低许多的阶级。

这些人是主人口中的“客人”，但不是我们今天所说的客人。以现代为例，你不妨想象，你在某些政治家或名流显贵的办公室外的等候室里所见到的脸孔。

他们前来请求帮助，寻求建议，为某位亲戚谋份工作，为朋友寻求支持，或是一个有力的推荐。这里面显然有些是为主人工作的人或是些小生意人。实际上，有两位穿着高雅长袍的年轻人似乎是来谈生意的，他们刻意独自站在一侧。但在这一小群人中，也有一些非常卑微的人，他们来讨一点小钱，好让日子熬得下去。这算是一种捐献，主人在他们每次有所求时都不会拒绝他们，他有时会给他们一些铜板，有时则给他们装满食物的篮子，这就是所谓的施舍（sportula）。

接见这些有困难的卑微人士对主人来说有何好处？当然，他可能会要求他们办些小差事，或为他圆满完成某些生意。但他真正的目的在于获得权势。借由慷慨行径，他创造了支持和拥护自己的民众，成为某些社会关键团体或他所属的社区平民中的重要人物；如果他决定参选，他们会投票给他。

“门客”这个词能精确界定主人想达到的效果。门客的稠密网络散布于整个城市，构成当时社会结构的重要部分。因为，在罗马，几乎每个自由人都隶属于一种主从关系，有时必须俯首听命于某位比他更为富有或更有权势的人，这个人便被称为保护人（patronus）。

每天早上都重复着这类会面。这是所谓的早晨会晤，人们纷纷来向有权有势者致敬。前门震动起来，你可以听见沉重的门闩在青铜圆环里滑动的声音。群众安静下来，更靠近门口。然后，一侧的门打开，露出一张门奴的脸，他凝视着群众，打量他们的脸庞。他认识所有的人。他往旁边一站，几秒钟内，这一小撮群众便为入口的黑暗所吞噬。

在前厅内，每个人井然有序地选定位置。然后，他们依序被作为左右手的奴隶叫进保护人的办公室进行接见。在他们眼前展开的场景令人印象非常深刻。主人位于房间中央。他坐在看起来像是小宝座的椅子上；它的椅背很高，椅脚雕刻精美，装饰繁复，一部分为坐垫和帘幕所掩盖。保护人的脚放在椅脚状似狮爪的脚凳上。你会觉得自己刚进入一座神庙，而你正站在神祇的雕像前。事实上确实如此：这个男人非常富有，他是位颇具影响力的贵族，特别地，他是这宅邸的主人。而你现在正位于他统治领域的心脏地带。

主人坐在宝座上瞪着你，下巴抬得老高，强调他的尊贵地位。这当然会使你觉得不自在。他就是这样开始一天的生活。至于你呢，则可能以清清喉咙消除尴尬来作为开始。

在晨雾中飞越罗马

在宅邸外，罗马已经开始在似乎不甚真实的氛围中缓缓苏醒。城市被不寻常的浓稠和冷冽的空气包围。此外，这空气越来越潮湿，随着你的每次呼吸深深渗入你的肺脏。也许这就是第一个路人会裹紧厚重衣物，在门廊下加快脚步的原因。城市笼罩在浓厚的晨雾中，就像有时在现代罗马一般。你看不见大道的尽头，也无法清晰辨识广场最后方的廊柱：每样事物似乎都消褪在了浓雾中。

现在，想想你自己飞离地面，逐渐升高，终于凌驾在这片雾霭之上。在上方，距离地面数百米处，空气清新透明，罗马帝国的首都呈现出一片壮丽景观。

在你面前一望无垠的袅袅雾霭中，你所能看见的只有那七座山丘，它们就像是位于汹涌海浪中的岛屿。高大建筑物的独立群体和纪念碑到处矗立，冒出巨大身影。由于缺乏阳光的照耀，它们尖锐、黑暗的轮廓被这一片白茫茫的晨雾完美凸显出来。这个永恒之都的整体轮廓和其中的所有居民似乎全都消失了。万神殿的巨大圆顶在全然孤绝的状况下从雾霭中挺立而出，就在它更后面的地方，你可以看见萨美提克二世法老[①]的巨大方尖碑，它被从埃及的赫利奥波利斯[②]运到罗马，为奥古斯都所建立的巨大日晷指引时间。

与今日相比，古罗马最大的“污染”是湿气。事实上，当时的城市受到更多的农地和森林包围。再者，台伯河泛滥的次数更为频繁。罗马城的正中央有许多区域以前曾是湖泊，建造圆形竞技场的区域也包括在内。即使是在今日，在每年到此拜访的约400万观光客的脚下，仍有许多的水，有些最深的地道只能以水肺潜水的方式探访。其他地方的状况也没有好到哪儿去。在今日，意大利庆祝共和国诞生，在距每年6月2日都会举办游行的那条大道几米外，成群的螃蟹占据了奥古斯都广场的沟渠。这些都能帮助我们了解在帝国时期，罗马的土地和空气有多潮湿，特别是在城市的低洼地带。湿气重带来数种结果：从（偶尔的）晨雾到（永远的）蚊虫满天和肮脏的空气。

晨雾似乎只放过罗马较为重要的区域，允许我们从上空迅速进行一趟帝国首都的旅程，在七座山丘间移动。刹那间，太阳的第一道光芒划过空气，以耀眼的光线淹没罗马镀金的纪念碑，让它们在雾中显现出璀璨的身影。虽然只维持了一刹那，却是难以描述般地迷人万状。在那个短暂时刻，永恒之都某些最具象征意义的区域沐浴在万丈光芒中，那些地方是罗马的起源与权力中心。

首先被照亮的地方包括卡比托利欧山。如同闪耀在城市上空的一座灯塔，朱庇特神庙闪闪发光，它的形状让我们想起雅

① 萨美提克二世法老（Psammetichus II，610BC ~ 595BC），埃及第26朝法老。

② 赫利奥波利斯（Heliopolis），又称太阳城，埃及最古老的城市之一，位于尼罗河三角洲顶端。

典的帕特农神庙[①]。成排的白色列柱在阳光中璀璨动人。山形墙上的镀金青铜神话人物绽放白热光芒，仿佛着了火一般。这真是惊人的景观。

再者，在卡比托利欧山的第二个山巅上，另一座神庙大放光芒，这是较小的莫内塔神庙（“Juno Moneta”，“发出警告的朱诺”[②]）。它就位于罗马铸币厂附近，因此人们习惯以“靠近莫内塔神庙”（ad Monetum）这个词语来称呼它。这个形容词也使得以“莫内塔”（Monetam）指称钱的习惯就此兴起，现代的意大利语承袭了这个用法，而其他的语言也受到了影响：如西班牙语的“moneda”、英语的“money”和法语的“monnaie”。

卡比托利欧山的一侧是个陡峭垂直的山坡，看起来几乎像划破晨雾的航船的船首。许多个世纪以来，这道悬崖在罗马人的日常生活中扮演了非常重要的角色。它就是塔尔培亚岩（Tarpeian Rock）。从罗马的最早期开始，犯下叛国罪的市民就是从此处被推下。它是罗马法律的象征，更是古老传统的象征。

在这个非常特别的早晨，罗马的其他“海岬”接连被阳光照亮。它们是著名的山丘：奎里纳尔（Quirinal），在它旁边的是维米纳尔（Viminal），后者的名字显然取自古时便成长于此的柳树。

另一座山丘的山巅宛如鲸鱼的背脊般划破晨雾，那就是埃斯奎利尼（Esquiline），上面有屋顶和壮丽的别墅、美丽的花

---

① 帕特农神庙（Parthenon）：供奉雅典娜女神的神庙。

② 罗马主神朱庇特之妻，为天后。

园和内院。许多重要的罗马人都居住在这里，如艺术的伟大赞助者梅切纳特（Mecenate）。在它旁边的是另一个远近驰名的住宅区卡埃利安山丘（Caelian Hill）。

最后，再往南边的一座独立山丘是阿文蒂尼（Aventine），它一度是平民社区，但后来转变成历史上赫赫有名的贵族区，因为庶民在公元前494年大举退出此地。

我们略过了帕拉蒂尼山。它的名声如雷贯耳，但今天记得它为何重要的人并不多。帕拉蒂尼山上究竟有何特殊之物？

帕拉蒂尼山是皇帝之丘。皇帝居住于此，并从他的皇宫中对帝国发号施令。对古罗马人而言，如果你想打个比方的话，它就如同现代罗马的奎里纳尔，即意大利共和国的总统官邸所在地，或是美国华盛顿著名的椭圆形办公室，亦即白宫所在地。不止如此。罗马人还会告诉你，母狼就是在这个山丘的山麓哺育了罗慕路斯（Romulus）和雷穆斯（Remus）两兄弟①，他们是永恒之都的创立者。

这显然是个神话。但考古学家在此处发现了可追溯至铁器时代的古老茅屋的痕迹，证实这个山丘的确是人们最早在罗马永久定居的地区之一。今日，在帝国时代建筑物的废墟之间，地面上仍然可以见到支撑这些茅屋桩子的桩孔。

简言之，这座山丘是历史、传统和权势的枢纽。涉及欧洲、地中海地区和部分亚洲的历史，许多重要的决策均从此地发出。但今日，少有旅游者了解它的重要性，并前去参观此地壮丽宫

① 战神马尔斯的双胞胎被扔在台伯河里，漂流到帕拉蒂尼山下，由母狼哺育，牧羊人抚养长大。他们在长大后建立罗马。

殿的废墟。其实，你只需走上满是游客的罗马广场旁的阶梯，便会立刻进入一个美丽、安静又巨大的自然空间，并且沉浸在植物的洗礼中；这景象肯定就跟皇帝执政时代一模一样。

而在我们拜访图拉真时期的罗马旅程中，现在所见的确就是这幅景象。事实上，帕拉蒂尼山宛如堡垒般划破晨雾。它看起来像另外一座城市。在斜照的曙光中，我们可以辨识出仍在沉睡中的宫殿、里头黝黑阴暗的内院、好几层的廊柱、漫长的门廊……我们在沉寂中想象一排排壮丽的长廊，上面铺着从帝国各处运来的珍贵大理石，以及我们永远无缘见到的非凡雕像，因为它们将在随后数个世纪的时光中逐渐消失不见。古罗马禁卫军的踏步声回荡在柱廊间。宫殿已经准备开始一天的活动。

这里我想提一个奇闻。意大利语的“palazzo”和“palazzina”（它们在其他语言中的对应词是“palace”、“palais”等）源自这山丘的名字，拉丁语称之为“Palatium”。数个世纪以来，在罗马人的生活中，这山丘与皇帝的奢华住所同义。因此，一个意指辉煌房舍的新名词便毫不费力地从这个词中衍生出来。“Palatium”便成了所有衍生自拉丁文的语言中代表“宫殿”一词的字源。

无论如何，在永恒之都的这个清晨前奏中，我们尚未看到其最著名的纪念碑：圆形竞技场。它在哪里？我们看不见它。它半掩在雾霭中，伫立于城市中央地带低洼、潮湿的地区。它的最高楼层穿出浓雾：位于拱廊最上层的阁楼，顶端是个巨大天篷，以 240 根巨大的杆子撑出完美的椭圆形。这些杆子用来支撑天篷（velarium），天篷则是由许多用来为观众遮阳的篷布组合在一起所形成。十几个奴隶已经在为今天将举行的表演做最后的收尾工作。我们将会一同欣赏这场表演。当然，角斗士的比武和许多意外的惊喜将会是表演最精彩的部分。

现在，阳光在城市上空铺展，晨雾和雾气无法再阻碍它们。罗马在我们的眼前开始成形。整个城市带着它的色彩、声音和生命逐渐浮现。雾霭渐渐散去，仿若剧院帘幕般慢慢开启，宣示一场拥有 150 万名演员和临时演员的戏码就要上演，他们将演出公元 115 年在图拉真治下罗马一天的生活。

抱歉，请问几点了？

现在罗马是几点？如果你问街上的人，每个人都会给你不同的答案。根据塞涅卡[①]所言，你不可能在罗马得知确切时间。反之，他说，让哲学家之间达成共识，远比让人们的手表显示相同时间要容易。

事实上，罗马人的计时方式不怎么精确。最常见的方式是用日晷。它们有各种形状和大小。罗马最大的日晷由奥古斯都委派兴建，矗立在马提乌斯广场（Campus Martius）。它大若广场（面积是 61 米 × 160 米），而它的日晷，也就是投影杆，是从埃及城市赫利奥波利斯运回罗马的方尖碑——这个方尖碑如今屹立在意大利国会前方。两千年前，方尖碑的影子投射在一个铺着石灰华板的大广场上。而从人行道上的青铜刻度线上可以得知钟点和日期。设计师制作此巨大日晷的目的在于让和平祭坛（Ara Pacis）的投影线与 9 月的秋分线相重合。在秋分那天，白昼与夜晚一样长。事实上，9 月 23 日是奥古斯都皇帝的生日。因此，在秋分那天，方尖碑

---

① 塞涅卡（Seneca，1～65）：哲学家、剧作家，是尼禄的老师。

的阴影会投向祭坛，象征性地结合皇帝、太阳的运行与罗马的和平（la pax Romana）[①]。

尽管如此，在图拉真治下的罗马，有数不清的“正常”日晷。你可以在公共建筑上，在豪宅的内院花园里，甚至在街道中人们的手腕上看到它。这些直径稍稍超过一英寸的微型刻度盘叫作“solaria”，相当于我们的怀表。它们呈凹面，看起来有点像小型蛋杯，其中一侧有个让阳光穿透的小洞，然后阳光在蚀刻的凹面上的一系列记号和线条上投射出光点，表示出时间。问题是这些日晷只能在罗马使用，因为上面的线条和记号是根据罗马纬度刻画的。如果你人在不同纬度，它们就毫无用武之地了。因此，带着它们去旅行毫无用处。

另一种计时方式是利用特殊的水钟。水钟的运作原理和沙漏相同，它由玻璃罐制成，罐里收集的水来自上端的一个容器，蚀刻在罐子一侧的记号标示着时间，连夜晚和雨天都能正常运作。在图拉真的时代，你轻易便能在富有罗马人的宅邸里找到水钟，水钟象征着这户人家地位尊贵。某些水钟甚至可以像咕咕钟或老爷钟般“报时”。根据奥古斯都时代的伟大建筑师维特鲁威[②]所言，某些水钟配备着漂浮物，后者连接着特别的机械装置，能发出尖锐的哨声，或者能将石头（或蛋）抛到空中。另外，彼得罗纽斯[③]在他著名的小说《萨蒂利孔》

① 罗马的和平（La pax Romana，27 BC～180）：罗马在1～2世纪的和平时期，大约持续了207年。

② 维特鲁威（Vitruvius，80 or 70 BC～15）：罗马建筑师。

③ 彼得罗纽斯（Petronius，27～66）：罗马作家，《萨蒂利孔》据说是他写成的诙谐流浪汉小说，成书于1世纪。

(*Satyricon*) 里描述了一种更为简单的计时方式。小说中的主角崔玛西翁 (Trimalcione) 是个品位庸俗的暴发户，他的家中以吹号角的方式来报时……

这类报时法也并无不可，但罗马一天有几个小时呢？白天有 12 个小时，晚上也有 12 个小时。白天从黎明开始计时，第 1 个小时、第 2 个小时、第 3 个小时，等等，直到日落的第 12 个小时敲响为止。从那一刻开始是夜晚的 12 个小时，直到黎明。然后再度循环。

因此，罗马的钟点计时法和我们的一样吗？不完全是，首先，因为罗马时代缺乏精准的时钟，因此并不以分或秒来计时。再者，每小时的长短会因季节变化而有所不同。

实际上，罗马人计时的主要参照点是正午，太阳此时位于最高点。在那时，日子进行到一半。但夏季时白昼显然较长，冬季则较短。因此，夏季的小时会比冬季的来得长。而且还不只差一点点。举个例子来说，在夏季，在 12 点和 1 点间的“小时”持续 75 分钟，而在冬季则只有 44 分钟。

此外，相同的情况也发生在夜晚的小时上，它们被称为“vigiliae”，字面意义为“守夜人”，或轮岗站哨（就军队用语而言）。因此，每晚都被分成四个“守夜人”，每个“守夜人”由三个小时组合而成。

显而易见地，在每个小时的长短弹性较大且缺乏精确计时器的情况下，相比而言，罗马人的每日约会行程想必没有那么严格，人们也比较能容忍迟到的人。但罗马人还是有能够准时赴约的方法。比如，你能在广场是半满的时候约人碰面；如果每天都用手表对时，我们会注意到这样的描述总是大致对应相同的时段。但真正规范罗马时间的时钟，是一天中相继进行的活动。

尽管如此，为了方便起见，我们在古罗马的旅程会继续使用我们所习惯的现代时间。

08:40

理发师和早晨的尖峰时刻

值此之际，外面街道上开始热闹起来。熙来攘往的行人中，大多是男人，或说得更精确点，是奴隶——你可以从他们身上以粗布制成、到处破损和沾满污渍的短袖长衣辨认出他们的身份。有些人也理成小平头。没有人优哉地闲晃，他们全都心思坚定地迈着步伐。他们显然都有要务在身，准备进行当天最初的几项差事。换句话说，这时的早晨是奴隶们的小小尖峰时刻。听不到咔哒咔哒的鞋跟声虽然有点奇怪，但我们能听到凉鞋发出的轻柔窸窣声。事实上，在罗马时代，鞋子没有鞋跟，只有平坦的鞋底。军团士兵穿的钉鞋（caligae）则是例外，它们的鞋底附有许多小铁球以产生更强的摩擦力，有点类似足球鞋。鞋跟的确存在，但只在特定的鞋子上，尤其是女性穿的鞋子。

一位奴隶抱着一大捆用床单包裹的衣物经过我们身旁。毫无疑问，他正要拿某些长袍，或是桌布去清洗。但罗马人是怎么洗衣服的？你得把它们拿到“洗衣店”（fullonica）去。一旦送到那里，衣服会经过一道道让我们大皱眉头的清洗程序。短袖长衣、长袍、床单和桌布一起丢进洗衣池里，里面的水混合着碱性物质，比如苏打或能去垢的陶土，或是人尿！事实上，在许多街角处，尤其是在洗衣店附近，都放有开着大口的大型陶罐（双耳长颈瓶），过往的行人便能在此解决他们迫切的需要。有些奴隶会定时来此收集洗衣店所要使用的尿。如果你觉得这份工作很恶心，不妨想想那些要花好几个小时在尿池里捣弄衣服的奴隶吧，他们做着我们的洗衣机为之代劳的苦工，置身在令人作呕的气味中。然后，经过清洗、捶打，用其他物质［比如白垩（certa fullonica）[①]］处理，衣服变得更为硬挺。衣服拧干后，会挂在院子里晾晒，就像我们将湿衣物挂在公寓阳台晾晒一样（在罗马时期，你甚至可以将衣服挂在街道上），最后用特制的熨斗将衣服烫得平整。

这里要告诉你一个奇闻：当时已经有一种漂白手法。白色衣物一旦清洗干净，就会挂在以木制拱顶搭建、不到一米高的圆顶上。然后圆顶下方会放上里面装有加热硫黄的火盆。罗马人就是用熏硫黄法来达到“前所未见的亮白”的漂白效果。之后，奴隶会将洗净烫好的衣服扛回家。

抱着那捆衣物的奴隶迅速向前继续迈进，但他突然消失在从另一条小路出现的一顶轿子之后。这顶轿子短暂阻挡了我们的视线，我们看不出谁坐在里面：轿内以布幔遮掩。然后，轿子像它出现时一般，迅速消失在一个小巷内，轿前有个奴隶为他的主人（或女主人）开路。

我们继续沿街道往下走。我们不禁竖起耳朵，听着从一家已经开门的店家里传来的一阵阵爆笑声。我们再往前走个几

① 一种用来软化衣物的陶土。

步，便看到一个典型的场景：一位通常被称为“tonsor”的理发师，正在为顾客理发。店里面大声聊天和开玩笑的欢乐声响，就像在帝国所有其他都市那样，是首都早晨另一个常见的场景。

除了少数幸运的男人（就像我们先前见到的主人）早晨时能让家中的奴隶替他们理发外，其他人都得到这类理发店理发刮胡子。

因此，理发店（tonstinae）成为会面地点，男人聚集在此讲笑话和说故事，当然也少不了分享最新消息，尤其是最新的八卦和谣言。

事实上，这些店与现代理发店有着许多相同的特色。顾客坐在长椅上等待，面前的墙上都挂着镜子，轮到自己时就坐到房间中央的凳子上，接着理发师会用一条大毛巾盖住他的肩膀和胸口。

幸运的是，目前流行的男性发型相当简单，图拉真皇帝是大家争相效仿的对象，他将头发往前梳，前额的部分剪得极短。

一个男人盯着他镜中的身影，检查他刚剪好的头发；剪刀每剪下去，都留下粗糙的痕迹，创造出一种不平整的层次效果。这是因为理发师急着想照顾在场等待的顾客，还是和今日相比，仍嫌过于粗劣的剪刀所致？不管怎样，罗马人对此见怪不怪，连尼禄的头发都有着参差不齐的外观。

助手正在为坐在旁边椅子上的顾客刮胡子。当时还没有刮胡膏，刮胡子前抹在顾客脸上的唯一舒缓液是水！在刮过最初几位顾客的胡子后，理发师得花很多时间和精力来重新磨利刮胡刀。他会在磨刀石上吐上唾液来磨利刀子。

他轻柔地将刮胡刀举到顾客颈部，开始顺着他的皮肤慢慢往上推。真正的危险是切口或割伤：只要一个小抽动或突如其来的震动就会造成伤口。不幸的是，这类意外极为常见，因此，自奥古斯都时代以来，法官便已为此制订了特定的罚款和处分法令，而理发师如何为伤口止血呢？哲学家老普林尼曾经建议，可以敷上浸泡在橄榄油和醋里的蜘蛛网。

既然这么危险的话，不是留胡子比较好吗？毕竟，早期的希腊人和罗马人都有蓄须的习惯。尽管如此，在此时，除非你是位哲学家或士兵，不然就有义务将胡子剃干净。但这风潮不会持续太久。虽然现在都还没有人知道，但在图拉真驾崩后，也就是几年后，老式蓄胡风尚又会卷土重来。这个新风潮将由新皇帝哈德良[①]引领（也许是为了遮掩一道疤痕）。每个人都将模仿他，对许多男人而言，能躲开刮胡刀的每日折磨总算让他们松了口气，但对理发师而言，他的收入将变得大不如前……

现在我们已经走到街底，它与一条小坡相交。这便是苏布拉努斯小坡（Clivus Suburanus），离图拉真浴场不远。在它的尽头有个岔口，中央是座喷泉，即奥菲斯[②]喷泉。大道两旁的公寓大楼鳞次栉比，无数窗口如包厢般向外敞开，面对着上演人生百态的舞台。这条街道上开始挤满人，吵闹声震耳欲聋，就像铜匠店里传来的捶击声响。

---

① 哈德良（Hadrian，76～138）：在位期间是公元117～138年。罗马皇帝，曾编纂罗马法典，奖励艺术文艺活动。

② 奥菲斯（Orpheus）：罗马神话中的诗人和歌手，擅长弹竖琴。

在几米外，我们能听见从高空泼洒到人行道上的水声：一桶尿刚被倒在街道上。但它是打哪来的？当我们抬头望去时，我们可以看见一栋高大雄伟的建筑，有着数不清的阳台和窗户，它堪称建筑奇观。罗马人称这类建筑为公寓大楼（insulae），它是个等待探索的独特世界。

公寓大楼，另一个世界

“Insulae”指罗马人的房舍，或更详尽来说，是他们的公寓大楼。“Insulae”这个字是现代意大利都会居民常用的一个字“isolato”（街区）的根源。这应该会让你对“insulae”的大小有些概念。如果数一数住在里面的人，它可以被界定为垂直的村庄或村镇。它们是古代世界里不折不扣的大厦。我们难以判断现在耸立在我们面前的公寓大楼的高度。奥古斯都皇帝曾经立法规定，住宅大楼高度不能超过 21 米（这在现在意味着建筑物不能超过七层楼高），即使是在现代，这都算相当高了。在图拉真时代，法令更为严厉：大楼的最高高度是 18 米。这表示你可以盖一栋六层高的建筑加上顶楼，待会儿我们会见到它，那是个不折不扣的阁楼。但是，人们显然并未完全遵守高度限制，因此公寓大楼常有难以避免的结构缺陷，有时还会坍塌。我们要去拜访的公寓大楼就远比法定高度要高。第一眼看过去，它有着苏维埃街区房舍的风貌，因为它方方正正，从底部到顶端开着等距的窗户。不过再定睛一瞧时，我们就会发现许多增添它优雅气派的细节。首先是色彩。尽管它只是砖造建筑，但外层却涂着具有保护效果、看起来相当赏心悦目的乳黄色灰泥。这个色彩的选择也相当实际，因为它非常明亮，能反射光线照亮周遭的窄街和门廊。

一截高度近1.5米的高雅“庞贝红”围绕着建筑底层，但它有什么功能呢？这个颜色兼具美学和实际功能。它的保护功能大于装饰目的；它能遮盖泥土污迹、手印、商人留下的脏痕，或靠在墙壁上的身体印记。它不是公寓大楼唯一的优雅细节；每个窗户上都有一排暴露在灰泥层外的砖块，形成小小的拱顶。从下方看的话，几乎就像窗户长了红色的眉毛。还不止如此。沿着公寓大楼的第二层楼，有一道衔接其他公寓的狭窄阳台。罗马人将这种阳台称为“Maenianum”，它对屋主而言是一种小奢侈品，可与小花园或露台相比。最重要的是，它是其他人所没有的东西，你可以走到外面透透气或晒晒太阳，甚至可以在那里种些盆栽。

事实上，罗马人像我们一样喜欢养盆栽；你可以在阳台或公寓大楼的窗户部位看见许多花朵盆栽，就跟我们公寓建筑的景观一模一样。哲学家老普林尼曾经记载，某些园艺爱好者甚至会栽种空中的小花园。

古罗马和现代罗马皆分享着这份对绿意的热爱；无数公寓大楼覆盖着攀爬植物，植物沿着阳台栏杆攀爬而上，形成窗户的窗框。街道上种有许多高大的树木，它们轻抚公寓大楼的正面，有时甚至斜靠在大楼表面寻求支撑。简言之，帝都罗马是座绿色城市。这个特征在今日罗马似乎不曾改变，就仿佛20个世纪的时光从未流逝过一般。这些都不过是小细节，但它们帮助我们了解今日和昔日的罗马是如何相似（反之亦然）。尤其在日常生活上，现代罗马人在某种程度上是古罗马人的翻版，即便两者之间相隔了好几个世纪。

极为高耸的公寓大楼主宰着罗马的街道。市内大约有**4.6**万栋大楼！违章建筑极为常见。

正如研究古罗马的伟大历史学家热罗姆·卡尔科皮诺[①]所言，如果我们将罗马的卡佩拉利大道（Via dei Capellari）或那不勒斯的崔布拉利大道（Via dei Tribunali）上的公寓建筑，与奥斯蒂亚古城的公寓大楼相较，我们将会发现极为相似的地方，有时甚至能找到一模一样的楼层平面格局。一位来自古代的罗马人在审视过我们于现代罗马或那不勒斯的历史中心所兴建的公寓后，也许会觉得仿如回到家中，非常自在。

并非只有二楼才有长阳台，在更高的楼层还有其他较小的木制阳台。只有少数幸运儿才有此小小特权，这些阳台的外观就像从建筑物向外伸出的木制雕刻凉廊，罗马人称它们为“pergulae”。我们常在中东的中古城市，或是在印度城市和加德满都这样遥远的地方看到它们。但它们已经是帝都罗马“风景”的一部分。它们存在的目的很单纯：扩大公寓的空间，并带进更多阳光，以及可以从此窥视街道而不被发现。

① 热罗姆·卡尔科皮诺（Jérome Carcopino，1881～1970）：法国历史学家和作家。

奇闻｜古罗马的“摩天大厦”

在古罗马的时代，公寓大楼是世界上最高的住宅建筑，但对我们而言，它们的高度也许并不特别令人印象深刻；它们大约只跟我们一般的公寓建筑同高。只有某些例外。事实上，我们知道，在公元100~200年，有一座真正的奇怪建筑矗立在罗马市中心。尽管如此，我们不知道它确切有多高，虽然它的高度和大小在当时轰动一时。据说，它如同摩天大楼般屹立在罗马房舍的屋顶之上。它肯定对城市天际线和罗马市民心灵造成极大的冲击，因为它的名号“幸福大厦”（Insula Felicles）广为流传，甚至传到了帝国边陲地带。尽管如此，它只是个独立个案。除了这个小帝国大厦之外，罗马的建筑很少超过六层楼高。

令人惊讶的是，即使在今天，在经过如此多世纪之后，我们仍能欣赏到某些仍旧屹立不倒的公寓大楼的残骸。它们有时就像奇迹一般出现在城市交通线的中央，但仅有少数人会停下脚步欣赏。一幢著名的公寓大楼就位于维克托·伊曼纽尔二世[①]那巨大的纪念堂的隔壁，矗立在威尼斯广场上。在纪念堂右边，就在要登上天坛圣母堂（Basilica di Santa Maria in Ara Coeli）的阶梯前，你可

① 维克托·伊曼纽尔二世（King Victor Emanuel Ⅱ，1820~1878）：在位期间是公元1859~1861年，意大利于其治下统一。

以看见几层楼高的被毁坏的砖造建筑所留下的无名废墟。不幸的是，它并没有得到该有的关注。路人漠不关心地来来去去。一巴士又一巴士的游客在人行道上稍微驻足片刻，倾听导游所做的几句讲解，然后便匆忙往前移动，走进始终在召唤游客的纪念品商店。

但倘若你停下脚步，靠在栏杆上，帝都罗马的一小部分将在你眼前慢慢成形：商店、房间、窗户。只要运用一点想象力，你就能为这些弃置的房间添补家具，并放进一些住户。谁住在那里？在油灯的光亮下，我们将在公寓大楼里看见什么样的脸庞？一位母亲从那边的窗户探头向下，呼唤她在街道上玩耍的儿子，他也许正和角落商店家店主的儿子一同玩耍。谁知道这些商店里又上演着什么样的戏码？

这便是考古学的迷人之处。在一刹那间，你能重新活在被遗忘的世界中；考古学能让你与已不存在的人碰面，让你置身于数世纪以前的日常生活中。没有任何特效能赋予我们如此强烈的情感经验。

更让人印象深刻的也许是图拉真广场的那栋公寓大楼，它离繁忙的国家大道不远。你可以看见它拔地而起，保存完整，还可以看到屋顶，这让你对这些建筑物的雄伟外观有些概念。但在罗马的古海港奥斯蒂亚还有几座古代公寓大楼的废墟，包括一栋奉献给狄安娜①的大厦，我们从这栋大厦身上能够了解居住在这些公寓里的居民的真实生活景况。它们仍有部分区域能够探索，你可以爬上楼梯，站在罗马时代公寓大楼的楼梯平台上，然后进入二楼或三楼的公寓房间内，这真的很促人发思古之幽情。你真的能借此略窥罗马人的生活概况。的确如此，因为大部分的罗马居民

① 狄安娜（Diana）：罗马神话中的月亮和狩猎女神。

都住在公寓大楼里。

因此，罗马的公寓大楼究竟有多少栋？多亏城市土地记录等珍贵考古发现，我们才知道确切数字。在公元2世纪，于塞维鲁皇帝①的统治下，罗马有46602栋公寓。这是个天文数字。尤其是，当你考虑到多穆斯，也就是典型的优雅罗马豪宅（像那些位于庞贝的）只有1797座的话。这意味着，传统豪宅与大型公寓大楼的比例是1∶26。这个比例差距为何如此巨大？

卡尔科皮诺曾做出以下的有趣观察：因为罗马在巅峰时期，其土地只涵盖1800~2000公顷，而居民人数却高达120万，土地显然严重不足。如果我们将那些禁止兴建房屋的区域（如皇帝居住的整座帕拉蒂尼山，或占地200公顷的马提乌斯广场，那里有神庙、门廊、体育馆和坟墓）剔除的话，居住空间将更加吃紧。然后我们还得考虑四十几座公园和公共花园，以及所有占地广阔的大型公共建筑，例如，圆形竞技场、戏院、巴西利卡、浴场、广场、各式神庙和所有行政机关。

空间缺乏的解决之道简单而有效：往上兴建，建造多层楼的建筑以创造空间。换句话说，当大多数的城市居民于傍晚回家时，他们的脚不再碰触地面，而且还当真是“腾空而睡”。

在整个城市里，用来增加空间的楼层总数目应该相当可观，因为即使在那时，一位叫作埃利乌斯·阿里斯蒂德②的修辞学家便曾惊呼说，如果整个城市的公寓都以一楼式平房兴建，罗马将会一路延伸扩展到亚得里亚海岸（两者之间的距离有193公里！）。

今日，我们不再对大型公寓大楼和摩天大厦啧啧称奇。但在

---

① 塞维鲁皇帝（Septimius Severus，145~211）：在位期间是公元193~211年。

② 埃利乌斯·阿里斯蒂德（Elius Aristides，117~181）：罗马修辞学家和雄辩家。

古代，在一个由无数小村庄组合而成，只有少数几个房子超过两层或三层的都会中心里，看见一个充斥着像公寓大楼这类营造业“怪物”的城市，一定就如同我们今天走在纽约街头的感受一般。而两个问题在我们的心中萦绕不去：这么高的建筑物如何防止倒塌？人们如何同时挤在这些高大的建筑物里生活？

08:50

公寓大楼具有人性的一面

如果出门到某个城市里散步，你会看见什么？答案是许多商店。在古罗马亦是如此。公寓大楼的底层是长长的一排商家。在商家的店铺之间是公寓的普通前门，有楼梯通往楼上。那就是我们现在要去的地方。

当我们接近门口时，一个男人在远处打量着我们：他是门房之一。他矮小肥胖，穿着一件肮脏的短袖长衣，双下巴上长满了鬃毛般的胡茬。他坐在一把式样简单的凳子上，双手缓慢地转动着一根满是疖子的橄榄树拐杖。那根拐杖不只泄露了他的身份，还有他的背景：那是军团里发号施令的人所用的拐杖。他以前显然是位军团士兵，也许是位遭到贬黜的百人队队长，现在靠这份新工作聊以活口，而做这份工作的人恰恰必须够直接果断，才能化解房客间的打斗和争吵。他瞪着我们好一会儿之后，将眼光转回街道和路人的脸庞。他面无表情又难以捉摸。当我们跨过门槛时，他甚至视而不见。

我们进入一片阴暗的走廊，唯一能感觉到的是愈见嘈杂的叫骂声。事实上，我们正要进入一个截然不同的世界，一个拥有自己的逻辑、平衡和居民的宇宙。它像动物园般聚集了各类人种和各种不同性格的人。

出现在我们眼前的第一个场景是走廊尽头的一位年轻女孩，她就站在摆放于第一道阶梯下的巨大罐子旁边。她的一双脚踩在一个矮凳上，正将几只赤陶罐子里的东西倒入酒囊的开口中。她究竟在倒些什么？我们再往前走了几步路，来到开放的空间，一阵恶心的气味扑鼻而来……那是人尿。那女孩显然是个奴隶，她正在倾倒主人的夜壶。那股恶臭似乎一点也不令她感到困扰。现在她早已习惯了，因为长年以来，这是她一早起来就得做的工作之一。稍晚会有人过来将尿液取走，它对洗衣店来说非常珍贵。

我们环顾四周，发现环境脏乱：墙壁上的灰泥斑斑剥落，到处是水和油的污渍，甚至还有手印的痕迹，免不了还有一些涂鸦。一个涂鸦特别引起我们的注意，那是两位正在比武的角斗士：一个追赶者戴着头盔，拿着短矛和长方形的盾，而另一个则拿着网子和三叉戟。线条很幼稚，显然出于孩童之手。他还写下他们的名字：赛杜鲁斯和泰隆尼科斯，这两位令观众雀跃万分的角斗士显然激发了孩童的想象力，就像今日的足球队员和卡通英雄一般。写在涂鸦旁的是另一个比较隐晦不明的句子："雷斯提图斯欺骗了许多女人"，也许这是一位被某名负心汉房客拐骗和抛弃的女子所写，她想警告公寓大楼里所有的女人。在一大片猥亵的涂鸦中，我们这么说吧，还有一些"大胆"的涂鸦，我们可以从"马可库斯爱多密提安"这类话瞥见一抹清纯的少年之爱，但这立刻被"希腊姑娘艾乌提奇德，举止高雅，愿意为两个阿塞铜币献身"这句话所抵消。阿塞是种币值极低的铜币；我们必须得说，这价码非常低廉。

性、爱、谩骂和运动，都是考古学家在罗马墙壁上发现的涂鸦内容。看来，两千年来，改变的并不多。

那个女孩现在开始疲惫地登上楼梯。我们悄悄跟在她身后。她还不满 12 岁或 13 岁；她的金发泄露了她的北欧出身。谁知道她是从日耳曼的哪个地方来的？尽管她很年轻，但她在过去一定遭逢过某些悲剧。也许她的部落被罗马军队打败，而她村庄里的所有居民都沦为奴隶。尽管如此，更为可能的是，她被其他部族的日耳曼人从邻近部落中俘虏，卖给奴隶贩子，这听起来很让人难过，却是常见的悲剧。我们所能确定的是，在几秒钟内，她的人生便永远改变了。

现在她站在二楼的楼梯平台上，正在打开一扇气派的大门，上面有两只高雅、亮澄澄的铜环。我们进入公寓。第一眼便能看出来，它属于一个非常富有的家庭。

帝都罗马的公寓长得像什么呢？我们的重建主要基于考古学家在罗马古海港奥斯蒂亚古城的发现。事实上，奥斯蒂亚古城的设计布局和建筑在我们所探索的那个年代相当典型，它能让我们发现日常生活的众多细节；而我们根据的是卡洛·帕沃利尼（Carlo Pavolini）教授多年来在这惊人遗址上所做的研究和发掘，以及他收集并加以分析的资料。

如果在罗马使用“公寓”一词，人们会一头雾水。罗马人将它们称作“住宅”（cenacula），但除了这点不同外，它们和我们的公寓其实非常类似，尤其是在设计布局方面。今日的公寓事实上是罗马住宅的现代演变。

第一个房间是接待室。房间中央屹立着一个有着猫爪桌脚的圆形大理石桌，上面端放着爱神维纳斯的雕像。换句话说，这是欢迎我们的第一件艺术品，也表示屋主是位风雅之士（或他希望我们这么认为）。公寓并不大，我们一眼就能将它看尽。我们的右手边是客厅（tablinum），左手边是饭厅（triclinum）。我们身后的门通往三个卧室。这个公寓和我们今天稍早拜访的富有罗马人的多慕斯，有着令人吃惊的差异。多慕斯是栋封闭的房子，没有窗户，所有的房间均面对着前厅，中间有个承雨池。这里却恰恰相反：所有的房间都背对房屋中央，它们几乎全臣服在某种离心力之下。为什么呢？理由很简单，它们都希望拥有日照，因此发展出房间沿着建筑正面而立的布局，而窗户就设在建筑的正面。

玻璃窗户显然是这些公寓的基本配备。玻璃是昂贵而珍贵的建材，但这些豪华住宅中的富有房客仍旧负担得起。我们稍后会在更上面的楼层看见非常不同的故事。

房子里的家具很少：几张椅子、几个长椅柜、一些折叠凳，以及各种形状的桌子。我们从一个房间走到另一个房间，可以在这些桌子上看见一些寻常物品：一把梳子、一叠过蜡的写字木板、一个赤陶存钱罐（就跟我们的一模一样！）、一只青铜油灯、一个小珠宝盒，一大串钥匙挂在一个形状古怪的钥匙环上，我的意思是由一把小钥匙和一个环组成的，可以戴在手指上的戒指状钥匙环……

我们跨越一道门槛，惊诧地发现，房间中央放着两只大花瓶。在房间放花不是现代观念，这在罗马时代就已经相当普遍。花朵的插法突出，花瓣五彩缤纷。它会端坐在公寓中最美丽的桌子上绝非偶然：桌子由具有异国风情的木材制成，上面的波浪条纹在阳光照耀下闪闪发光。

这些并不是公寓里的唯一色彩。就如同豪华的多慕斯，这个家的墙壁也漆上鲜明色彩，更进一步证明了罗马人喜爱色彩鲜明的居家环境。

公寓墙壁的颜色主要是鲜橘、天蓝或庞贝红，颜料是在灰泥还湿着的时候漆上去的。其余绘画则是等灰泥干后才绘制。纤细的柱子或优雅的建筑错视画法形成一个个窗框，开出假的"洞口"，通往假的风景和景致，这些技法都丰富了背景色彩。有时中央还画有人物肖像；我们在一个房间里看见阿波罗的九位著名缪斯女神。这些人物肖像相当于我们加了框的绘画。

我们的右腿突然觉得很热。那是火盆，木炭还在燃烧。我们刚刚没注意到，但现在察觉到，整个公寓里都没有壁炉，甚至暖气。这时代唯一的取暖方式是火盆。这个特殊的火盆附有小轮子，可以随时移动到需要的地方，有点像我们的可携式电炉。

整个房子里有股强烈的气味，那是燃烧木柴的味道。它是来自哪里呢？我们折返到放有维纳斯雕像的前厅。我们经过时，也注意到两个漂亮的银盘和雕刻精美的玻璃水瓶，这些都是家庭的地位象征。我们走进饭厅。现在我们可以看见烟雾了，它笼罩了整个房间，似乎是从一扇窗子下面的角落飘过来的。我们在楼梯遇到的女孩正站在那里。她弯着腰，身体下方是个巨大的正方形火盆，她刚将火点燃。我们突然了解我们在看什么了。我们还没看到这房子的厨房，原来它就在这里：这是个青铜炉灶。实际上，厨房在这类小公寓里被缩小到不能再小，几乎就只是个露营火炉！最重要的是，它是可携式的；你可以带着它到处走，但因为它会产生大量烟雾，所以依常识判断，你必须把它放在靠窗的地方。尽管如此，不可避免的是，在早晨和用餐时间，整个公寓仍会充满着各种气味，包括燃烧的柴薪或食物所散发的。但并不是每个人都得忍受这种情形。不少人会从最近的餐馆订餐，这不但免除了“露营火炉”的问题（和危险），也使食物内容更为丰富多样。

我们必须驳斥的一项神话是古罗马人在家里进食的方式。他们只有在举行晚宴或假日时才会斜靠在躺椅上。在一般的日子里，他们就像我们一样，坐在桌旁吃饭。

我们往出口走去。我们第一次仔细瞧着地板，发现一项小小的奇怪之处：地板铺满了高雅的黑白马赛克。设计很简单：菱形、星形和正方形组合成各种不同的图案。我们在相邻的房间里看见更多的马赛克。这些马赛克为何只用黑白两色，而不用彩色呢？答案也很简单：这样才省钱。实际上，这类马赛克几乎总是出现在公寓大楼的二楼，这里的租客通常手头阔绰。他们当然有钱，但并非富可敌国。黑白马赛克能增添公寓雅致的氛围，但又不像别墅的装潢那般价格高昂。

彩色马赛克通常镶嵌着人类或动物肖像，而且需要由技巧高超的工匠执行。对公寓大楼的营建商来说，这价码真的太过昂贵。反之，黑白马赛克只需普通的装饰工人即可镶嵌，他们的工资较低，因为他们的技巧只限于不断重复拼上各种组合的几何图案。此外，相较于用来做精致马赛克镂嵌的彩色玻璃溶浆和多色大理石，（白色）石灰石和（黑色）玄武石这两种原料不仅容易取得，价格也相当低廉。

基本上，选择黑白马赛克和我们挑木条镶花地板的考虑相当类似：它雅致并能兼顾品位，但又不会像在别墅中铺大理石那般昂贵。最好任何事都采中庸之道：只在主人的生活空间范围内镶嵌马赛克。在卫生间或仆人生活区的地板上只铺简单的赤陶板（60 平方米大小）、鱼骨图案的砖块，或是石灰浆（coccio pesto）的地板覆盖物——一种碎砖、沙子和石灰的混合物（当你参观考古遗址时，不同的材质能帮助你辨识住宅里的不同房间）。

09:00
公寓大楼缺乏人性的一面

我们回到楼梯平台，开始走上楼梯。我们再仔细一想，在刚才所看到的事物中，有某件事情不太对劲。一位富有的房客选择住在公寓大楼的二楼，而非住在顶楼，此事相当奇怪，何况顶楼有较多的隐私，较为安静，还可以眺望罗马屋顶的旖旎风光。

但这却是帝国境内的模式。住在阁楼的人是穷人，而有钱人住在二楼。和今天恰恰相反。为什么呢？

理由很简单。首先，疲惫是显而易见的因素。那时没有电梯，住得越高，就得爬越多楼梯。再者，还有安全问题。建造业由不太有良心的投机商所把持，建筑物越高，结构便越脆弱，倒塌的风险也越高（更别提从窗户和屋顶的缝隙渗入的雨水了）。最后，由于火盆和油灯的广泛使用，火灾频仍，住在较低楼层的人比较有机会逃出着火的大楼。而和鸽子同住在屋顶之下的房客将成为最后注意到火焰、因而葬身火窟的人。诗人尤维纳利斯[①]是这么描述的：“三楼已经起火了，但你什么都不知道。一楼以上一片混乱，但仅有屋瓦可以挡雨的悲惨

---

① 尤维纳利斯（Juvenal），生于1世纪晚期，卒于2世纪早期，罗马讽刺诗人。

房客是最后被烧死的人，而那些屋瓦正是鸽子的下蛋之处。”

事实上，住宅大楼的这类垂直划分一直延续到 19 世纪。贵族和有钱人住在“最贵的楼层”，但你越往上爬，越高楼层的住户便比楼下的房客更为贫穷。在今日，我们则以社区而非楼层作为阶级划分的基础。

我们继续往上攀爬，经过一道又一道的楼梯。突然间，就在我们头上几米远处，原来听起来像是谈话的声音变成了一阵狂吼。这阵叫嚷声引起了其他房客的注意，他们纷纷探头从楼里向外看。在楼梯平台的中央有个壮实的女人，披散着一头及肩的乌黑长发，她直挺挺地站着，挡在三个男人前面。她的眼里闪烁着愤怒的光芒。她的一只手臂抱着一个只有几个月大的婴儿，另一只手臂用力在空气中比画，替她的叫嚷声打着节拍。她的大胸脯随着每个动作在短袖长衣内明显地上下跳动。她显然是位劳工阶级女性，习惯用粗鲁而直接的方式和外人接触。

我们从她公寓半开房门的门缝里，瞥见躲在阴影中其他小孩的恐惧眼神。那三个男人被骂得呆住，一动也不动。毫无疑问，她赢了第一回合。你看得出来，其中两个男人只是身兼保镖的普通门房。站在中央的第三个男人一定是引发这阵争吵的人。他高大消瘦，有只鹰钩鼻，脸颊凹陷，披着一件在他肩上围了两圈的暗红色斗篷。而让人如此忐忑不安的，是他不为所动的冰冷目光。那是掠食者的眼神，他知道，不管事情如何发展，他都将是赢家。这场激烈争吵的起因对今日的我们而言也不陌生：房租要涨价。

罗莫洛·奥古斯都·斯塔乔利（Romolo Augusto Staccioli）教

授曾经指出，罗马的房租比意大利其他地方要贵上四倍。我们稍后将有机会探讨首都这类都会问题的“现代性”。

我们轻易便可以看出，穷人的处境很悲惨。他们可能会走投无路。为了逼迫房客缴纳房租，房东甚至可能砌墙将房客的公寓入口堵起来，或是拆掉房客能进入公寓的唯一走道，也就是木制楼梯。这两种方法都能使房客陷入孤立无援的境地，直到他们缴清房租为止。显然发生过很极端的例子，但这显示，当房东要收房租时，他们可是毫不留情的。

租约在一年中的确定日期届满，必须重新交涉和签署。罗马的街道充斥着被逐出公寓的家庭，他们得寻找新的住所。这确实是个社会的潜在危机，但没有皇帝曾经真正提出解决之道。

罗马的房子为什么会这么贵？

连续转租

在罗马，每栋公寓大楼都有一位屋主，但你大概不会看到他亲自跑来收房租。这份不体面的差事自然有他人代劳，那就是专业管理员。双方之间有份协议：屋主将所有上层楼层交给管理员出租五年，但“仅”收取一楼公寓的房租作为交换，而一楼公寓看起来往往就像真正贵族所住的多穆斯一样豪华昂贵。管理员的责任则在于保持大楼的体面，负责维修，解决房客之间的纠纷，还有收取房租。

管理员的工作乐趣当然不多，但利润丰厚。如果屋主将整栋公寓大楼以3万塞斯特斯租给他，他可以从转租中收到4万塞斯特斯。这解释了为何公寓租金在罗马如此昂贵。它也解释了罗马的公寓大楼为何如此高大：越高的大楼就有越多间公寓，相应即能收越多的租金。

根据历史学家卡尔科皮诺的研究，在恺撒时代，大约是我们正在描述的时期的170年前，一间简陋公寓的租金是2000塞斯特斯，在图拉真治下，你可以用这笔钱在罗马南方80公里远的弗罗西诺内（Frosinone）买到一整栋房子。

因此，你可以想象要从中获取暴利有多容易。例如，西塞罗[①]这位哲学家兼政治家光是一年内从他的公寓大楼所收到的房租，便高达8万塞斯特斯。

这些恶劣条件在罗马引发了更为悲惨的状况，如同卡洛·帕沃利尼教授所观察到的，难以支付高额租金使许多房客将公寓里非必需的空房转租出去，因而衍生出每个楼层连续转租的现象；楼层越高，转租现象就越严重。

在我们参观的这栋公寓大楼内，这种现象显而易见。同一间房以简陋的夹板分成隔间，转租给整个家庭或几个人。这产生了下列缺乏人性的机制：楼层越高，房客越是贫穷，转租更为严重，拥挤、混乱、肮脏、污秽和臭虫的迫切问题更是得不到解决。等到你抵达顶楼时，它已经变成一个贫民窟，居住在一起的房客只能努力挣扎求生。

为了维护秩序，公寓大楼有自己的巡逻队，由奴隶和门房在一位奴隶头子的带领下组成。我们现在就是在楼梯上碰到他

---

① 西塞罗（Cicero，106 BC～43 BC），罗马哲学家和政治家。

们之中的某些人。他们正跑下楼梯，朝着在我们楼下几层、发生争吵的楼梯平台冲过去。女人的尖叫声现在夹杂着其他房客的抗议声。此起彼落的叫骂眼看就要演变成一场暴动。

楼上是第三世界

我们继续往上走。阶梯以未完成的砖块砌成，像书一般在边缘排列起来：我们几乎像走过图书馆里的书架。我们爬得越高，阶梯就变得越厚实、越脏，破损越为严重。这里已经好久没有进行维修了。墙壁越来越脏，满是污迹和刮痕。连我们正在呼吸的空气都有所不同：空气闷热浑浊，烧焦木头的臭味，食物煮了好几个小时的怪味，这些都混合在一起成为刺鼻的难闻气味。我们感觉似乎掉到但丁[①]描述的地狱中的某一层里了。

空间严重短缺，甚至连楼梯平台都住了人。在整个区域上方，挂在绳索和横梁上的衣物纵横交错。地板散布着没点燃的火盆、破水罐和碎布，被踩烂的柠檬皮及香蕉皮上盖满了苍蝇。这些楼梯平台看起来仿若人类生活的市集；油灯在半明半暗中照亮一名赤裸男孩的轮廓，他默默坐在地板上，用漆黑的眼睛瞪着我们，油灯也照亮一个老男人满脸皱纹的脸，他裹着形成很多皱褶的肮脏毛毯沉睡。在咫尺之内，一个生命的开端和另一个生命的结束相互交错，由悲惨的恶臭所联结。

我们听到的声音随着我们向上攀爬的脚步有所不同。大门

---

① 但丁（Dante，1265~1321），意大利诗人，著名作品有《神曲》。

以如此廉价的木头制成，我们能偷听到附近每个公寓内所有生活起居的声响。因此，在几步之遥的空间内，一个男人的大笑声转换成婴儿的不断嚎哭，两个女人的高声争吵变成亲密性事的低喘；我们不可能误判从一扇门后所传来具有节奏的呻吟。是丈夫和妻子吗？或是男人和他的奴隶女孩？楼上完全缺乏隐私这点使我们大吃一惊。

我们推开一扇半掩的门。当门咿呀打开时，它发出的嘎吱声就像一道声音的帘幕，逐渐为我们揭露出一个光秃简陋、四壁萧条的房间。墙壁统一漆着赭黄色，只有一张桌子，几张凳子随意放置。它与第二层楼的公寓看起来南辕北辙；这里比较像茅舍内部。里面有两个长椅柜，上面放了些赤陶水罐。一个小碗柜权充餐具柜，里面有一些面包和以粗布包裹的大块奶酪。这公寓的充实格局被隔间和幕帘严重破坏，但这样才能创造出许多可以转租的小空间。我们拉开一道帘幕，发现一个地上铺有草席的小房间，油灯没有点燃。衣柜就是由钉在墙壁上的几枚钉子凑合而成，上面挂着草帽和几件短袖长衣。其他钉子则挂着两个陶制水罐和一个里面装有食物的帆布袋，我们几乎可以确定，挂这么高是为了防止老鼠和昆虫找到它们。我们可以把这里称为这个小房间的小厨房。

在另一个小房间里，一个女人正坐在床上给她的宝宝喂奶，她身旁有个破烂的柳条摇篮，房间里的床垫以干枯的叶子铺成。

这里的窗户没有玻璃。只有住在二楼的房客买得起玻璃。在这些较靠上的楼层里，他们使用透明的兽皮、帆布或木头窗板。这意味着，如果想要有一点天光的话，得将窗板打开，任由风和寒冷的空气吹进来。雨天最为糟糕，因为你被迫关上窗在昏暗中活动。在那些日子里，室内仅有的微弱光线来自赤陶油灯或兽脂蜡烛。结果是，所有的房间都充斥着它们的臭味和肮脏煤灰。经年累月下来，墙壁和其他表面便会覆盖一层薄薄的暗色绿锈，大家都懒得清理，因此使这些房间的卫生条件更加恶劣。

谁住在公寓大楼的最上面几层？基本上是罗马城里的“苦力”，也就是那些每天让城市正常运作的人：仆人、劳工、砖匠和将货物运送给商家和市场的送货工。他们和家人住在一起，生活非常拮据。住在这儿的还有老师和工匠。

某些经济状况比较优渥的罗马人，比如行政部门或私人公司的雇员，则住在比较下方的楼层。

一楼住着非常有钱的人：生意人、商人、建筑商、市政府官员，或从事的工作与皇帝或元老院当局关系密切的人。一小群都会贵族并未直接统治帝国，但在街道和首都的建筑物内却能发挥实质影响力。

我们还得把店主加入一楼的精英群中。他们为了许多实际的理由，往往会住在商店后方或楼上的小公寓或拥挤的阁楼中。

简言之，这就是罗马公寓大楼的社会阶级概况。

我们现在抵达最后一段通往阁楼的阶梯。这里的一切都以木头制成，每步踩下去，阶梯都发出令人心惊胆战的嘎吱声。我们可以感觉到周遭的建筑结构极度危险。公寓大楼的这一层并不是由建筑师兴建，它是在稍后加盖的，这一系列违章建筑的目的显然在于增加房客数目，以牟取更多利益。以现在术语而言，也许可以说，我们正要进到一层百分之百的违章建筑中。

我们碰到一位年轻人，年约25岁。他拿着一只赤陶罐子，小心翼翼地不让里面的液体溅出来。他的眼睛炯炯有神，感觉很友善，在经过我们身旁时对着我们微笑，我们发现他缺了好几颗牙，也许是营养不良所致。住在公寓大楼较上面楼层的房客生活困苦。你得很聪明，并抓住任何天赐良机，即便是那些最微不足道的机会。他匆匆跑下几截楼梯，四处张望了一下，冲进另外一位房客的房间内，那位房客现在暂时不在家。一进入房间，他便猛地推开一扇小老虎窗，飞快地将罐子里的东西往窗外倒去。原来那是他的夜壶。

他一次踩两个阶梯，回头爬上楼梯，经过我们身旁时，还对我们眨眨眼睛。这样他就不用辛苦地走下所有楼梯，到大门入口处再将他夜壶里的东西倒入那些大罐子里了。如果有任何人对此提出抱怨，遭殃的会是其他房客。这样做的后果可能相当严重。罗马确实有条特定法令，禁止人们从建筑物里倾倒尿液或粪便。处罚规定相当严厉，视被从上方“轰炸”的轻重程度，或衣物有无被弄脏，或某人是否遭受到身体伤害“即使是间接受伤”等，做出惩处。因此，在帝都罗马，被从天而降的粪便和尿液击中的威胁显然到处存在，没有人能够幸免。

上层楼层缺乏厕所的主因在于上面没有水。水至多只能抵达一楼或二楼，且通常要在它第一次使用过后（用于花园、浴缸、准备食物等），才会拿来冲厕所。让我们感到不自在的是，这意味着厕所和厨房通常在同一个房间内，如同考古学家在许多遗址里所确定的那般。不管它看起来有多不卫生，罗马人的确在他们准备食物的咫尺之遥处排泄。但在罗马时代，没有人知道细菌的存在。

公寓大楼上面楼层的缺水现象解释了这些建筑的另一项特征：脏污。将水从社区喷泉或即使只是从一楼的庭院接满，爬上那么多层阶梯再扛回家，实在是件非常吃力的苦差事，因此很少人会将水“浪费”在洗地板上。久而久之，上面楼层的地板便堆积着好几年、有时甚至是好几十年的脏渍和污垢。

尽管如此，在许多案例中，多亏奴隶的劳力，水至少能经由楼梯，送到几层楼高之处。我们在普劳图斯[①]的一出戏中，读到这类生活细节的佐证，它描述一位主人如何巨细无遗地检查奴隶是否有认真执行每天将八只赤陶大罐装满水的差事。根据法律规定，每户人家都有义务储存一些水。在尼禄统治时发生罗马大火后，每户人家都要依法储藏足够的水，以在火灾蔓延至其他建筑物之前扑灭火势。

然而，公寓大楼里还是有送水工人（aquarii）。理论上，他们负责将水搬运到建筑物的任何地方，但在实际上，他们只为富裕家庭或收入还不错的人服务。这些送水工人属于最底层的社会阶层之一，为“最低贱的奴隶”。他们的工作确实很辛苦。他们和门房（ostiarii）以及清道夫（scoparii）同被视作与维持帝都罗马住宅建筑基本运作密切相关，当建筑物易主时，他们将和建筑物一起被整批卖掉。

我们现在打开最后一扇门，那是公寓大楼最高的一扇门。

---

① 普劳图斯（Plautus，254 BC ~ 184 BC），罗马剧作家。

里面房间幽暗，即使仍是早晨，空气已经十分闷热，令人感到窒息。我们就在屋瓦下方，得弯腰才能前进。铺排草率的屋瓦到处都是空隙，阳光斜射而入，创造出一道令人惊艳的光线柱廊。然而，下雨时，这些光线柱廊便摇身一变成为潺潺雨柱。住在这里的房客是整栋公寓大楼里住得最不舒适的人们。我们在房内所能看到的仅有地板上的几件破衣服、破损的油灯和一些垃圾。

突然间，房间里传来一阵声音：那是鸽子拍动翅膀的声音。它进入了与另一个伙伴在两片屋瓦的缝隙间筑的鸟巢，这两只鸽子开始咕咕叫。在帝都罗马常可看到鸽子的踪迹。它们成群翱翔过神庙和广场的天空，现代罗马居民仍然欣赏这类景致。住在这里的人没有将鸽子赶走，也许是因为它们能跟自己做伴。

我们不知道这阁楼的房客以何为生。他也许是个劳工。但他一定是这栋公寓大楼里最贫穷的房客，可是，他拥有别人都没有的一件珍宝：罗马的旖旎景观。透过鸽子筑巢的缝隙，我们能鸟瞰庞大慑人的帝国首都。公寓大楼的红色屋顶、从现在刚开始营业的浴场中所冒出的袅袅烟雾、在建筑物间矗立的青铜镀金雕像、有着亮白色列柱的神庙，以及环绕着城市的绿色森林所形成的绿化圈等，都为我们提供了任何房地产经纪人都会以高额贩卖的壮丽景观。这个城市生机盎然，舞动着生命的脉动。那就是现在我们要去的地方，我们要到下方街道的人群中漫步了。

| 奇闻 | 罗马是座大营地？

我们对帝国时代公寓建筑的探索非常具有教育意义和启发性，因为它使得我们更容易了解发生在街道上的人生百态。例如，为何现在的街道如此拥堵，以及这些人都要到哪里去？

事实上，想了解罗马生活的最佳方式，可能是将这座城市想象成一个巨大的营地。我们都知道，露营时帐篷只是用来睡觉或换衣服。帐篷很小，只有足够的空间放置睡觉用的东西（一个睡袋或一张气垫床），你只能在角落塞个装满衣服的背包或行李袋。你想洗澡的话得去公共澡堂，想上厕所的话得用公厕，至于食物，你不是在靠近帐篷的烤肉架上煮些东西，就是到靠近营地的酒吧或餐厅进食。有些帐篷配备有淋浴设备、厕所和小厨房，但它们很少见、体积庞大又奇贵无比。大部分住在营地的人只拿帐篷来睡觉。

那么，这确实就是古罗马人使用他们住处的方式。他们的住所窄小阴暗，没有淋浴设备或厕所、水或厨房（就算有厨房，也只是些基本的烤肉设备）。只有少数住在多穆斯或公寓大楼一楼的富有罗马人家中拥有这些设备，但它们就像那些在现代营地里、设备完善的大型帐篷般罕见。

因此，绝大多数的罗马居民必须离家到外面使用公共设施，恰恰就像在营地一样。想洗澡，就去浴场，想解手，就使用街道上的公厕，想吃饭的话，他们就坐在“thermopolium”或“popina”里，这两种古代场所相当于我们的咖啡厅和酒馆。而许多人试图说服某人请他们吃午餐或晚餐，以骗取一顿饱餐的行径应该不会令我们太惊讶。

这就是罗马街道如此拥挤的原因。每个人都为了上述的理由走到街道上，还要算上每天出门工作、跑腿，或上市场购物的人。

无论如何，为了进一步了解当时帝国首都的生活，我们在此引用另一个类比。追根究底，罗马本身非常像一栋大房子。你的卧室在一条街道上的公寓大楼里，厕所（公厕）在另一条街道上，浴室（公共浴场）则在另一个社区，厨房则在城市的另一个区域，等等。在这个想象中的房子里也有间客厅：广场区。但说实在话，在这个城市里有许多和人会晤的机会，所以我们可以说，四处皆客厅。

一般来说，即使是无所事事的人也不愿意待在他们窄小阴暗的家里。他们也会出门到街上活络筋骨，让原本已经很拥挤的城市更为拥塞。结果是，街道上总是充斥着游手好闲的人。

因此，我们可以据此下结论说，所有罗马居民使用罗马的方式，和我们使用我们房舍的方式大同小异。罗马就是他们的房子。同理也可应用到罗马帝国的所有大都会中心。这是一种意识形态，城市的一种生活方式，但已经在我们的文化中消失。

09:10

罗马的街道

我们又回到下方的街道，置身于群众之间，在这段时间内，人数变得颇为可观。那些从雄伟的公寓大楼上面几层楼所构成的失落世界传出的恶臭和强烈的迷惘感，仍然萦绕在我们心中。我们有那种身陷《银翼杀手》[①] 电影中某些古老城市并费力呼吸的感受。在罗马街道上行走，有一件令人相当吃惊的事，那就是你有好多条路径可以选择。罗马就像个活生生的有机体，有几个以若干条大动脉组合而成的直线循环系统，全部通往广场区，而在这些动脉旁则长出如毛细血管般庞杂繁复的交通脉络。

因此，帝都罗马的街道模式让我们想起大部分较为古老的现代城市的历史中心：许多蜿蜒曲折的细窄街道。理由很简单：如此才不会占掉太多建筑物的可用空间。

"大道"（via）这个名称只保留给较为宽广的街道，大约是5米~6.5米宽，足够让两辆马车并行通过或对向交错而不碰撞到彼此。令我们吃惊的是，在罗马的心脏地带只有两条这么

---

① 《银翼杀手》（*Blade Runner*）：1982年上映的科幻电影，描述2019年如人间地狱般混乱的洛杉矶。

宽的路。其余的帝国首都则由“巷弄”（vici）、更狭窄的“街”（angiportus），最后是不折不扣的都市“小径”（semitae）组成的复杂网络所构成。古代人曾略带讽刺地讲述道，住在街道两旁的人能够伸出手来握手。

罗马另一个让我们惊诧的特色是陡峭的上坡路。在一个七丘之都，不可避免地会有许多像山区骡径般弯曲的斜坡，罗马人称呼这种路为“小坡”［“clivi”，比如苏布拉努斯小坡、卡比托利努斯小坡（Clivus Capitolinus）等］。恺撒曾命令要在它们上面铺设石板，却从来没有确切行动过。因此，它们在夏季灰尘满天，在冬季则处处泥泞，还有各种垃圾覆盖，可以轻易想象那些沼气恶臭冲天的景象，如同我们在今日的第三世界国家所见一般。

这些狭窄迤逦的街道和过于靠近的建筑物使得城市易受火灾的危害，火灾的蔓延非常迅速。

在公元64年那场毁灭性的大火后，尼禄试图以新的都市计划重建罗马。为了预防火灾迅速蔓延，他将街道拓宽，加大建筑之间的距离，他还建造了拱廊，好让消防队能在城市中更安全地穿梭。

事实上，从那之后，阳光得以重新光顾许多原本因建筑物过于接近而隐藏在黑暗中的街道。但情况只得到部分改善。在投机商和无耻房地产大亨的运作下，许多地区再度毫无计划地随意发展，在四十年间就又将罗马带回旧时的混乱状态。

我们在群众间继续沿街道行走。任何初次拜访罗马的人都会对其呈现的强烈差异感到吃惊。帝国首都的风貌不断改变，我们眼前就有一项证明。我们现在发现自己身处一条相当现代的笔直大道上，两旁是阳光普照的高大建筑、人行道和商家。但我们所需要做的仅是在街角转个弯，便立即进入一个由阴暗小巷构成的迷宫内，眼前杂乱无章地矗立着破败肮脏的公寓大楼。

这就仿佛是有人将纽约雄伟整齐的景致，和中东市集窄小蜿蜒的巷弄放在同一个城市里一般。你感觉到，只不过是转个头或转个街角，便从现代世界回到中古时代。

我们开始走进下一个巷弄。建筑之间挂着等待晾干的衣物。衣服的颜色缤纷，看起来像许多随风飘扬的西藏彩旗。一位壮实的女人出现在一个可眺望街道的木制凉廊上，用绳子放下一个篮子。一个男人等在篮子下方，他是个街头小贩，他装满一袋蚕豆，准备将它们放进篮子里。我们从他的穿着打扮可判断出他住在乡下，来到城市里贩卖他菜圃里的收获。他和那位女人显然彼此熟识，这点你从他们之间开玩笑、交换俏皮话和逗彼此大笑的方式看得出来。

数个世纪以来，这样的日常生活场景都没有改变。这才是真正的罗马：它是个结合了所有居民的日常仪式所组合成的网络。我们往前走，经过那位街头小贩，他现在正在和另一位从窗户朝下望着街道的女人聊天。

探索这些小巷弄的感觉很像走在威尼斯的街道（calli）之间，小街道的尽头是一片开放静谧的小广场。在这里也是一样，在遇到一位连招呼都懒得打的胖男人后，我们走到狭窄小巷的尽头，这是个小绿洲：一个小广场中间有座喷泉，喷泉两旁长着两株高大的树，邻近居民不断前来此地，从喷泉里打满水后，将水桶提走，他们所泼溅出来的水流到地上，滋养了树木。广场一侧是白色大理石形成的明亮柱廊。那是一座神庙，门还是开着的。两名乞丐坐在阶梯上，他们身上穿的破布让人说不出是什么颜色。我们在此驻足几分钟，细细品味这个出乎意料的和平之岛的静谧氛围，抬起脸庞，迎接早晨温暖的阳光。

神庙旁有条非常狭窄、阴暗的小巷，我们开始沿着它走下去。突然间的昏暗迫使我们在前进时伸出手来向前摸索。事实上，它不仅缺乏光线，也缺乏新鲜空气。这巷子被许多人拿来当公厕使用。我们捂紧鼻子，快步朝巷尾的光亮走去，我们现在离它不远了。它就在几米外。我们到了。我们在完全没注意的情况下，绊倒在某样东西上。它看起来像一袋装满破布和木棍的袋子，用身上的短袖长衣捂住鼻子以抵挡那股恶臭，现在它变得令人作呕，但又带着些许甜味。

我们的眼睛已经习惯那片昏暗，一张脸从黑暗中慢慢浮现：一张僵硬的脸，深陷的眼睛，不自然的肤色……这是一具尸体！它至少在这儿躺了一天。是谁呢？那些无数的乞丐之一？不太可能。没有乞丐会选择在这么肮脏的地方过夜。现在，我们能把尸体看得更清楚了。我们鼓起最后的勇气，伸手触碰他的手臂。他的短袖长衣制作精美，显示他的经济状况良好，也许不是有钱人，但日子过得还不错。他缺了一根手指：抢匪将它剁了下来，抢走金戒指。这可能是发生在夜晚的惨剧。我们几乎可以目睹这一场景。这个男人可能在晚宴或浪漫的幽会后回家，或者他有可能喝醉了。但他做错的不是这件事。他犯下的真正致命错误是独自返家。他在没有照明的街道上遭到攻击，被刀刺伤，并被拖到这里，谋杀他的人在一片漆黑中从容不迫地行动，将他的财物剥光。我们挺起腰，继续朝光亮处走去，可以看见人们在那里走来走去。我们快步走出小巷，猛力深吸几口新鲜的空气——在那之后，我们注意到自己正身处一条宽阔大街的中央，周遭都是人，我们像河里的潮水一样被群众推着往前走。仅在几秒钟内，巷弄的黑暗和恶臭都消失了，我们不再感觉到暴力和死亡的沉重气氛。现在围绕着我们的是盎然生机、缤纷色彩、浓郁香气、人类的脸庞，以及凉爽的早晨空气。我们在几秒钟内，就从一个世界走进另一个世界。罗马亦是如此。

09:20

商家和工坊

商店店主已经开始新的一天。有些已经开始营业了；有些则还没完成贩售商品的陈列工作。有些店主则因为在夜里运货、丧失了几个小时睡眠的关系而来迟了，现在才正要将关闭商店时，保护货品的沉重木板拿下来。

商家（tabernae）的锁门方式采纳一种在整个帝国中通用的手法，与现代意大利商家几乎全数使用铁卷门的方法类似。店主使用狭长的厚重木板，将它们一块块接起来。他们将木板插进大理石门槛的深凹槽里（在今日所有考古遗址中仍清晰可见，特别是在庞贝）。其中一片木板，也就是位于侧面的那片，可以做门板，当其他木板都固定住时，这片门板可以打开。

几根长长的铁杆固定住整排木板，它们穿过木板上的圆环，然后将之固定在墙壁的凹洞里。一道门闩或一个和今日我们使用的锁十分类似的东西拴住木板，使它们不会乱晃；只有青铜钥匙和我们所用的稍有不同，看起来像弯曲的叉子。

在今日的城市里，一天始于商家和酒吧铁卷门的震动，但在帝都罗马，你听到的是嘎嘎声响，铁杆滑开和商店后厅里沉重的木质大门与木桩撞击的声音。今日某些地中海国家仍是遵循这样的模式开始一天，比如突尼西亚的城市斯法克斯[①]。

但这不是唯一的差异。我们现在站在一家正要开门营业的店家前。木板移动，门板打开，从里面走出一个眼神朦胧、眼睛浮肿的男人。他仍旧提着油灯，因为他从里面打开门闩时需要照明。他昨夜显然是在店里过夜。一个男孩也走出来，他的鹰钩鼻长得和那个男人一模一样，显然是他的儿子。那男人发出一声咒骂。昨晚有人在一块木板上刻了些侮辱人的字句。那两个男人在搬动木板时，一个娇小的女人从门里走出来，脸上罩着面纱。她是男人的妻子，她看看涂鸦，厌恶地皱着眉，然后走开，大声叫着可能是罪魁祸首的人的名字：一名在昨天要求赊账但被拒绝的顾客。那女人握着两只大水罐，正要朝附近的喷泉走去。但她才走没几步，就有一个微弱的声音叫住她。她停下脚步，抬头看看天空，然后转过身来。一个不到三岁的小男孩出现在门口，脸和短袖长衣都脏兮兮的，他朝着她跑过去。

整个家庭都住在这个小店里让我们感到惊诧。但他们并非例外，在罗马和帝国境内，这几乎是通例。这些人是谁？有时，他们自己就是店主或经理。但他们是如何挤在不到 30 或 40 平方米的店里共同生活的呢？

现在商店开门了，我们可以借此一探屋内究竟。商店没有展示橱窗。我们先前提到过，玻璃非常昂贵，而且，在那个时代，没有人能生产这么大片的玻璃。因此，商店的前方完全对

① 斯法克斯（Sfax）：突尼西亚东部港市。

街道敞开，就像今日的鱼店或小杂货店一般。开口处有座小型砖砌柜台，用来展示商品。一根长竿位于高处，横跨入口处的整个天花板，竿子上挂了数种地方特产，特产则以袋子包裹，或是放在用红色标签封装的水罐里。

父子两人开始摆出装满椰枣、胡桃、李子和无花果干的篮子。这家商店卖的是食物，特别是干货，后者很容易保存，放一整年都没问题。

放在篮子里，手拙的顾客和小偷无法拿到的是一些外形可爱、小而长的双耳长颈瓶子，里面装的是远近驰名、罗马人非常喜爱的鱼酱（garum），但它们的陈列方式和店主所赋予它们明显的夸张地位，让我们不难了解，它们正静待着准备敲诈某些天真无邪的顾客。

我们往店里一瞧，立刻就看见在砖砌柜台之后，在商店后方，于袋子、长颈瓶子和商品之间，有条木质楼梯通往整个家庭住的楼上阁楼。那是一个没几平方米大小的小房间，就位于顾客的头顶。它唯一的室内光线来源是店门上方的那扇正方形小窗。

阁楼内部和我们在公寓大楼的中间楼层所看到的脱序、混乱和贫穷情景如出一辙：夫妻俩睡同一张床，两个孩子挤在一张小床上，钉子上挂着衣服、兼具烹饪和保暖功能的火盆、一个可能装有女人化妆品的小盒子。但床底下有另一个盒子探出头来，它装着非常重要的东西：商店里的销货进款。钥匙则由女人掌管，她现在正在喷泉处，钥匙挂于夹在她乳沟间的链子上。就跟几乎所有的人类社会一样（从非洲半游牧的辛巴[1]民族到凯尔特人、维京人等），尽管都是男人在发号施令，但掌管家庭财物的却总是女人。

我们在此所见的是罗马所有商家、作坊和仓库的景象。这些阁楼（或是后室）根据不同的情况，分别作为工匠、店主、守夜人、书记，甚至妓女的家，比如在酒吧的例子里，商家都是在一楼与顾客交涉，而消费则在上面的阁楼里进行。

现在，店主正穿越街道，拿着一个装着早餐的盘子：盘子里有面包、无花果干，以及他正嚼得起劲的乳酪。在吃完早餐前，他有件非常想做的事。他抵达街角，抬头看着墙壁里的一个壁龛，里面有个由灰泥制成、漆成鲜红色的、巨大的男性生殖器。他用手抚摸着它，喃喃低语了些什么。每早，他都以这个迷信的仪式开始他的一天。

对罗马人而言，直挺挺的生殖器是好运的象征。这在罗马境内到处可见：它们被雕刻在铺设于街道上的巨大石板上，或大道和商店入口的墙壁上。罗马人甚至还将一串串不时摇晃的青铜阳具和会响的小铃铛，一起挂在房舍和商店入口的链子上。罗马人叫它们“铃铛”或“风铃”，而你每次经过时碰触它们并让它们叮当作响都会带来好运。

这也许让你吃惊，但这个崇拜阳具好运符的习俗早已流传到我们的时代，纵使这习俗的面貌经过伪装，并不容易看得出来。在过去的某个时期，直立的阳具变成著名的红色珊瑚或象牙角，许多人仍然将这些物品放在口袋或皮包里，或是系在手镯或项链上。更别提那些我们常见挂在行驶于公路的卡车后视

① 辛巴（Himba），纳米比亚的游牧民族。

镜上的庞大兽角。它们是迷信这一领域真实的考古发现。

我们可以听到从隔壁的工坊传来的锤子敲打声。我们将身子从门口探出，发现刚刚拜访店主的邻居是位铜匠。他骨瘦如柴，有着黑色胡须和橄榄色皮肤，显然来自中东。他盘腿而坐，正在拿锤子用力敲打一个锅子的底部。他以令人赞叹的精准和速度捶打着：在锤子拿起与落下之间不到一秒钟的时间里，他稍稍旋转锅子以敲击新的部位。使我们看得着迷的是，锅子似乎是自己在旋转，仿佛它是半悬在铜匠手里的空气中。

男人抬起头几秒，对着我们微笑，又继续低头捶打。可以确定的是，这个捶打声一定严重干扰到了他的邻居。事实上，我们从阅读古代人的记录中得知，铜匠和他们震耳欲聋的嘈杂声是罗马街道上的一个“色彩”（和噪音）特征。

谁知道呢，也许他正在捶打有着优雅装饰的物品，这物品将在1800年后被考古学家挖掘出来，收入馆藏。那是个平淡无奇的物品，是那种人们去博物馆参观时不会太留意的物品之一，但看到它的制造过程并欣赏这位工匠所发挥的娴熟技艺和细腻动作后，它几乎就像个小型艺术杰作。我们很容易忘记这点，但这类工艺技巧是博物馆里展示的每个物品所呈现的层面之一，即使在最简单和卑微的展品上也是如此。我们只消认真思索它们的制造过程，或创造者所投注的心力和血汗，就会对安放在玻璃另一侧的物品产生更大的兴趣。

在工匠后方，于成堆的锅子和平底锅、水罐，以及蛋糕和派的模具之间，可以看见那常见的、向上通往阁楼的楼梯。

尽管如此，我们却注意到一个罕见细节：最初的四到五个阶梯是砖砌的，而其余阶梯则以木头制成。这么做可以省钱，也可能是一种防火措施，可防止由掉落的油灯所引燃的火焰延烧到楼上。或者，也许它是如同某人所主张的，是房东想出来的一种手段，他能在房客迟迟缴不出房租时将楼梯“切掉”，就像我们在公寓大楼里所看到的一般。

如果这种说法属实，那么这些工匠和店主的生活也相当不稳定。他们整个家庭的生活悬在他们微薄的收入，和是否有能力支付房租的微妙平衡之间。罗马街道生活最广泛的特色之一，就是不确定的未来。

我们现在不再走在街道中央，而是走在一道长长的门廊之下，它让我们想起意大利北部城市［如博洛尼亚（Bologna）、帕多瓦（Padua）和维罗纳（Verona）］里那些往往源自罗马的门廊。在它的拱门之下，有一长排店铺。这景观让人眼花缭乱。每隔约4.5米，展示的物品便有所不同，店铺的色彩也随着商品而有所改变。从围挂在店铺入口的物品和吊在横越整个门廊天花板的绳子上的货品那里，我们可以判别每个商家卖的东西。不同的双耳长颈酒瓶和篮子就宛如店面招牌。我们仿佛正在翻阅一张罗马的行业列表。

第一家店的店主是个羽扇豆小贩，然后是青铜匠和他的工作坊，之后是面包师傅，一名也帮人裁制短袖长衣的布商，一个位于建筑物内、供奉伊西斯[①]的小神庙的入口处，专做葬礼花圈的花店商，镜子制造商，蔬菜水果零售商，男制鞋商，珍珠商人，隔壁则是他哥哥的店——他专门雕刻从非洲运来的象牙。最后是罗马日常生活里不可或缺的酒吧，众多顾客正在吃

① 伊西斯（Isis），埃及的创造女神和大地之母。

着廉价早餐。

摩肩接踵的人群令人吃惊。他们有点像牧草地里的蜜蜂，不断地从第一朵花飞到下一朵花，门廊下，顾客来来去去，不断进出商铺。这是罗马早晨的典型景象。

帝国首都（就像现代罗马）真正令人头痛的问题是公共空间遭到占用：门廊下摆满了各式各样的商品摊子。商店往往会延伸到人行道上，频频引发路人抗议，甚至还有几位皇帝，例如图密善，他就曾经抱怨罗马已经变成一座杂乱的大商店。图密善曾经设法禁止“理发师、店主、厨师和屠夫占据街道”，但成效不彰。

罗马并不存在商业区，台伯河附近或阿文蒂尼山丘上的通用仓库是个例外。但罗马的确设有特殊用途的街道，比如靠近苏布拉的阿吉勒顿（Argiletum）地区的书店街，还有香水店街，或你能买鞋或修鞋的街道。甚至还有一条银行家街和一条专门兑换外币的街道。

尽管如此，商店和各种行业经常混合在一起，散布在整个城市内。这绝对是个现代特征。

还有另一项令人吃惊的资讯：店铺涵盖整个建筑的长度。商店位于公寓大楼或多穆斯的一楼，过去通常是富裕人家的房间。屋主用一道墙将店面和一楼的其余空间分隔起来。然后，他打通面对街道的那面墙，好将它们租给店主，以便从房产中增加收入。这个情况不值得我们大惊小怪——“赚钱”两个字在罗马的世界里使用得非常广泛。没人以赚钱为耻；反之，房产理应提供收入，这再自然不过了。

有时候，如同我们在奥斯蒂尼废墟的发现那样，一栋公寓大楼的整个一楼都会出租，创造出外侧的商店和位于内部的某些重要服务业（洗衣店、工坊、神庙）。这是屋主多元化（和增加）其收入来源的方式——不只出租楼上公寓，还有靠近路旁的店铺和内院的工作坊。

但这些店主和工匠的工作时间有多少？和我们差不多吗？令人惊讶的是他们的工作时间比今日的我们来得短。根据古代文献进行资料的估计和比较后，历史学家卡尔科皮诺下结论说，罗马人一天的工作时间大约是六小时：说起来，就是从黎明到午餐的这段时间。在一天的其余时间，人们并不工作，他们去浴场或做其他的事。当然，一定有诸多例外，例如，理发师和古董商的工作时间就比较长，因为他们大部分的顾客只会在下班后才登门。

09：40

与一位神祇相遇

在我们仍沉浸于这类思绪中时，一股奇怪的味道扑鼻而来，使我们分心。味道很清淡，却不容忽视，既不香也不臭。我们对它非常熟悉，那是焚香的味道。我们因此了悟自己正站在一个小型开放空间的门槛上，就在道路向外拓宽的地方。在它中央有个大理石祭坛，从祭坛后面步上阶梯就是小神庙。它屹立在街道一旁，就像在市中心忙碌街道一侧会看到的小牧区教堂。楼梯上没有准备拉扯你衣服的乞丐。这很奇怪，但我们立即恍然大悟——仪式已经结束了。我们走近一看，看到祭坛上（一块雕刻精细的大理石，四周挂着花环）存有仪式刚刚结束的迹象：几道血迹、燃烧着灰烬的火盆，以及供品烧焦后的残余物，毫无疑问，那些是食物。

几名工人正在清扫阶梯。他们也会拿走火盆，将祭坛恢复原貌。我们走近神庙，走上阶梯。神庙呈现古典风格，有个屋顶和围绕着小屋（神像室）的柱廊，室内有神祇雕像。雕像通常以金子、象牙，或珍贵的大理石雕刻而成。只有祭司才能进入神像室。信徒必须停留在室外，而公开仪式则在外面的祭坛举行。

现在我们站在神庙前方的柱子之间。柱子以粉红色埃及花岗岩制成。不知何故，每当你走近花岗岩时，都会感觉到一股凉爽迎面而来，但这可能只是早晨的阴影所致。工人们在打扫阶梯、柱廊内部和神像室时，让青铜大门半开着。这是向里窥视的大好良机。我们悄悄溜进去。焚香的味道变得更为强烈，如同神圣的无形雾霭从半掩的门里袅袅冒出。我们的眼睛无法马上适应这片幽暗。我们注意到有几支油灯挂在墙壁上，四周还有分支烛台（不是你在电影中看到的火炬）。眼睛逐渐适应黑暗后，我们开始看到，在神像室远方墙壁上有座肖像。那一定就是庙里供奉的神祇了。在油灯的微弱光线中，它看起来肌肉结实，你几乎要脱口说出他是赫拉克勒斯[①]。雕像由镀金青铜制成。但我们注意到一件怪事：这座雕像有两张脸！第二张脸仿佛从后脑勺浮现出来一般。它一定是贾纳斯[②]，那位双面神祇。它是主宰改变和过渡的神祇，一般而言，专司所有事物的起始和结束。

这位神祇也在现代人的日常生活中留下痕迹。尽管大多数人都不知道，但其实，我们都在一年的某个特定时期不断引用它的名字。

事实上，一月这个字便起源于贾纳斯，一个要把旧的一年抛在后面并迎接新的一年的月份。这就是它要奉献给双面神祇的原因。

在这方面，我们今天所使用的月份名称全都源自罗马一事，很值得探讨。下面是它们的意义：

---

① 赫拉克勒斯（Hercules），宙斯和阿尔克墨涅之子，为大力神。

② 贾纳斯（Janus），天门神，前后各有一张脸，司守万物始末。

1 月（January，拉丁文是 Ianuarius）是雅努斯[①]或贾纳斯的月份。

2 月（Feburary，Febrarius）是净化（februare）的月份。

3 月（March，Martius）是供奉战神马尔斯（Mars）的月份。

4 月（April，Arpilis）供奉阿芙洛狄忒（Aphrodite 源自 Apru，爱神的伊特拉斯坎名称）。

5 月（May，Matus）供奉墨丘利之母，女神迈亚（Maia），主司所有生命的成长，包括花园和田野里的植物。

6 月（June，Iunius）是供奉给朱诺的月份。

7 月（July，Iulius）向恺撒致敬。

8 月（August，Augustus）向罗马的第一位皇帝奥古斯都致敬。

9 月、10 月、11 月、12 月（September、October、November 和 December，它们的英文名字和拉丁文字相同），我们凭直觉就可以知道，它们源自数字，而非神祇。

实际上，在公元 153 年以前，曾经有段时间，一年开始于 3 月，而非 1 月。因此，从 9 月到 12 月是一年中的第七、第八、第九和第十个月份，它们以数字的增长次序来命名——而我们直到今日仍旧沿用这个习俗。

在此要提到罗马历法的最后一项奇闻：假日。在共和时

① 雅努斯（Ianus），与贾纳斯为同一神祇，起始之神，主司门和桥梁。

期[1]，一年有235个“吉”日，相当于我们的工作日，在这些日子里所有的公家机关都会开门运作，一年还有109个“凶”日，万事停摆，相当于我们的假日。在2世纪，就在我们于古罗马度过一天的这个时期内，假日的数量暴增到几乎每隔一天就是假日。显然，在罗马时代的这个时间点上，假日不再是休息日，而是“圣”日，但在这些日子里一般活动并未中断。

会让我们觉得最特别的节庆也许是农神节。这个节日在12月的下半月举行，庆祝播种季节的结束。它不仅仅是肆无忌惮的欢庆节日，在这几天中，家中的角色还颠倒过来。主人在桌旁伺候，奴隶则可以尽情享受某些自由。但我们不知道，这份“自由”实际上开放到什么程度，而它对奴隶而言，是否意味着真正的活动和行动上的自由。

我们的沉思突然被祭拜贾纳斯的祭司随从之一的厉声斥责打断，他进入神庙，粗鲁无礼地将我们赶走。我们并未进入神像室，所以并没有污染任何神圣的东西，但他仍然得再执行一个净化仪式。

神庙大门用力关上时，吐出一道强烈的焚香烟雾，将我们吞噬。罗马人为何在神庙里使用焚香，就像我们在教堂里一样呢？这习惯为何继续沿用了好几个世纪，甚至一直延续到我们今日的时代，而且不仅仅是在欧洲？理由很有趣，却不为人所熟知。

焚香似乎对病原体有温和的净化效果。这是数个世纪以来，它被拿来为神庙“消毒”的原因。事实上，紧邻神像室

---

① 共和时期（the Republic），始于公元前508年，持续了482年，共和国在内战中被推翻。

外面的区域是信徒的聚集之地，他们之中有许多人生了病，前来祈求神祇赐福和疗愈。因此，神庙往往是不洁净的场所，满是细菌，空气浑浊而不健康。而使用焚香可以通过熏蒸消毒的方式来净化这些地方。

宗教和迷信

我们离开神庙。宗教在罗马人的日常生活中究竟占有多重要的地位？

对罗马人而言，神祇无处不在，即使他们是无形的，却每天都会介入罗马人的生活，传达各种征兆，帮助和伤害他们。在于古罗马的游览行程中，我们往往错过这个层面，因为我们看不见许多对罗马人而言显而易见的讯息。

比如，对罗马人来说，猫头鹰意味着即刻的厄运。神祇派它过来警告人们，并阻止人们完成手边正在进行的工作。同理，老鹰代表雷雨即将来临。

又比如，对我们而言，看见蜜蜂没什么大不了。但对罗马人来说，这是个好兆头，因为蜜蜂被视为神祇的信差，因此会带来好运。还有鸟儿的飞行方向，根据它们飞翔的方向，会判断它带来好运还是厄运：如果它们飞向太阳升起的东方，那就代表好兆头；倘若它们飞向太阳下沉的西方，那就是厄运。罗马将军对此不敢轻忽，他们在打仗前，于惯常的献祭仪式之后，都会非常小心地观察飞过他们头顶的物体。

能预测未来的大祭司观察用来祭祀的动物内脏，以作为占卜的依据。伊特拉斯坎祭司长期以来被视为这类占卜的高手。特别是，肝脏被视为命运的完美表征。这背后的理念是神祇透过肝脏的外表来表达他们的意见。祭司则检查肝脏的形状和颜色，审视是否有任何异常状态，几乎就把肝脏的表面纹路当作未来的地图。然后他们宣布裁决。

这看起来也许像是古代占卜手法，但现代仍有某些民族继续沿用。比如，为了了解稻米收获的好坏，老挝农夫会宰杀一只猪崽献祭，然后像罗马占卜内脏的大祭司般，仔细检视它的肝脏。

罗马人的信仰是什么？他们膜拜诸多神祇，多到我们无法在此一一列举。我们就说他们大致分为两大类好了。第一类神祇专司每日家居生活的小层面，比如家神（家族的祖灵）和佩那忒（Penati，专司家庭物资储藏）。这些神祇在家里的小神庙里受到膜拜，每日都有献祭仪式，就像我们在富有的罗马士绅的多穆斯里看到的一样。

第二类神祇是罗马万神殿里那些赫赫有名的神祇。就说他们是官方的神祇吧，其中有许多是希腊神祇的罗马化身。

最重要的神显然是朱庇特（天神和雷电之神，为注定统治世界的罗马人的保护者），朱诺（女性之神，专司生产）是他的妻子。然后还有密涅瓦（Minerva，艺术、战争、智慧女神）。对罗马人而言，这三位神祇最为重要，他们是所谓的“卡比托利欧三大神祇”，在所有罗马帝国城市内，被放在（有三个神像室的）单一神庙中受到崇拜，而这些神庙都坐落在城市广场区的中央（在罗马卡比托利欧山丘的那座神庙是原型）。

然后是其他神祇：马尔斯（战神）、维纳斯（爱、性和美丽女神）、狄安娜（狩猎和月亮女神）、巴克斯（Bacchus，酒神）、墨丘利、武尔坎[①]，等等。

外来信仰

我们的思绪被一阵伴随着乐器、节奏分明的唱颂打断，它非常像我们在重要节庆里看到的许多宗教游行里的歌唱。我们转过身去看。就在离我们不远处，有一小群宗教队伍在人群中开出一条通道。女人披散着直直的长发，男人都理着光头，有些人前额上绑着一条缎带。街道上的人自动为他们让出一条走道，表达高度的敬意；没有人相互推挤。这有点像在远东地区看见一排和尚走过市场的景观。

他们的穿着方式也很古怪：他们穿着白色长袍，质料非常轻薄，在腰部打了个结。主祭司走在行列中央，捧着圆滚滚的双耳细颈酒瓶，显然和仪式有关。引人注意的还有两个女人，她们分别是领头和在行列尾端殿后的人。殿后的那位女人手上拿着一个哗郎棒（sistrum），那是一种套索模样的青铜乐器，上面有小金属棒。当她摇晃它时，金属棒便发出一种类似铜币在钱袋里晃荡的声音。它已经在埃及使用了好几个世纪，它的名称“she shesh”则源自它制造出来的声音。

这个乐器在今日埃塞俄比亚的宗教游行中仍然可见，它是宗教仪式的活化石。

---

① 武尔坎（Vulcan），火与锻冶之神。

另外，带领着仪式行列的女人则有一个活生生的乐器。她边走边将一只手臂往外伸直，仿佛想和人群握手。但没人敢碰她：一条蛇缠绕在她的前臂上。那是一条眼镜蛇，它朝着旁观者弓起身子，摆出威吓的姿态。它在仪式中肯定扮演了某种角色，但拿它来在人群中开路，不失为一个好办法。我们看到几个直到最后才注意到蛇的人，惊惶地跳开，不敢相信他们的眼睛。

这个宗教队伍信奉的是哪位神祇呢？原来是埃及女神伊西斯。实际上，罗马人的宗教信仰里，也有一些从征服的土地上流传进来的重要外来神祇，比如伊西斯和塞拉皮斯[①]，他们也有自己的神庙、祭司和罗马信徒。

伊西斯不是唯一的外来女神。第一位抵达罗马的是西比尔[②]（Sybil)，她来自现今的土耳其。

在向她致敬的仪式表演中，常常包括公牛的血腥献祭。新的信徒躺在从地上挖出的壕沟中，再盖上一片有洞的木板。公牛在木板上进行献祭，它的鲜血大量滴落到新信徒身上，就像基督教受洗礼的水一般。

这个仪式原先是要让新的信徒得到公牛的力量，但在我们所拜访的罗马，这个仪式的目的主要是净化，而且它还得定期反复举行。

另一位值得探讨的外来神祇是密特拉[③]。他来自遥远的波斯，由在帝国极东疆域打仗的军团士兵带到罗马。公牛在这个

① 塞拉皮斯（Serapis)，埃及的冥神。

② 西比尔（Sybil)，或马格纳马特（Magna Mater)，众神之母。

③ 密特拉（Mithras)，古波斯神话里的太阳神。

宗教里也扮演了重要角色。当我们看到密特拉的肖像时，他总是在杀公牛，公牛的鲜血则成为宇宙的生命之血。密特拉教后因深植于罗马社会，成了基督教的主要竞争对手。

令人吃惊的是，密特拉与基督有几个共通点。两者都宣扬全世界的兄弟情义，都在 12 月 24 日和 25 日之间的夜晚出生。

而我们更吃惊地得知，埃及人的鹰头人神何露斯[①]、希腊酒神狄俄尼索斯（Dionysus），和佛陀（悉达多）的生日也都在一年中的这个时刻。

这些重要神祇的生日为什么都在同一天呢？

答案在天文学里。冬至是 12 月 21 日，为一年中白昼最短和黑夜最长的一天。在那之后，白昼开始越来越长。

神祇的诞生与光线的回返对宗教和文明而言，具有重大的象征意义。因此，对罗马人而言，12 月 25 日是太阳神的诞生日，此点绝非出于偶然。

在图拉真治下的罗马也有一些基督徒。但与接下来的时代相比，此时的基督徒人数仍然很少，且大部分散布在城市边缘人口较为稠密的社区。

在图拉真治下，基督教尽管正在兴起，但仍旧是少数派宗教，仍因尼禄在大约 50 年前的残酷迫害而戒慎恐惧。另外，较为繁盛的是犹太教。那时已有一些犹太教堂，比如在奥斯蒂亚的那座，而犹太人在很久以前便来到罗马。提图斯于公元 70 年毁灭耶路撒冷后，犹太人四处奔逃，其中有一大批涌进罗马，壮大了那里的犹太社群（他们的根源可追溯至公元前 2

---

① 何露斯（Horum），法老王权的守护神和天空之神。

世纪和1世纪)。

基督徒，犹太人，密特拉、伊西斯、西比尔的信徒，朱庇特、朱诺和密涅瓦的崇拜者……这显示我们所拜访的罗马，如同帝国的其余地带那样享有宗教自由。没有人因宗教或信仰而遭受歧视。

当然，在罗马的历史上并非总是如此，未来也将不会是这样。在君士坦丁大帝治下，基督教将成为国教，并且时有排斥他教的情况发生，将其他宗教驱逐到边缘地位。

但在图拉真治下，宗教在实质上取得平衡。为什么呢？

首先，因为宗教自由是保持帝国稳定的重要策略。赋予人们崇拜的自由，可以避免造成危险的对立和暴乱。因此，每个人都能相信他所要信仰的宗教，条件是他必须对皇帝做出一些小小的牺牲，即认可他的绝对权力。基督徒遭到迫害就是因为他们拒绝承认皇帝为神（并参与崇拜皇帝的仪式)。

这么做主要也是为了让帝国的子民对罗马帝国宣誓效忠。我们必须记得，当时也存在着帝国宗教，或是对以奥古斯都为首（在他之前则是恺撒）等已故神圣皇帝的崇拜，这些皇帝也拥有自己的神庙和祭司。

关于罗马伟大的信仰自由，有另一个较为理论性的解释：奉行实用主义的罗马人不想因为拒绝外来神祇而与他们为敌。

但我们对宗教和罗马人还有一个疑问。为何外来宗教在罗马人中间如此成功，并广为各阶层的人口所接纳？这答案真的很有意思，并让我们联想到某些典型的现代现象。

许多外来宗教提供一种目标，一种未来幸福的愿景。大多数罗马人在本能上需要相信未来将会更为美好，尤其是在罗马历史上的黯淡时刻，比如在共和时期的最后时日，这类气氛使得新宗教的传播更为容易。

除此之外，一旦完成了一种秘密的入会仪式，新信徒会发现新宗教的祭司和他们过去所熟悉的祭司非常不同。祭司们将整个生命奉献给神祇，并与信徒维持亲密关系，倾听他们的困难，指引他们。这恰恰与罗马官方宗教相反，它过于严厉、冷淡，对教徒的精神需求抱着疏离的态度，最重要的是，执行仪式的祭司比较像公事公办的公务员，而非神职人员。

最后，不排斥女性信众也是这些新的宗教能成功的另一秘诀。除了罕见的例外，罗马官方宗教大致说来是男人的活动，倾向于排斥女性参与。

因此，这些新宗教发现了一个它们可以向其传播教义的新群体，也许更重要的是，拜女性扮演的教育者地位所赐，它们可以深入家庭，发现新的听众和信众。

09: 50

为什么罗马人的名字这么长?

当我们正在思索这个议题，并做出结论时，走在我们前面的男人转过头来，像某些足球队员在比赛中所做的那般，用手指擤擤鼻子。为了将手指头弄干净，他在空中甩了甩手，然后继续往前走，仿佛什么事也没发生过。在古罗马，手帕尚未发明。

在前面的群众之间，我们看见一个男人骑在马上，缓缓朝我们这边行进。他手中握着一根长矛。他穿着一件较短的短袖长衣，颜色非常淡，披着一件紫色斗篷，以一个漂亮、闪烁不已的青铜别针固定住。毫无疑问地，他是名军人，他那军人式的短发和自信坚定的眼神也透露出他的身份。

他是个骑兵。大约 20 年前，这些军人于图密善治下组成一个直接听命于皇帝的特殊骑兵队。现在，在最高统帅已经换人的情况下，他们被编入图拉真的禁卫军。

现在他很靠近了，我们可以仔细端详他。他年约 25 岁，五官比较像凯尔特人，而非地中海人；他有蓝色的眼睛和棕金色的头发。他颈背上的一道长疤显示他曾经打过非常艰辛的战役。也许，这位骑士在开始军人职业生涯时曾经隶属于一个军团，后来才被转调此地。

我们听到有人大叫，“佩雷格里诺！佩雷格里诺！”接着是逐字逐句清楚地说，“普布利奥·苏尔皮齐奥·佩雷格里诺！”那位年轻骑兵转过身，朝我们这边看。我们完全丈二和尚摸不着头。发出大叫的男人就站在我们身后，而那位骑兵正定睛看着他。那男人接着将我们用力推开，往前快走几步，脸上带着灿烂的笑靥，向骑士伸出手臂。骑士认出他来，灵巧地从马背跳到地面上（我们因此发现罗马人的马鞍上没有马镫；马镫要到中古世纪才会引入欧洲）。这之后，两个男人彼此拥抱良久。他们是久未重聚的兄弟。现在他们肩并肩走着，牵着马的缰绳。他们可能要去小酒馆喝杯酒叙旧，街道尽头就有一家。每走一步，那位禁卫军的紫色斗篷就在他的小腿上优雅地前后摆动。不到几秒钟，他们即为群众所吞噬。

可惜这位禁卫军命途多舛，他将会在三年后死去。我们不确定他是怎么死的，我们只知道他的哥哥和父亲将在一个大型火葬柴堆上火化他的遗体。他们将在他的墓碑上写着：“普布利奥·苏尔皮齐奥·佩雷格里诺，生于梅狄欧拉乌姆（Mediolanum，米兰），享年 28 岁，从军九年。”他们也会将他的雕像矗立在他的坟墓上，雕像中的他牵着一匹用后腿站立的马，准备前往战场。

考古学家将在 1979 年于安齐奥[①]挖掘出他的墓碑和他的骨灰坛，后者现在陈列在位于戴克里先[②]大浴场的罗马国家博物

① 安齐奥（Anzio），距罗马南方 56 公里的海岸城市。

② 戴克里先（Diocletian，224～311），罗马皇帝，在位期间是公元 284～305 年。统治期间四帝分治，曾迫害基督教。

馆中。

但这个场景里最让我们印象深刻的是罗马人的名字：普布利奥·苏尔皮齐奥·佩雷格里诺。罗马人的名字为什么总是这么长？

原因在于罗马人的名字由三个部分组成：名字、姓氏和绰号。

奇闻 | 罗马人的名字

名字亦即其他人对我们的称呼：马库斯、卡尤斯、卢修斯，等等。

姓氏则标示着一个人所属的部落。如果要打比方的话，它相当于一种扩大后的姓氏，属于许多家族，有时包括数千人。

最后，绰号是种通称，差不多就等于一个形容词，用来指称一种精神或外貌特征。比如，鲁弗斯（红色）、辛辛纳图斯（卷发）、布鲁图（愚笨）、卡尔沃（秃头）、卡俄卡斯（瞎眼）、西塞罗（鹰嘴豆）、纳西卡（大鼻子）、登塔图斯（大牙），等等。

三个名字的用法在苏拉[①]治下变得更为普遍。问题在于从那时候开始，所有的子孙都得保留那一长串的名字（包括他们不再拥有的祖先特征：秃头、长鼻子，等等）。有时候，一个新绰号会加到已经够长的名字后面。这是普布利乌斯·科尔内留斯·西庇阿[②]在大胜迦太基人后，也变成阿弗里卡纳斯[③]的原因。

有趣的是，罗马人在历经数个世纪和时代后，逐渐改变了他

---

① 苏拉（Lucius Cornelius Sulla，138 BC ~ 78 BC），古罗马政治家、军事家，独裁官。

② 普布利乌斯·科尔内留斯·西庇阿（Publius Cornelius Scipio），死于公元前211年，罗马共和国将军和政治家。

③ 阿弗里卡纳斯（Africanus），意指“非洲人”。

们在公共场所称呼彼此的方式。

在共和时期，用名字和绰号来称呼一个人已然足够（类似我们以名字和姓氏辨识一个人：盖乌斯·恺撒），后来，把三个名字都叫完整成了一种时尚。在帝国时代初期，人们认为光用绰号便已足够。因此今天我们只说图拉真（而非马库斯·乌尔皮乌斯·图拉真）或哈德良（而非普布利乌斯·艾利乌斯·哈德良）。

09: 55
罗马人的娱乐

孩童的游戏

有几个孩童正在门廊的两根柱子间玩耍。罗马孩童都玩些什么游戏？大理石弹珠！他们显然不会用玻璃或陶瓷弹珠，那太贵了。大自然提供了游戏的原材料：胡桃。我们现在正在观看的游戏规则很简单。孩子们试图从远处轮流击中几个胡桃金字塔。这需要瞄得很准！每击出一次，这群把街道变成游戏场的淘气鬼就发出一阵叫喊。事实上，还有其他小孩在玩瞎子捉人的游戏，在拥挤的街道上玩这个游戏会让大家的兴致变得更为高昂，因为被蒙住眼睛的小孩老是抓错人，他每次抓到陌生人，他的玩伴便发出一阵大笑。再远一点的地方，两个小孩正假装自己是骑士，将竹竿当马骑。

这些都证实了哲学家贺拉斯①对于孩童游戏的描述：骑竹竿是最受小孩欢迎的游戏之一，同样受欢迎的还有将小动物（比如老鼠或鸡）绑在小车子前，或搭建小房子。

尽管如此，我们知道罗马孩童爱玩的游戏也包括用细绳转

---

① 贺拉斯（Horace，65BC～8），古罗马诗人，著作有《书札》等。

陀螺、跳马、跷跷板和捉迷藏。就只是如此吗？也许不是。有个小女孩从我们头上的公寓大楼的二楼阳台，俯瞰街道上玩耍的男孩子。她想下楼玩，但她母亲不准她独自在拥塞的街道上玩耍，因此她待在家里，玩她的洋娃娃。

洋娃娃是个古代发明，可以追溯到史前时代。但她玩的洋娃娃很特别。它是赤陶材质，手臂和腿可以转动。连罗马孩童都拥有芭比娃娃（pupae），此事很令人惊讶。

考古学家在几种场所里挖掘到这类玩具，尤其是在小女孩或少女的坟墓里。有些娃娃以象牙制成，有些则是木头，有些的组合连接方式非常复杂，类似于后来的小木偶匹诺曹。不管是哪种形式，它们总是雕刻着当时的流行发型，为它所存在的年代和时期提供最佳辨识记号。

成人游戏

我们继续往前走，经过一个地方，从它的装饰判断，看起来像是当地的小酒馆，有两个老头正在进行一项奇怪的活动。他们激烈生动的手势让人觉得他们好像在吵架。但我们走近一些后发现，事实上，气氛很轻松。聚集在他们四周的顾客脸上的微笑更加验证了我们的直觉。两个老头在玩猜手指（morra，真正的名字叫“micatio”）游戏。他们举起前臂，用力将其往下拉，叫出一个数字，一次只露出几根手指。大部分的现代意大利人都知道，这游戏的目的在于提前猜出两名玩者会露出的手指头数字。不过，看到这么熟悉的游戏出现在如此古老的年代里，还是不免叫人吃惊。这是真实的考古发现，和我们在博物馆的玻璃展示柜里看到的物品一样历史久远。而这并不是唯一的游戏。在罗马街道上，人们也玩着“正面或反面”的游戏，还借此打赌。事实上，他们说的是“船或头像”，因为当时的铜板一面是双面贾纳斯的头像，另一面则是有桨帆船的船首。时代更迭，铜板的肖像也变了，但表达方式却没有改变，它流传到我们的时代，这之间曾有数不清的铜板被抛到空中。

另一个流传到我们时代的罗马游戏是“单数或双数”（在此称其为“par impar”）。事实上，它与我们的游戏版本稍有不同，因为它要求猜你的对手握在手里的石头数目。

我们走进小酒馆，经过那两位仍旧埋首于玩游戏的老头。较矮的那位秃头，牙齿掉光，鼻子大而挺，真的玩得很起劲。他每叫个数字，就吐出一大口唾沫。反之，另一位则非常镇定。他僵硬而毫无表情的脸上有着数不清的皱纹，他理了个平头，头发根根直竖。他半闭着眼睛，节奏分明地移动着他的手，每次都叫出一个不同的数字。

从这个游戏衍生出一个很棒的形容方式。在图拉真治下的罗马，人们会说：“那家伙非常诚实，你甚至可以在黑暗中和他玩猜手指。”

在酒馆内，我们注意到有片帘幕，它后面一定就是后室。但为什么有那么多叫喊和狂吼声从后面传过来呢？我们走到帘幕旁，将它拉开，然后走进一个小房间。原来这是个赌场！房间中央有张桌子，几个男人正在掷骰子。这里的赌注一定很高。每赌完一局，店主就在墙壁上划一道刻痕，记录赢钱的数字。

但赌博不是违法的吗？是的，没错。打赌也是一样（除了在圆形竞技场和马西姆斯竞技场以外）。法有明令：违法者将被处以四倍于赌注的罚金。更有甚者，罗马法律不承认赌债，因此，没有律师能替你讨回在赌博中输掉的钱。

但赌博是全民运动。虽然法律禁止打赌和赌博，但当局睁只眼闭只眼，没有人贯彻这条法律。你所要做的不过是克制自己不要公开聚赌——也就是说，躲在后室私下赌博即可。这地方和你在电影里看到人们玩扑克牌的场所一模一样。扑克牌显然要好几个世纪以后才会出现，但骰子是个很好的替代品。

大量金钱被浪费在这个游戏上，许多玩家玩到赔上小命。甚至还有作弊用的骰子。墙壁上钉了一个这样的骰子作为警告。它仿佛在说，我们不容许作弊。我们的好奇心被挑起，于是走近点以便看得更清楚。骰子是中空的，有两个用来掩饰骗术的盖子。它的外表看起来毫无破绽。但一小块铅被固定在一边的盖子上，因此骰子会比较常落在那一面。店主和他的朋友一定识破了这个骗术，天知道作弊者后来的下场。房间角落的一些小污渍和没完全清洗干净的棕色斑点，让我们对事情后来如何收场有了粗略概念。

我们谨慎地靠近桌子。每丢一次骰子，男人们就发出一阵叫骂和诅咒声。依据赌局规则的不同，他们会用一个有奇怪短脚的赤陶平底杯，一次丢掷两个、三个或四个骰子；杯子看起来像被锯短的高脚杯。你很不容易让它站稳，且最轻微的碰触都会使它倒下来。也许这是要确定没有人会偷偷丢进一颗假骰子的手法。

规则是我们熟悉的那些规则：将骰子朝上那面的点数加起

来。唯一的不同在于各种投掷结果的名称。当所有骰子都出现数字一时，这实在是个很倒霉的一掷，它被叫作“狗点”；反之，如果所有的骰子都出现数字六时，则被叫作“维纳斯点”。

桌角放着好几小堆的塞斯特斯铜币和狄纳里厄斯银币，显示赌局的赌注下得很大，我们正好可以借此仔细思索罗马人对赌博的狂热。在罗马，每个人花在赌博和打赌上的高额金钱，着实让人瞠目结舌。我们谈的不只是下层阶级。奥古斯都自己就是个恶名昭彰的赌棍，一天内就能输 20 万塞斯特斯（相当于 58 万美元）。倘若他活在现代，这个罗马史上的庞大数字会令他必须接受心理治疗。奥古斯都真的是有赌瘾：当他邀请客人上门时，他会发给每个人 25 狄纳里厄斯银币，银币装在小袋里。这样他们才能陪他赌博。（他还常常把赢来的钱分出去，这样大家才能继续赌下去！）

我们离开赌场。紧张和呐喊已达到沸点，场面可能会越来越难看。

我们走出酒馆时，又碰上那两个还在高声玩着猜手指游戏的老头。再往前走，注意到两位士兵坐在桌旁，正开始要玩“十二字”（duodecim scripta）的游戏（和我们的巴加门游戏[①]非常类似）。这是另一个深受罗马人喜爱的游戏。

---

① 巴加门游戏（backgammon），双手各有 15 枚棋子，投掷骰子决定行棋的格数。

10:00

罗马大街小巷里的拉丁语

我们在学校里学的拉丁语在罗马的街道派得上用场吗？这是在旅程开始时，我们就一直在纳闷的问题。因此，我们决定做个实验，我们走到门廊下，加入两位正在七嘴八舌地评论店家所展示丝绸品质的妇女。她们是地位颇高的女人，本来不该与购物的平民一同挤在拥堵的街道上。但我们感觉她们是因特殊理由才来到此地：她们在挑选参加婚礼要用的布料。她们是一对母女。以下是她们的对话：

女儿：妈妈，你喜欢我打算拿来做婚纱的这块布料吗？

母亲：有点低俗。你不能在自己的婚礼上穿得像妓女，我的女儿。当然，这虽然不是你的第一场婚礼，但我们还是得遵照传统。

女儿：妈妈，快点，因为我们还得决定婚宴的菜单、雇请乐师和挑选证人。

这两个女人进入商铺，继续聊着天。但我们不能跟随她们进去。一位高大壮硕、理着光头的仆人挡在我们的正前方，恶狠狠地瞪着我们。他的意思很清楚：我们得滚蛋。但无论如何，我们偷听到的字眼相当有用。我们得知那个女儿要再婚了，而这并不是丢脸的事（在罗马社会中，离婚的情形就像在现代一般很常见）。

另一个有趣的层面是语言。比如，“cena”的“c”发音很轻柔。这是个重要的细节，因为许多历史学家相信，从罗马历史初期，也许延续到恺撒时代，这段时期的拉丁语和我们在学校里学的不同。

我们把“ancillae”这个字念成“anchille”，实际上古罗马人的发音是“ankilla-e”。简言之，古罗马人把“c”这个音发得很强，听起来就像“k”，而“a”和“e”则是分开发音。恺撒也许就是用这种发音方式说话，他不会将自己的名字发音为“Cesar”，而是说成“Kaesar”。

因此，我们所偷听到的女人对话，在更早的150年前会截然不同。

换句话说，拉丁语的发音经历时光更迭变得较为轻柔，并且有所修改，直到衍生出许多欧洲语言，如意大利语、西班牙语、葡萄牙语、法语、罗马尼亚语和英语所共通的音标和字眼。

在我们所探索的罗马城里，语言正在改变，这使得我们能分辨出所听到的许多字眼。这过程将在整个罗马时代和中古时代持续（它将在我们现今的欧洲语言上留下基本记号）。另外，罗马大街小巷中所说的拉丁语和我们在学校里所学的不同之处在于被说的方式。句子的语调有其自己的抑扬顿挫，使得字眼和发音改变，往往令我们听不懂。

这也是发生在现代的事：你只需要从一个城市移动到另一个城市，或从一个地区转移到另一个地区，便能听到以不同方式说出的相同语言。你可以想象，一位仅懂得基本意大利语的观光客在试图分辨出威尼斯人、佛罗伦萨人和那不勒斯人的口音和腔调时，将会面对的难题了吧。

同样的事情也发生在罗马的街道上。我们在人群中就可以听到不少语尾腔调的变化，这不仅随意大利半岛的区域差异而有所不同，也与在帝国的哪个角落息息相关。

这就是经过我们身旁的两位高大金发士兵所说的生硬拉丁语泄露出其北欧出身的原因了。这情况和现代如出一辙。

10:10

在街道边……上学

我们稍微停下脚步，可以听到从远处传来孩童诵读的声音，孩子们挣扎着不让街头小贩的叫卖声和工匠作坊的嘈杂声淹没他们的声音。

我们试图弄清楚诵读声来自何方。我们转进一条小巷，越走诵读声变得越大。我们加快脚步，与两个头上顶着篮子的奴隶擦身而过，篮子里装满了物品。

小巷通往一条较不拥挤的小街道，街上有一道长长的门廊。这里就是诵读声的源头。在门廊转过街角处，约莫有30位幼小孩童坐在许多简陋的矮凳上，背诵着一段文章。阳光轻抚他们小小的头，将他们的头发变成明亮的光环。我们可以看见苍蝇在光线中嗡嗡飞舞，数不清的尘埃飘浮在空中。太阳也照亮了一支在空中摆动的木棍，木棍配合着诵读声，节奏分明地摇摆着。那是老师的木棍，老师是位散发着成熟气息、身材消瘦，蓄着浓胡须的秃头男子。他身旁有个粗劣的写字板。人们从他身旁走过，对正在进行的课程完全视而不见，但是有几个人停下来，靠在柱子上，试图借由偷听上课内容来弄懂某些基本概念。

孩童刚刚背诵完23个字母，现在他们开始一起背诵罗马最早的明文法律《十二铜表法》[①]。但不是每个人都很专心。木棍突然用力打在一个孩子的肩膀上，甚至连苍蝇也都仓皇逃开。有那么一瞬间，一声压抑的叫喊打断了背诵声，接着仿佛什么事也没发生似的，背诵声又继续下去……

罗马时代的学校允许体罚。焦韦纳莱斯和贺拉斯都对它记忆深刻。贺拉斯无法忘记他那位年迈老师的身影，他称他为“打我们的人”。这就是在罗马和帝国境内小学上课的情形。有时学生在破败的房间或以前的店铺里上课，但更常在室外的门廊下听讲。

大部分的罗马人只上到小学。他们学会基本的听、写和算数后便去工作——雇用童工在罗马不是犯罪行为。

而那些来自富裕家庭、不需要工作的小孩则继续接受教育，因为他们的父母知道，良好的学术预备教育对他们将来的职业和社会地位至关重要。因此这些青少年从12岁开始便去上私立学校，研读希腊文和拉丁文语法，以及文学。的确，在贵族家庭里，懂希腊文是高贵地位的象征。

你在这类课程中学习些什么呢？老师得从古代的诗歌开始教起——我们将其称为古典文学。为了好好解释这些作品，老师得有能力深入探究如天文学、音乐韵律学、数学和地理学这许多多元化的题材。通过以此方式组织而成的课程，老师尝试传授他的学生一种通盘的文科教育。

---

① 《十二铜表法》（*the Tiwelve Tables*）被视为奴隶制国家法律的典范，对后世西方国家的法律有重大影响。

尽管如此，值得一提的是，如同我们今日常说的，罗马“中学”主要偏重于文科，而忽略科学和技术课程。他们也教授一种今日几乎已不存在的科目：神话学。

这里要提一个奇闻。研习文本的选择对出版市场有直接的冲击。当书商在书店里囤积某些古典作品时（荷马[①]或罗马诗歌之父恩尼乌斯[②]，以及稍后的维吉尔[③]、西塞罗和贺拉斯的作品，等等），许多其他作家的作品却因为不再发行而逐渐消失。多亏这些不知名的学校老师挑选了这些作品，才让它们流传到我们的时代，不然它们可能会在历史洪流中销声匿迹。家境富裕的学生在15岁或16岁时读完中学，随后他们便会更换老师。现在，他们请的是修辞学家，他教导他们雄辩的金科玉律，为他们进入公共生活和职业生涯做准备。

因此他的学生勤练书写和口头表达方式。他们得分析某个特定命题的正反论点并且做出独白，并提出过去某位著名人物的论点来做支持。这是个极为有用的练习，因为它精进了他们在参与罗马关键的公共生活——政治——时的修辞技巧。第二种练习则让两位学生针对正反两方观点进行简述和辩护。这技巧将使他们在法律界如虎添翼。罗马人分别称呼这两种技巧为“劝服”和“论辩”。

初中和高中学生显然并不是在室外街道上的滚滚尘土中上课，而是在家里或特别的教室中学习，比如，图拉真在罗马心脏地带的图拉真广场特别设立了教室。

---

① 荷马（Homer），公元前9世纪~前8世纪，希腊吟游诗人，著作有《奥德赛》等。

② 恩尼乌斯（Ennius，239 BC~169 BC），罗马共和时期作家。

③ 维吉尔（Virgil，70 BC~19 BC），古罗马诗人，著有《埃涅阿斯纪》等。

尽管老师和修辞学家能接触到罗马的精英社会，但无法享受任何特权。除了很特殊的例子外，他们就只被视为像书店或电脑这类的东西。但真正遭受不平待遇的是小学老师。那位我们见到挥舞着木棍、指挥孩童诵读的老师，在罗马社会的阶级地位非常低下，罗马人称呼这些小学老师为小学教学奴隶或教书先生[①]，相当不尊重他们。学生家长直接付薪水给他们，但他们赚的钱太少了，以致得做其他杂活才能养活自己或家庭。他们之中有许多人也身兼写字员，就像对街那位坐在柱子旁的男人一样，一位老年人正在对他口述信件，他将内容写下来。那位老男人衣着奢华，他以前可能是个奴隶，因为经商而赚了大钱，却没上过学。我们现在所看到的这个场景，也许可在现代印度或东南亚的某个国家里见到，在那里，街头写字员是个常见景观。

罗马人有多少人能读书写字？

我们现在注意到，孩童们的诵读声渐渐沉寂下来。老师的桌上空空荡荡。他已经站起来，踱行在学生之间，而学生们则弯着腰，在上了蜡的写字板上写字。我们称之为写字课的课程开始了。老师在写字板上写下前十个字母，孩童们在每个写字板的第一行，小心翼翼地描摹着字母。

有些小孩过于用力，将笔尖深深压进蜡中，在木头写字板上画下刻痕，其他小孩则没办法将两个字母写得一样大。我们

① “ludimagistri”或“litteratores”，都是指“老师”。

观察坐成一排排的小孩，感受到他们非常专注于课程，他们吐出舌头，脸与写字板贴得极近（眼镜那时尚未存在），但有些小孩的鼻子也朝着天空，思绪看来早已飘到其他地方。木棍清脆地在做着白日梦的学生背上给予一击，将他拉回现实。

一个小男孩似乎正面对比其他人还要多的困难。他写的字更为古怪，比较不对称。他是个左撇子，但没有人对此表示宽容。每个人都得用右手写字。老师在成排的学生中间走来走去，检查学生的作业，他常常得停下脚步，将手放在学生的手上，引导他们描摹字母的正确形状。

我们发现有一排学生没有上了蜡的写字板，他们只有简单的木板，上面刻着字母。孩子们耐性十足地用一根木笔描摹字母的形状。这个练习能帮助他们学会正确的笔画，并记下字母的形状。他们描摹时就仿佛老师的手正在指引他们一般。这个木板的功用宛如代替老师的机器人，可说是教学科技的原始形式。

最后要提的一项奇闻是他们朗读的方式。在罗马时代，你必须大声朗读，即使你是单独一人。在最不打扰旁人的情况下，学生们掀动着唇瓣小声低语。默读最初出现在修道院，这是一种默默背诵经文而不会干扰到祈祷者的方法。

我们离开门廊下的教室，在不经意间注意到一面墙壁上的字句。那是将在马西姆斯竞技场举行战车比赛的公告。极为端正的字母以红漆书写而成。这些字是真正的艺术品，人们花钱委托书法家来写这些广告。

但有多少人能真正读懂这类公告？一般而言，在罗马时代，有多少人能读书写字？比之今日，人数显然较少，但和过去比较，人数较多。实际上，罗马文明是首个在识字问题上推行民主化的文明。在古代，从来没有一个时代能在各个阶级都出现这么多能够阅读、写字和计算的人——不论男女老少，也无论他是富翁还是贫民。

例如，古埃及人中只有书记员知道如何写字。在中古时代，则是僧侣。而其余人口则处于无知状态，包括统治阶层。查理曼大帝①会读书，却不会写字。倘若你觉得这很奇怪，不妨想想绘画。我们都能欣赏绘画，但不是每个人都会画画。同理，阅读和书写亦是如此。

文盲在好几个世纪以来广泛存在。1875 年，60% 左右的意大利人（2/3 的人口）仍然不会读书写字。大部分的文盲集中在乡下地区，而在城市里，会读会写的人数目较多。在图拉真治下的罗马也是如此。

就连当时的统治阶级都与其他时代的大相径庭。许多贵族能说两种语言：他们会说希腊文和拉丁文。而我们应该记得，在这个时代，只要会说一种语言便已能畅行天下。

在思考这些层面时，我们已经经过一连串的门廊，顺路走向罗马早晨的一个重要地点：那就是市场。

---

① 查理曼大帝（Charlemange，742 ~ 814），在位期间是公元 800 ~ 814 年，原为法兰克国王，神圣罗马帝国开国皇帝，治内扩张领土，几乎统治整个西欧。

10:20

博阿里奥市场：牲畜市场

几个世纪以来，罗马有两座著名的市场：奥利托利奥市场（果菜市场）和博阿里奥市场（牲畜市场）。两者都与罗马的发源息息相关。罗马建立在位于台伯岛（Tiberine Island）下方的一个战略据点，靠近可以渡过台伯河的第一处浅滩。当然了，那时的罗马并非永恒之都，也没有驻扎的军团。当时在帕拉蒂尼山峦高处只有原始部落，定居在那儿的异种人拉丁人控制着所有货品的流通，以及在河流上南来北往的人们。那就像控制当时的苏伊士运河一样。因此，这个名副其实的交通和运输枢纽后来演变为繁荣的大市场，贩卖农田和畜牧产品一事，实在不该让我们太过惊讶。奥利托利奥市场和博阿里奥市场的起源可追溯到那个时代。

我们现在正在穿越的是第二个市场：牲畜市场。它真是占地广阔，一个由柱廊环绕的巨大广场在我们前方展开。我们也可以看见某些有着柱子和屋瓦的棚屋庇护着牲畜和小贩。但整体而言，这个市场保留了它的传统风貌：广场上目光可及之处盖满了绵延不断的摊子、畜栏、简陋小屋和帐篷。广场中央是个巨大的青铜公牛雕像，许多人在摊子形成的迷宫中移动时都拿它作参照点。我们也将这么做。

我们试图挤进市场。第一感觉近乎恐惧，几乎可以确定同行者会在人海中消失。我们会被推推撞撞——谁知道呢？也许甚至会遭到抢劫……但人们目标坚定地在市场内移动，仿佛蚂蚁匆匆忙忙地进出蚁窝。

最令人印象深刻的是这片嘈杂声；我们只不过走进去几步，便被声浪吞没，包括狂吼、大喊和呼唤朋友的叫声，还有牛的哞叫声、猪的哼叫声和咕噜声。你得不断移动，免得某人撞上你。我们得时时闪到一边让男人们通过，他们不是牵着马的缰绳，就是抓着两捆鸡的鸡脚，鸡头朝下垂着，鸡眼大睁，绝望地拍动着翅膀。

就所走过的区域，我们可以闻到畜栏或鸡舍的味道。市场区隔成好几个专门的卖场。我们现在正穿越羊区。在栅栏后方，于震耳欲聋的咩咩叫声中，我们看到山羊角纠结在一起。它们的眼睛因紧盯着路人的短袖长衣而不断转动。血的味道使它们深为恐惧。畜栏后方的摊子是屠夫区的起点。

我们的第一印象令人难忘：一个柜台上堆满了山羊被切下来的头，眼睛呆滞，舌头从嘴角一侧吐出。一群苍蝇盘旋在这些死神的战利品上，仿佛无法决定是要降落在头上还是身体其余部位。羊被剥了皮，吊在尖锐的钩子上，挂在羊头上方前后摆动。

摊子上也有两头赤鹿。不像今日，罗马市场里充斥着猎人猎杀的野生动物：野猪、野兔、狍子和各种用网子捕捉的鸟类。

一个沉重的击打声吸引了我们的注意。一把厚重的肉斧正将另一具畜体切成大块。这只被宰杀的动物不是山羊，而是更为大型的动物：公牛。斧头每一次砍下，就在脊椎处开个大口，仿佛它是个巨大的拉链。奴隶挥舞斧头的手臂浑厚有力，他半裸的身躯溅满鲜血。另外两个奴隶则紧抓着准备要切割的1/4大的公牛畜体。我们随即离开。

现在的摊子和刚才有所不同：脚边倒挂着的是去了毛的鸡的身子。在它们下方，是一些由木笼整齐排列而成的柜台，小兔子则从木笼的栅栏间伸出黑鼻子。经营这个摊子的女人将头发整个往后梳成发髻。她会出现在此很不寻常。事实上，当我们举目四望时，看到的都是男人。与现代的情况相反，市场（和商店）是男人的领域。小贩是男人，顾客也是男人。女人很罕见，她们裹着袍子走在边缘，也许还推着一个正值青少年的孩子往前走。购物和采买食物是男人的职责——你永远不会看见一个女人抛头露面地交涉或购买商品。出面的总是丈夫，或仆人和奴隶。大多数时候，女人静静站在一旁，让她的丈夫处理一切。从这方面来看，帝都罗马的市场氛围和许多伊斯兰国家的市场和后巷氛围如出一辙。

女人的解放是上层社会的典型特征，女人致力于音乐、文学、运动，有时候甚至是法律和商业。但在街道上，下层社会的女人必须遵守传统规范。

当然了，在必要时，还是有许多例外。在这个柜台后方的女人可能是位寡妇，或者她是暂时代替她生病的丈夫。尽管如此，她身边有位奴隶陪伴一事绝非巧合：那位奴隶身材壮硕，蓄着胡须，仿佛取代了店里男主人的位置，从而为女人的存在更添一份正当性。

现在，她正在为一篮子蛋讨价还价。她摆出恶狠狠的姿态，这样她才不会被她面前的这个男人欺负。当我们观察这场买卖时，我们发现某样非常奇特的事物：罗马计数的方式。它与我们使用的方法完全不同。

罗马计数的方式

那个女人用大拇指、食指和小指做出兽角的手势，但那位顾客却没有勃然大怒，显然那并不是侮辱。但它意味着什么呢？这手势挑起了我们的好奇心，于是我们走近一点。“四”，她说。兽角手势一定代表着“四”。那个女人开始平静地为那位顾客计数，后者毫无疑问是个外国人。对我们而言，我们不能错失这个发现罗马人如何计数的机会。女人对顾客伸出手掌，所有的指头都伸直。然后，她弯起小指说“一”。随之，她也弯起无名指，然后说“二”。现在，她弯起她的中指，然后说“三”。我们原本预期她会弯起食指说“四”，却不然，她做出兽角的手势，也就是说，她重新伸直她的小指。当她再度伸直她的中指时，她说，“五”，等等。

我们不会在此逐一细数，但这样说吧，手枪手势代表“九”，而另一个非常类似我们的“OK”手势，但食指却碰触着大拇指中央内侧的手势则代表“十”。简言之，手势的姿势代表数字符号。

令人吃惊的是，罗马人用一只手来表示100以下的数字，用另一只手来代表“百”和“千”。因此，如果用一只手表示的话，兽角手势代表“四”，但倘若是用另一只手表示的话，则代表是400。以这种方式组合左手和右手，你可以数到1万！现代的我们可没这么灵巧。根据哲学家老普林尼的说法，甚至连雕像都能计数。一座维纳斯雕像用双手表示一年的天数：365。

不幸的是，这尊雕像早已消失，这真是可惜。它原本能帮助我们了解左手和右手各自代表什么数字。实际上，在今日，我们不清楚它们是如何组合的。如果我们相信诗人维纳利斯的说法，那么左手便是用来从 0 数到 100，右手则用来数“百”和“千”。但圣彼得[①]的著作中却出现完全相反的说法，他是中古世纪早期的本笃会修士，他从古代文献中复制珍贵的罗马计数列表，并使之流传到我们的时代。

我们从圣彼得处得知，一旦数到 1 万（举起一双张开的手，仿佛说“够了”），便开始使用身体的其余部位：碰触心脏（30 万）、肚子（50 万）、臀部（60 万）、大腿（80 万）、腰部（90 万）。最后，像芭蕾舞者般将双手从头顶伸展并碰触手指则表示 100 万。

我们唯一能确定的是，在今日阿拉伯世界的某些市集中，仍可见到这个实用的罗马计数系统的痕迹。

现在，在屠夫店柜台后方的女人真的耐性全失。“我们来用石头计算吧。”她说。她把奴隶叫来，要他带算盘过来，那是罗马人的计算器。它是一个小型算盘，由青铜薄板制成，上面有凹槽，小球则在金属杆上前后滑动。这些球就叫“石头”（因为孩童们用石头来学习数数），而我们今日所用的两个词计算法（calculus）和计算器（calculator）就是源自于此。那位女贩以闪电般的姿态将小球定位，并将算盘放在顾客面前。“不管你怎么杀价，你都得给我 4 塞斯特斯！”

---

① 比德（Venerable Bede，673～735），英国盎格鲁－撒克逊时期历史学家，被尊为英国历史之父。

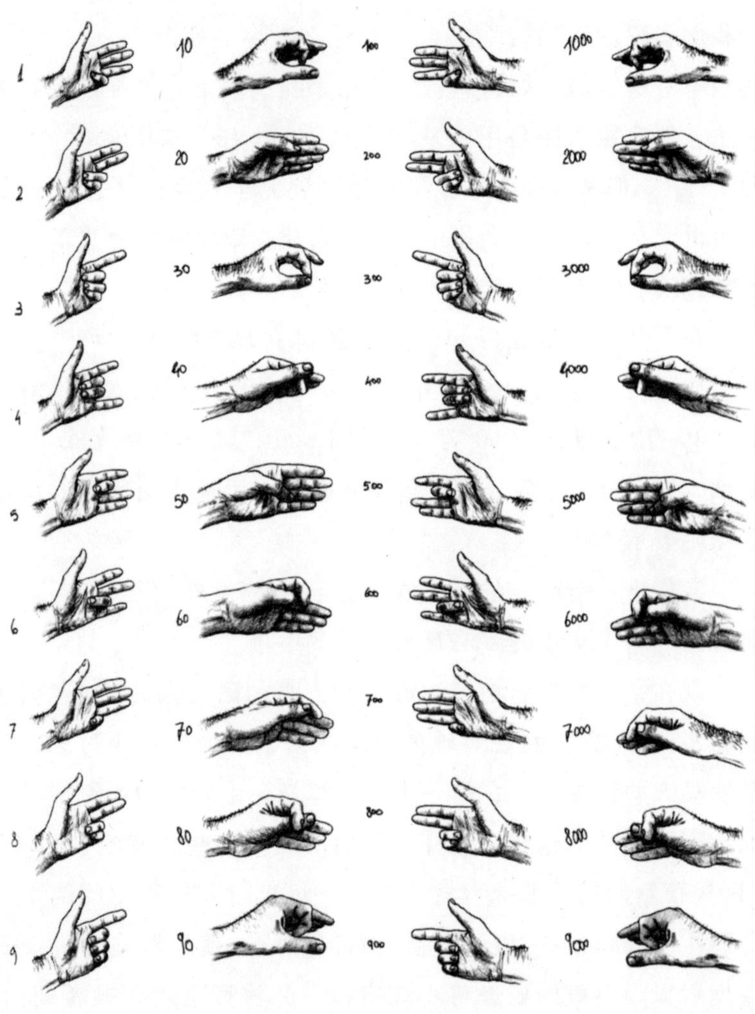

这是罗马人计数的方式。手指的位置各代表一个数字。一只手用来数从 1 到 100 的数字，另一只手用来数“百”和“千”。组合两只手的话，可以数到 1 万。

我们在博阿里奥市场的篷顶下继续我们的旅程。现在我们抵达最重要的区域：罗马人卖牲畜的地方。在我们的前方，帐篷消失，仿佛广场中还有一个广场。放眼望去，只有多如繁星的牛角和牛的哞叫声。我们跨越主要大道，周遭万头攒动，尽是在讨价还价的男人和奴隶。空气中充满着动物的刺鼻臭味，免不了会踩到一些软软烂烂的东西（到处都是牛粪）。我们靠在一根柱子和栏杆旁，我们看到的公牛和母牛和今日我们所熟悉的不尽相同，它们的个头都比较矮小。在帝国全境内都是如此。如果古罗马人能拜访我们的牲畜农场，一定会对动物的体型大感惊讶。对他们而言，母牛会显得很巨大，猪也是（由于现代畜养业引进精选技术，使得母猪能一次哺乳更多小猪，因此，现今母猪的乳头比他们时代的还要多），甚至连马都会让他们觉得巨大无比。罗马人所骑的马比我们的矮小许多，我们会觉得它们看起来像大型的迷你马。但它们精力充沛，且适合在崎岖的道路上奔走，相较之下，我们的大型马容易疲惫，一进入险恶的区域，便很容易跛脚。

尽管如此，他们还是拥有一些我们马上便会喜欢的动物。比如，猪往往能在附近的森林里自由奔跑，与野猪交配。这种杂种猪的肉很稀有，非常美味。

某些兴奋的叫嚷声吸引了我们的注意力。我们可以感觉到那股紧张气氛。依据传统，牲畜会在公开的议价中进行买卖。买方和卖方因此无可避免地被一小群看热闹的路人和专家团团围住。但现在聚集在此地的这群人相当特殊。实际上，就在这当口，一头壮硕公牛的买卖正好开始。两名奴隶用力拉住它的鼻环，不让它乱动。我们现在所看到的这场交易于今日已不复存在：这头动物将被宰杀作为祭品，献给东方之神密特拉。

买方是位显赫的贵族，他的土地上有一座密特拉神庙，这座洞穴般的神庙是信徒定期聚会的场所。公牛献祭通常是很特殊的仪式，你只能在帝国和国家仪式中得见，但公牛献祭也是密特拉教的基本仪式之一。可以想象，这个仪式在某些罕见的场合里，会象征性地重复上演。

显而易见地，那位贵族不愿意亲自出面。他个人专属的自由人正在为这项买卖讨价还价，而大家都知道，他的交易手腕有多高明。因此，一小群看热闹的人凑了上来。卖方滔滔不绝述说着他的牲畜品质、它们的罕见特征、他作为牲畜业主的辛苦之处，以及将它们带来市场的漫长旅程。尽管如此，他的对手是位修辞学艺术的顶尖专家，在许多人眼中，他很狡猾、犀利，能在敌手的论辩中找到漏洞，令他的辩论自相矛盾。而这就是他现在正在做的事。根据基于传统的惯例，讨价还价的声调越来越高昂，姿势几乎变得戏剧化起来。最后，卖方投降：他知道他的对手代表了一名位高权重的顾客。但在他的内心深处，他知道，当他在未来以客人的身份前往这位贵族的多慕斯请求帮忙时，他将能好好利用他现在的这份慷慨。两人以握手和虚伪的微笑结束交易。他们两人都是赢家。

人群散开，我们跟着他们向前走。他们带领我们到市场另一边的尽头。一路上，我们看到柜台里展示着从未料到会在此看到的动物，如豪猪、孔雀、金翅雀、乌龟、鹦鹉和火鹤。

一个奇特的摊子吸引了我们的注意：没有1/4大小的动物肉块高挂在头顶上，没有装着动物的笼子，只有几个排成一排的赤陶罐。它们都装了些什么？小贩让我们打开一些罐子。我们小心翼翼地拿起盖子，里面黑黝黝的，好像是空的。然后我们注意到有东西在罐底移动，好像是老鼠，其实是睡鼠。罗马人饲养它们，在这类酒瓶里将它们喂胖，瓶身有洞，可供它们呼吸，酒瓶内侧有一道如旋转楼梯般往上攀升的奇特弯曲小沟槽，它能为这类动物提供一些运动（有点像较大鼠笼子里的转轮）。现在，有一只睡鼠爬到楼梯顶端，亮晶晶的黑眼睛和小鼻子对着我们。我们难以想象它最后的下场是成为烤肉。罗马人认为它是道美味佳肴。

但这并非市场里唯一的惊喜：隔壁柜台上有两只猴子。它们来自非洲，脖子上都缠着一根绳子，它们在柜台上不安地前后走动，企图咬伤几位正在逗弄它们的小孩。它们最后可能会被某些富有的罗马人买走，放在花园里供他的宾客观赏赞叹，但它也有可能会以另一种方式让宾客大吃一惊：被煮熟端上宴会。

罗马：各种物品的集散地

现在，在市场外面，缤纷色彩和各种气味吸引了我们的注意力。这是一家香料店，很像你今日会在也门或巴基斯坦看到的店家。店里面没有空间让你走动；举目四望，到处都是装着各种香料的赤陶罐和袋子。店铺中央是一排盘子和高脚杯，里面装着堆成锥形的彩色粉末，黄色、黑色、红色等颜色非常醒目。在这个时代已经可以找到贩卖所有香料的店铺，这一点着实令人吃惊；这些香料通过一长串的交易，从远方运送而来。

这里有一些来自遥远的马来西亚和东南亚的芦荟，它们被当作药品和化妆品。樟脑从相同的地方转运而来。装着肉桂的高脚杯诉说着一个远至中国的漫长旅程。另外，丁香来自摩鹿加群岛，辣椒、姜和肉蔻则来自印度。另一种来自东南亚的香料是姜黄，添加在食物里可增添菜饼的香味和色泽。

但它们是如何抵达此地的？答案离我们现在的所在地不远。这趟市场之旅将我们带到一座桥附近——普罗布斯桥（ponte Probus），罗马八道桥梁中最南端的一座（现今罗马的第九道桥在帝国时代远在郊外）。我们走上桥，然后抵达顶端，从那往下俯瞰，台伯河就在我们的眼前。就如同罗马人所称呼的，金黄色的台伯河。实际上，台伯河会呈现金黄色，是因为罗马城外的阿涅内河（fiume Aniene）的沉积物流入其中所致。当我们往外望向地平线时，可以看见人们在河堤钓鱼，年轻男孩们潜着水，船夫们将船停泊靠岸。从这个角度看去，首都的红色屋顶仅仅隐约可见；从这里望去，罗马看起来是一片亮白，我们看见神庙、长柱廊和公寓大楼。

在下游处，河堤两旁似乎都布满了奇形怪状的建筑结构；那些不是房子或神庙，而是低矮的长形建筑。这地区看起来就像个工业区。它们是首都的大仓库。这是城市的“脂肪层”，堆积储备货品的地方：里面装着酒和橄榄油的双耳细颈酒瓶、谷物和大理石。每种原物料最后都堆积在这些建筑里，建筑有数百米长，好几层楼高，有些还有地下室。在仓库后方，我们依稀可以辨识一座小山丘，这座小山丘只比周遭的河谷高一些。经过几个世纪后，小山丘会逐渐变得高大雄伟，矗立在建筑物的屋顶上。今日我们称它为特斯塔奇欧山（Mount Tesacchio）。它不是罗马的第八座山丘。实际上，它是个……垃圾堆！它的现代身影令人印象深刻：约 37 米高（从海平面算起约 52 米），表面积将近 18600 平方米。它单单由细颈酒瓶的破裂碎片组成（tesracus，特斯塔奇欧便是源于此字，意为“由陶器碎片堆积而成”）。据估算，这山丘由超过 4000 万片酒瓶碎片组合而成！

10:30

罗马街道上的印度氛围

在现代，或多或少，某些国家仍能带给我们会在古代罗马街道上所能感受到的那种气氛。印度是个好例子。在那里，我们可以看见人们用长布包裹成长袍，戴着面纱，穿着凉鞋，或是打赤脚。

如同在印度，罗马的街道常常是泥土路，小孩子们成群地到处奔跑，在许多街角，你可以看见摆着供品，奉祀神祇的小祭坛。同样地，在印度，人们也会对衣着和陈列在商店里和摊子上货品的鲜艳色彩感到惊诧。

在帝都罗马，宛如在印度，你可能在咫尺之内从一个极端走到另一个极端；从女人身上的异国香味，到后巷的刺鼻臭气和烹煮食物的油腻气味。街道上还可见另一种持续不断的极端交替：珍贵饰品和黄金珠宝被最绝望的贫穷包围。简言之，许多罗马的日常场景仍存在于现代，广泛存在于许多不同国家，如中东市集、某些北非社会，甚至是印度的都会社区或亚洲的某些村庄。倘若某天我们能前去拍摄这些快要灭绝的景象，以便记录它们，并将它们拿来作古代研究的佐证，一定会是件相当有趣的事。

不过，还是让我们回到古代罗马的步行之旅吧。

一个女人和我们擦身而过，从面纱下对我们匆匆一瞥。她的眼珠是深黑色的，画着黑色眼线，她的凝视深刻而强烈，稍纵即逝。我们也注意到她的金耳环和上面吊挂的珍珠所散发的光芒一闪而过。然后她消失在茫茫人海中，只在身后留下一抹扑鼻的浓郁香水味。我们停下来，试图从这场短暂的幻梦中醒转。

但我们并非真的有时间恢复镇定，更多人和更多脸庞在我们周遭出现又消失。那些不断擦撞过我们身旁的人的脸庞，其多样性让我们感到惊讶。拉丁诗人马提雅尔[①]留给我们一段有关罗马街道魅力的绝佳描述。你可在此碰到来自世界各个角落的人：俄罗斯大草原的撒马利亚人，他们习惯喝自己马的血；小亚细亚南部西里西亚（Cilica）的居民，他们身上飘散着浓郁的番红花气味；色雷斯[②]的农夫；在尼罗河里游过泳的埃及人；阿拉伯人和西卡布里人[③]，后者把头发在侧面挽成一个结；以及拥有如炭般的黑色皮肤和发辫的埃塞俄比亚人。

我们逐渐走到街道的某个特定路段，这里人潮如此汹涌，难以往前迈进。我们只能将眼前景象拿来与现代世界的两个场景做比较：一是电影院散场时，二是在高峰时刻走过地铁隧道时。我们不妨想象这同样的场景在我们周遭的街道上重复上演着。图拉真时代的罗马总是带给我们新的惊喜。事实上，这些拥挤热闹的群众每天都有办法吃饭、睡觉和满足他们自己的需求等，这着实令人难以置信。

---

① 马提雅尔（Martial，38/41～102/104），拉丁诗人。

② 色雷斯（Thrace），大致上相当于现代的保加利亚和土耳其。

③ 西卡布里人（Sicambri），来自日耳曼土地。

女人在罗马街道的人群中相当醒目，当她们经过时，她们色彩缤纷的衣着和香水余味会立即引起旁人注意……

想横穿街道几乎是不可能的。我们得避开小贩和他们凸出在人群中央的摊子，我们不断和路人以及旁观者发生擦撞，就像在今日的亚洲和东方，人与人之间保持一定距离的这种概念并不存在。而作为来自西方国家的人，我们总是有那种大家都过于靠近的感觉。

突然间，人群散开，我们看见一位变戏法的人用某些聪明的戏法在娱乐观众。我们稍稍驻足观看。而就在前面，一个单调的曲子吸引了我们的注意。我们从人群中杀出一条路，发现一个弄蛇人正站着靠在墙壁上。一条眼镜蛇从篮子里缓缓上升，前后摆动身躯，头朝着弄蛇人的长笛尾端不断移动，长笛上面则挂着一撮彩色羽毛。就我们所知，使爬行动物陷入催眠状态的不是音乐，而是长笛和羽毛的移动。但是，停下脚步看热闹的群众并不知道这点，他们不断丢钱，表达他们对弄蛇人所展现的音乐才华的激赏。

人群像潮水般突然散开，让路给一位骑马的人通过，他边叫边咒骂，努力为自己开路。马蹄用力践踏着一个臭气熏天的大水池，大家连忙避开，臭水泼溅在两位穿长袍的男人身上，他们及时制止了骑士的前进。接连而来的是一阵叫骂。我们最好继续往前走。

我们走上人行道想避开人潮，但立刻又被挤下街道。一队军团士兵的巡逻队正好经过，显然正趁着休假参观罗马。他们以高傲的姿态向前踏步，鞋子踩在那些不赶紧闪开的人的脚上。那可是很痛的：我们稍早时曾经提过，他们的凉鞋鞋底有金属圆钉（像我们在早几年时所穿的靴子），这样他们在打仗时，鞋子能有更大的摩擦力。

一双手从后方拉住我们的短袖长衣，阻止我们前进。我们转身，那是一位有着畸形腿的乞丐，他向我们讨钱。两个铜板让他的脸庞绽放微笑。

但事情没有这么顺利。当我们继续往前走时，一个街头小贩挡住我们的去路，他想卖我们几盏油灯。他的表情友善，一头红发，带着一抹会感染他人的微笑。我们挣扎着想从这场强迫推销中脱身，纵使他不断坚称，这些稀罕的油灯来自东方，“比其他油灯还要耐用”。

我们为了在人群中间奋勇向前而感到疲惫，于是索性靠在墙壁上，看着人来人往。现在我们注意到，不是每个人都用双脚走路的。有些人骑着骡子。你可以看得出来，哪些人的骡子是租来的；租骡子时会附送一位“司机”，一位努比底亚[①]奴隶牵着骡子的缰绳往前走。

但在街道上行进还有其他不必接触地面的方式。我们知道，罗马白天禁行马车，只有少数情形例外，比如古代相当于“政府”的车辆、服侍女灶神维斯塔的女祭司的马车，还有少数几个人脉广阔的人。人们因此发明了其他的通行方式。其中最典型的是，有一定社会地位的罗马女人在拜访朋友时坐的轿子。现在就有一座轿子摇摇晃晃地穿越人群，就像诗人尤维纳利斯所描述的那般。轿子里是一位戴着面纱的女人，尽管轿子在拥挤的人群中不停晃动，她也因此不断被抛前抛后，但她还是试着阅读，或是故意装出高傲不屑的姿态。

坐在大轿子里的旅行方式比较没有这么颠簸，它气宇轩

---

① 努米底亚（Numidia），阿尔及利亚的古国。

昂地在人群中前进，由八位叙利亚奴隶扛在肩上缓缓向前。它看起来像艘有着三层木桨、在海中破浪而行的希腊战船。白色轿子装饰着雕像、绘画和彩色花环，还挂有许多帘幕。它是罗马街道上真正的劳斯莱斯。我们和每个人一样，在它经过时怔怔地望着它。两名肌肉结实的奴隶在人海中开路，用力推开人们，在头顶上挥舞着木棍——堪称两艘人类破冰船。轿子缓缓在我们前方经过。轿夫踏着大步，节奏明确地往前走，仿佛换岗时的士兵，让这一刻染上庄严肃穆的气氛。我们试图看清是谁坐在里面，可惜的是我们不无法看得见。在帘幕后方还有一长排镜子，让坐在里面的人可以从里往外看，但外人却无法一探究竟。镜子就相当于我们轿车上的黑色玻璃。

在这艘“城市游艇”后方还有另一种交通工具，正试图利用前方轿子为自己开路。那是手推车，类似一种人力车，乘客是个白发苍苍的男人。这场景很有趣，不是因为这两种交通工具所形成的对比，而是坐人力车的这个男人过于严肃，鹰钩鼻傲慢地朝向天际，比轿子里的乘客还要气势凌人。一名消瘦、脸色苍白的奴隶推着车，双手猛用力，嘴巴喘着气，他作为人力引擎的寿命好像已接近尾声。他们两人消失在群众中，节奏分明的车轮嘎吱声亦跟着远去。不久后，我们听到从人群中间传来溅水声，如果我们对距离的估计正确的话，他们一定正巧落在我们稍早看到的那一摊臭水池里。我们可从人群爆发出的哄堂大笑判断出结果：人力车不慎翻覆，老头整个人飞进池子里，那一幕肯定相当精彩，甚至连弄蛇人都停止吹奏手中的长笛。

像纽约或伦敦的罗马

让我们在此尝试总结目前为止所见到的风光。罗马令人如此吃惊的一点在于，它在帝国和一般古代世界里的独特性。我们自然而然会拿它与纽约和伦敦相较。第一次拜访城市的人会为其高耸的建筑、稠密的人口，以及能买到从帝国各地运来的各种货品一事大为惊异。这在意大利半岛较小型的城市里是不可思议之事，在那里所供应的货品选择性要少得多（有些货品从来没运抵这些城市），而且，要等到货品送达，得花费更多时间。

这是个充满机会的城市，许多种族和宗教团体混居在一起（第一个真正的熔炉，我们很习惯于听到这个词被拿来形容纽约）；这是个追求时尚和古怪穿着、节奏疯狂，以及铺张浪费的城市。这些特征在意大利其他散漫的城市和那些帝国行省的城市里都是陌生的，在乡下地方，更是毫不存在。

的确，那些习惯在农田里努力劳动和遵循传统的严厉规则的人，往往对罗马街道存有下列印象：他们来到一个毫无价值观的地方，为一群肤浅过日的人所围绕，罗马人一到别处就根本活不下去，连老老实实做日工也做不来。每件事都和利益与权势息息相关；你得很狡诈，脑筋要动得很快，巧妙运用人际关系去交友和认识门客，这说来似乎没什么，却绝对必要，因为诈骗犯和骗局到处都是，暴力也是。

另外，对那些久住或出生于罗马的人（相当于典型的纽约客）来说，他们是以全然不同的眼光看待这个腐败和嘈杂的世界。经年累月的经验使得他们产生真正的抗体，能够在走在街道上，或进入商店时派上用场。对这些人来说，如同诗人马提雅尔所说的那般，这城市和它的世界“以愉悦和活力十足的脉动跳动着”。

10：45

在有艺术杰作的静谧绿洲稍做停留

我们可以到哪里逃离罗马的繁忙喧嚣呢？城市里可有比较安静的地方？答案是有的。城市里有数处罗马人喜欢去漫步的静谧绿洲：皇家花园及马提乌斯广场（战神马尔斯的广场），它有广场、神庙和圣地，没有任何商家或公寓大楼，因此是远离尘嚣和短暂放松的理想所在。

但有一处地方格外美丽，甚至连老普林尼这位博物学家和哲学家都曾经记上一笔：那就是奥克塔维娅门廊（Portico d'Octavia），也就是我们现在正要前往的地方。入口气派壮观，让我们联想到一座大神庙。走进入口几米后，我们停下脚步，惊诧地怔住。于我们眼前展开的是一片广阔的庭院，每边都超过100米长，并且环绕着精致的门廊。中央矗立着两座神庙，分别祭祀朱庇特和朱诺。

气氛梦幻缥缈。静寂笼罩，这里几乎就像修道院的回廊。当然，传到我们耳际的有人们高谈阔论和纵情大笑的声音，还有小孩子跑来跑去的碎步声。但他们的脚步声回荡在大广场中，未被群众的声音吞噬，这点真是奇妙无比。我们身处于一座超过百万人来去匆匆的城市中，但现在，这些似乎都被我们抛在背后的咫尺之外。

我们进入门廊，湿壁画和灰泥肖像异常鲜艳。我们立即了解哲学家老普林尼为何认为这里是个梦幻之境。雕像屹立在柱子间、壁龛甚至小房间里，而它们不是一般的雕像。

这些是伟大的希腊雕刻家，例如波利克里托斯[①]或他的学生狄奥尼修斯（Dionysius）的杰作。它们是罗马人最爱戴的神祇的雕像，例如朱庇特和朱诺。

这些地方（在罗马还有其他像此处之地）可说是货真价实的艺术博物馆，其所展示的艺术杰作令任何现代世界的古典艺术博物馆均望尘莫及。我们震惊地继续往前走。我们在一排 34 座士兵骑马的青铜雕像杰作前，再度停下脚步。中央那座雕像是亚历山大大帝：他很年轻，头发在狂风中飞舞。其他人是他的军官，战死于公元前 334 年的格拉尼卡斯河战役[②]。

这个雕像群是个骑兵联队，永远凝止在迈向荣耀的行进中。这是希腊雕刻家利西波斯[③]的作品。

欣赏这些杰作时，我们了解到，罗马不仅是货品集散地，也是艺术作品的集散地。这些令人屏息的雕像全部来自希腊，罗马人在他们第一次开疆拓土时征服了希腊，掠夺了这些战利品。

---

① 波利克里托斯（Polyclitus，450 BC～420 BC），希腊雕刻家，擅长雕刻年轻运动员。

② 格拉尼卡斯河战役（the Battle of the Granicus），亚历山大大帝与波斯三大战役之第二场战役，地点靠近特洛伊，波斯战败。

③ 利西波斯（Lysippus，370 BC～300 BC），希腊雕刻家。

虽说他们喜好掠夺和毁坏是事实，但这并非事实的全部。在古代世界，掠夺是征服者的惯例，是战败者必遭的毁灭性结果。但罗马人不同于许多其他的征服者，他们并未系统性地毁坏掠夺而来的所有杰作。例如，西班牙征服者在征服拉丁美洲时，便大肆随意破坏，反之，罗马人常将战利品带回罗马，好好欣赏，甚至是尊崇它们，因为罗马人认为希腊是古代世界的真正文化发祥地，而他们自己则是那个伟大文明的继承人。

这就是我们在今日，常在地中海深处挖掘到某些杰出雕像的缘故，比如里亚切[①]青铜雕像、现在存放于雅典的波塞冬（或宙斯）雕像，或最近在西西里外海出土的跳舞萨蒂尔。这些希腊艺术杰作在运到意大利的旅途中因船难而沉没。而谁知道还有多少伟大的艺术品仍旧深埋在海底？罗马人的态度与拿破仑迥然不同。拿破仑征服外国纯粹是不合时代的随意掠夺，显然与培育他的“自由、平等和博爱”之文化精神自相矛盾，更与在其势力崛起前几年颁布的《人权宣言》（*Dichiarazione dei diritti dell'uomo*）[②] 大为冲突。许多他所掠夺的艺术品，尤其是那些从意大利偷走的杰作从未物归原主，今日还大咧咧地展示在巴黎的卢浮宫，仿佛它们原本就属于那里。

在门廊的阴影处，我们碰到许多出门散步的人，还有三三两两谈天说地的人。人们不仅仅是来这里跑腿或购物。许多人用眼角余光偷偷在观察其他路人。这气氛很像我们在现代城市里，沿着街道所进行的周六傍晚散步。事实上，帝都罗马这种

① 里亚切（Riace），一尊希腊赤裸士兵雕像，成于公元前460～前430年。

② 《人权宣言》（意大利语：*Dichiarazione dei diritti dell'uomo*；法语：*Déclaration des Droits de l'Homme et du Citoyen*），1789年于法国大革命时期颁布。

边散步边看人的活动，就发生在这类地方。可供罗马人散步的地方很多，除了奥克塔维娅门廊外，还有阿格纳乌门廊（Portici degli Argonauti）、丽薇雅门廊、庞贝门廊和百柱门廊，总之，多到难以选择。

几个小孩嬉闹着，攀爬一座濒死的鹿的雕像。攀爬的诀窍是爬到鹿角处，然后你可以把手伸进它张开的嘴里。你看得出来这是广受欢迎的举动：青铜雕像的背部被磨得平滑光亮。一个年轻男孩在排队等待。就像大部分的青少年那样，他的脖子上挂着一条坠饰项链，里面装着他的幸运符。但就在他要开始攀爬时，他母亲抓住他的手臂，大声斥责他——不是因为她尊敬这个艺术杰作，而是因为他要把手冒险放进一个陌生的地方。现在，他的父亲走过来，告诉他少年伊拉斯[①]的故事（正如百柱门廊所描绘的一般）：少年将手放进青铜熊像的嘴里，结果熊的喉咙里有一条蛇，咬伤了他。那个咬伤非常致命，男孩后来死了。我们不知道这是否真有其事，但这个故事在首都广为流传，吓坏许多人，包括诗人马提雅尔，他在描写罗马的门廊时，也曾提到这个故事。

① 伊拉斯（Hylas），赫拉克勒斯和宁芙之子，长相俊美。

罗马犹如第三世界城市？

漫步于奥克塔维娅门廊间的人群中时，我们注意到一把火红的阳伞跟着主人的步伐上下跳动。它和维多利亚时代的女士于19世纪撑的阳伞相当类似。但真是如此吗？我们尝试走近一些，赶超过几位优哉散步的人，直到我们走到那位女人身后，她正优雅地跟着两位朋友一起缓缓前进，也许那是两位侍女。伞面以丝绸制成，但伞骨却是以骨头制成，构造和我们今日熟悉的一样，滑动幅条直到整个伞面撑开。伊特拉斯坎人在大约2600年前就已经开始使用它们。但这把伞的目的却不尽相同。

它就如同18世纪和19世纪的女士所用的阳伞，不是用来挡雨，而是用来遮阳。在罗马帝国，阳伞主要是由中上阶层的女士用来防止晒黑，与今日大部分西方女性所做的恰恰相反。

因此，我们可以看出，罗马人对晒黑的态度和我们有所不同。你只消观赏几面湿壁画就能看出，男人总是被描绘成皮肤晒成麦褐色，脸则呈现深红色光泽，而女人的肤色则非常淡，接近白色。绘画所要传递的讯息非常清楚：男人有着黝黑皮肤，因为他们很多时间都待在室外，进行各种活动（工作、旅行、会晤、打猎、战争）。但女人则不然——她们苍白的肌肤表示她们多半的时间都待在室内，窝在家里，遵循传统规范从事着“女性”活动：照顾小孩、处理家务、监督伙食、接待和准备晚宴等，这些活动都不需要她们出门。因此，苍白的肤色就如同她们的发型和妆容，是罗马女人的魅力之一。对上流阶级的女人而言，这更是她们不用离开家到外面与平民接触的证明，也是经济宽裕与身份高贵的清楚标记。简言之，白皙的肌肤是地位象征，所以出门时要打阳伞。

但观察那三位女性时，我们为另一个细节感到惊讶。虽然她们的脸蛋长得不同，眼睛颜色不同，身材不同，但她们都差不多高：她们的高度还不及我们的肩膀。

事实上，和今天的人比起来，罗马人都很矮。当你走在街道上时，你就可看出这点。真正鹤立鸡群的那些人是凯尔特人或日耳曼奴隶，或从高卢远道而来的罗马公民。但还有另一件事让我们感到吃惊：街道上有很多年轻人，却鲜有老年人。

个子矮小和有许多年轻人的民族，和我们今日在第三世界所看到的一模一样。这么说来，图拉真时代的罗马是座第三世界城市吗？

罗马，移民充斥的城市？

罗马居民的相貌为何？他们的脸与我们今日所见相同，或是有所不同？显然，作为一个拥有 150 万人口的城市，你在罗马的大街小巷中一定会碰到形形色色的人种：金发、褐发、红发……尽管如此，就如同在商店、后巷或多穆斯里所见到的奴隶那样，我们碰到的往往是具有地中海或中东五官特征的人。

事实上，帝都罗马的大部分居民会在今日被归为移民或外国人，因为他们大部分来自帝国的东部行省，这些行省位于今日的土耳其（罗马人以各式各样的名称来称呼前者）、希腊和亚洲（加拉提亚①、西里西亚、卡帕多西亚②、比希尼亚③）或整个中东地区，尤其是叙利亚。

数量可观的罗马居民也来自北非：来自埃及或昔兰尼加④这个富饶行省以及另一个非洲行省（利比亚和突尼斯），更别提还有来自毛里塔尼亚（阿尔及利亚和摩洛哥）的移民。

移民或移民的后裔并不仅仅限于那些在罗马白手起家的商人，或是那些为了找工作或其他数不清的理由来到首都的民众，这和今日所有意大利的主要城市所发生的情况十分相似。但事实上，大部分的人是在暴力胁迫下被带至罗马，成为奴隶。有些人仍是奴隶，有些人则已经得到解放，还有些人是几代前便重获自由的奴隶的后代，他们现在安安静静地经营着自己的生意。

一项统计调查显示，60% 的罗马居民的名字来自希腊文，而非拉丁文！有些学者主张这个比率还要高些，甚至可能高达 80%。但这并非表示，这些人全都真的来自希腊；我们先前探讨过，对罗马而言，“希腊”实际指称大片延伸至中东的土地。更有甚者，不管奴隶来自哪个国家，罗马人惯于替他们取

① 加拉提亚（Galatia），土耳其中部安纳托利亚高原。

② 卡帕多西亚（Cappadocia），土耳其中部。

③ 比希尼亚（Bithynia），小亚细亚西北部。

④ 昔兰尼加（Cyrenaica），利比亚东部海岸区。

希腊名字。尽管如此，这些资料显示，至少有3/5的首都居民（可能还更高）并非来自罗马或意大利半岛。这点令人相当惊讶。

这还提供了进一步的证据，在数个世纪以来，罗马曾经是、也将会是一个巨大的种族熔炉，它组合且融合了来自极端不同源头的人口和DNA，而这在古代世界中可谓独树一格。因此，考虑到自从古代开始，这座城市就已经如同现代国际机场般融合了各色人种，要是还有人斩钉截铁地界定自己是“地道的罗马人”的话（就像我们今日常听到有些人说的），实在没有太大意义。

| 奇闻 | 古罗马的人口

医学、人类学和人口统计学资料是如何评估罗马人口的？让我们稍稍离开公元115年的门廊和罗马街道，进入人类学家和考古学家研究这遥远时代的实验室。

第一眼看来，它是个浩繁且令人气馁的工作。这两个时代中间已经经过了19个世纪。但借助各种技术，研究者对我们到现在为止在罗马帝国首都的街道上所碰到的人们，有着相当精确的概念。

不妨想象你正在一个犯罪现场，观察鉴识小组的调查作业。研究古代罗马人的技术也与此相当类似。我们从坟墓中的骨头和骨骼以及考古的一般挖掘中，发现了许多珍贵资料，其中有一大部分令人震惊。

我们所探索的1世纪和2世纪交替之际人类的平均高度，男人为1.64米，女人为1.55米！而以各种方法估计的平均体重，男人为65公斤，女人则为49公斤。

从这一数据看起来，当时的人也许过于矮小，但它在数个世纪以来一直是欧洲人的平均身高。在1930年，男人的平均身高仍然只有1.68米，直到在第二次世界大战后（更精确地说，是在20世纪60年代和20世纪70年代），才攀升到1.70米。今日，欧洲人口的平均身高，男性是1.75米，女性为1.64米；意大利人口的平均身高较矮，分别是1.73米和1.63米。

骨骼则提供给我们其他令人惊异的资料。人类学家为许多较长的骨头，比如腔骨，照了X光片，他们的目的不是寻找骨折的迹象，而是研究罗马人的孩童时期。他们发现在骨头浓度中出现了细白的线（哈里斯线），这显示他们在童年或青少年时期，曾因疾病、饥荒或单纯的营养不良而发生成长迟缓或停止的现象。

从牙齿的研究中也得到类似的发现。检视牙齿表面的研究发现，珐琅质上有与牙部平行的沟痕。这也显示在牙齿生长期间，曾有一段时间的成长迟缓或停滞。

与我们所预期相反的是，最深受其害的人往往不是乡村贫民，而是都会里的罗马人，甚至是有钱人。这揭露了一个以前从未被指出的古罗马特色。

例如，在战争时期，乡村反而从来不缺粮食，但是在城市，你往往很难买到某些食物。即使是在最太平的时代，古罗马人也无法获得完善均衡的营养。最贫穷的阶级总是濒临营养不良，要么根本就是缺乏营养。雪上加霜的是，住在大城市里意味着你会持续暴露在各种疾病和传染病之中。古罗马人的骨骼以及他们的身材矮小等发现，都解释了古罗马人曾经遭受过那类苦难。

但还不仅仅如此。罗马人的寿命并不长。如果他们能熬过童年的疾病，则男人的平均寿命是41岁，女人是29岁。女人的短寿是由难产造成。当然了，这些只是统计学上的平均数字。撑过41岁生日的罗马男人并不会突然倒地死亡，即使在那时都有人活到老年，但这类例子实在很罕见。

由于这类例子如此稀少，即使在今日它都是大新闻。梵蒂冈的圣罗莎大公墓里埋着奴隶和被解放的奴隶，学者们最近在那里发现，有块墓碑上写着一位被解放奴隶的名字，某位卢西乌斯·

苏托利乌斯·阿巴坎图斯，他活到90岁："……活到LXXXX岁……"这份墓志铭甚至让发现它的人大为惊讶。在他生活的时代里，他肯定被视为一位真正的马士撒拉①。

在这方面，奥斯蒂亚的墓碑研究中也有一项有趣的发现。罗马人有在墓碑上记载死者华年的习惯，有时这种习惯甚至成为一种执念——他们会书写寿命的年数、月数和日数，有时连时数都不放过！当然了，这些墓碑纯粹只能作为指标象征，因为我们并没有所有奥斯蒂亚人的墓碑。何况，碰到死者年龄老迈的情况时，他们的死亡年龄几乎都不会被记载（除了我们刚刚提到的罕见例子），因为年迈而死被视为自然死亡。

一项有关600个墓碑的研究得出一个有趣的发现。我们得知，当时就如同所有贫穷且新科技尚未发明的年代，婴儿的死亡率非常高。令人吃惊的是，并非每个人都是如此。在10岁以下，男孩死亡的比例（43%）远高于女孩（34%）。这可能归因于男孩比女孩拥有更大的行动自由（因此也暴露在较大的危险中）。古怪的是，在20~30岁这个年龄区间，比例反而颠倒过来：女人的死亡率（25%）高于男人（18%）。在这个例子里，造成差异的原因在于分娩所导致的死亡。

虽然尚未经过深度分析，骨骼研究还产生另一项有趣的发现：在有些例子里，根据骨骼是属于主人或奴隶，牙齿的健康状况亦会有所差别。在作为农庄用的乡村别墅的例子里，我们发现别墅主人的蛀牙比奴隶要多。主人含糖量较高的饮食解释了这个矛盾现象——这是有钱的坏处之一。

---

① 马士撒拉（Methuselah），希伯来文圣经中年纪最大的人，为大洪水前诺亚的族长，据说活到969岁。

古罗马的八大问题

如罗莫洛·奥古斯都·斯塔乔利教授所观察到的，古罗马人认为最困扰他们的难题与现代罗马人（以及其他所有大城市的居民）非常类似。我们发现，在不到两千年的岁月里，情况完全没有改变。而下面这张列表着实叫人惊讶：

- 交通；
- 街道上的嘈杂和混乱；
- 在城市里前进时所浪费的时间；
- 垃圾和脏污；
- 房屋短缺和天价；
- 建筑倒塌和不安全的建筑物；
- 移民泛滥；
- 夜晚街道不安全。

如我们所见，就像今日，在古代罗马城中想要到任何地方都是个问题：尽管恺撒在公元前45年颁布了一道法令，街道

拥挤街道的景观。罗马已经有许多现代问题：混乱的（行人）交通，小贩的摊子阻碍人行道。

上只允许公务车行走（我们早已提过这点），从黎明到黄昏则禁止私人交通工具通行。但就像现代一样，在古罗马，某些官员和特权人士获准使用他们的私人交通工具。换句话说，即使在那时，就已经有官方公务车。另一个问题则是大街小巷的噪音污染。下面是诗人马提雅尔对罗马的严重噪音所给予的描述："在罗马，一个可怜的家伙找不到沉思或休息之所。在早上，学校老师不会让你安静度日，在晚上，则是烤面包师傅，而铜匠的捶打声一整天不绝于耳。在这里，兑换钱币的人用力摇晃着他肮脏的桌子，桌上堆着高高的尼禄铜板……金匠用他闪闪发光的锤子锤打着西班牙黄金……贝娄娜（Bellona，一位女战神）的疯狂信徒从未停止他们的唱颂，被漂流木拯救的船难幸存者不断诉说他的故事；经过母亲训练的小犹太人永远在哀哀乞讨；满眼眼屎的木柴小贩总是在大声叫卖。"诗人尤维纳利斯附和他的哀叹，纳闷道："在罗马哪里有租屋可以让你安静入睡？只有坐拥豪宅的人才能好好入眠。"

今日，即使只是短程距离，想从罗马的某个地点抵达另一个地点也铁定要浪费许多时间；现代城市交通为汽车所拥塞和瘫痪。同样的情况也发生在皇帝时代的罗马，纵使让街道阻塞的不是汽车，而是行人。有些古代作家抱怨，他们无法在一个早上安排两个约会，因为他们所需行走的距离和花费的时间过多。

那时在城市里的外国人就已经是真正棘手的难题。尤维纳利斯甚至宣称，罗马已经遭到他们的控制，而从叙利亚的奥龙特斯河[①]

---

① 奥龙特斯河（Oronte River），源于黎巴嫩，向北流经叙利亚、土耳其，然后注入地中海。

所流进台伯河的水流“带来了他们的语言和服装、吹笛者和（叙利亚竖琴的）斜弦乐器、异国风情的鼓，以及被迫在马西姆斯竞技场附近卖淫的女孩”。你不可能不会从中看出，当代罗马所存在的斯拉夫和阿尔及利亚女性卖淫问题与之有着惊人的相似。就像在今日，你最有可能碰到移民和外国人的地方是火车站，在古罗马则是主要道路进入城市的区域，例如，从南方来的阿庇亚大道[①]和从西方来的欧斯提恩塞大道[②]。它们是从地中海东岸和非洲前来罗马的外国人的必经之路。外来者在布林迪西[③]、波佐利[④]和奥斯蒂亚海港下船，然后沿着这两条大道走到首都。显而易见，人数如此众多的外来者抵达罗马（甚至还有被大城市吸引的罗马帝国公民）只会使房价攀升；我们稍早时曾经提到，罗马的房价比半岛上任何地方都要高四倍之多。这情形导致贪婪的房地产投机买卖，大型公寓大楼像雨后春笋般纷纷冒出，它们建得又高又仓促，使用的建筑材料低劣，结果是，房屋倒塌之事时有所闻。尤维纳利斯对此大胆直言，他写道，这个城市“大部分是由脆弱又尺寸过小的横梁所撑起”。他宣称，“当管理员用灰泥修补墙壁上的一条陈年裂缝时，他命令我们乖乖安静睡觉，但塌下来的东西还是继续悬挂在我们的头上，晃动不已”。罗马某些地区街道上的垃圾和某些中东城市的情况很类似，你走在从瓶子到丢弃的豆荚

① 阿庇亚大道（Via Appla），古罗马最早和最重要的路，从罗马延伸至亚德里亚海岸。

② 欧斯提恩塞大道（Via Ostiense），罗马到港市奥斯蒂亚的道路。

③ 布林迪西（Brindisi），位于意大利南部。

④ 波佐利（Pozzul），那不勒斯省的港市，位于意大利西南。

所形成的各种垃圾“层”上。“一边是一位长了疥癣的肮脏老妇，另一边是身上覆盖满烂泥的猪。”哲学家贺拉斯这般写道。最后，一旦入夜，街道就变得不安全，这在今日仍旧是个治安问题。然而，幸运的是，现今这个问题似乎不如古代严重，就那时来说，倘若尤维纳利斯写的是真实情况的话，“如果出门吃晚饭而没有先立遗嘱……你会被视为一个粗心大意的人！”

11:00

奴隶市场

值此之际，我们已经在城市里闲逛好一阵子了，现在正走近一处广场。我们看见它位于街道的尽头。它不怎么大，但从我们身边的热闹和喧嚣判断，可以想象广场上正在进行着某种不寻常的活动。我们用力挤过人群，越往前走，越是困难，就像我们在牲畜市场时一样。突然间，我们看见一位穿着得体的男人朝我们这边走来，他边走边推开挡在他前面的人。他矮小粗壮，态度粗鲁无礼又傲慢。我们猜想，他应该不是一位贵族，比较可能是位已被解放的奴隶，他的态度比他以前的主人还要蛮横。我们惊讶地看见，他用绳子拉着个人在他身后走动。一位英俊年轻的金发男子长得高大结实，身上只系了一条缠腰布。那个矮小的胖子不断转头往后望，狂吼着要他走快点，用一根类似鞭子的拐杖威吓着他。那位年轻男子应该可以在一秒钟内制服他，他俩之间的体格差异显而易见。但他却没有反抗，他的双手被捆，表情沮丧不已。他默默加快脚步，与我们擦身而过。他的眼神里只有认命和对其命运将如何发展的期待。他显然是位欧洲野蛮人，但我们很难判断他来自哪个边陲地带。他也许来自莱茵河上游，或是多瑙河附近，或是新近征服的达契亚，谁知道呢？我们唯一能确定的是，我们知道自己现在所进入的广场正在发生什么事了：这是个奴隶市场。

我们现在正要探索的世界对我们而言很陌生，但在整个人类历史上，它却是所有文明的一部分，从中国人到阿兹特克人都不例外（阿兹特克人在市场中保留一块特定区域，贩卖要用来做活祭品的敌人）。在欧洲，奴隶制度早在罗马时代之前便已存在，数个世纪以来，它持续到罗马衰亡，直到文艺复兴时期之后。到了某个阶段，基督教徒禁止了奴隶制度，但它继续存在于其他社会里，比如伊斯兰社会。

我们越走越近，一个场景逐渐在眼前展开，使我们目瞪口呆。等着被贩卖的奴隶在一长串木头看台上展示，如同水果摊上的水果般排成一排。但这里的货物是人类。里面有男人、女人和小孩。他们的脖子上都挂着一个牌子，上面写明他们的特征，仿佛他们是超级市场里的酒或橄榄油。奴隶贩子以寥寥几个难以想象的粗野字眼说明他们的国籍、品质，甚至是某些缺陷。“努比亚人，身体强健，吃得不多，不会惹麻烦”；“高卢人，面包和糕点厨师，但能干任何活，一双眼睛是瞎的”或“学识丰富，会说希腊语，曾在东方的显贵家庭里服务过，是教授哲学或在晚宴里背诵诗歌的理想人选”；“达契亚王子的女儿，是个处女，可做女仆或替你暖被”。有多少这类牌子上说的是事实？罗马人知道，你不能信任奴隶贩子，因为他们为了赚钱会做任何事，尽力掩饰奴隶的缺点，哲学家塞涅卡还说他们会“用某些手段隐藏不讨人喜欢的地方”。

奴隶们往往都面无表情。在红色或黑色卷发的围绕下，他们眼眸中没有一丝反抗、愤怒或沮丧的痕迹。但每个奴隶背后都有一个他们是如何被带来此地的悲惨故事，现在他们认命地等待着。许多人被恐惧的面纱所围绕。他们深知以前的生活已经永远结束了，而在接下来的几分钟内，他们的人生将转向另一个也许是决定性的新方向。但他们会变成什么？他们最后会成为一位贵族豪邸中的仆人吗？这个前景说来还不错，因为撇开可能的性剥削不说，如果主人是显赫人士，他们不仅有希望在某天重获自由，还能得到许多好处。但他们的前途也可能大大不同，那就是说，倘若他们最后是被卖进商店的话，他们就得在以前也是奴隶的主人的命令下整天来回扛着重物。还有更凄惨的命运，那就是沦落到妓院。这些奴隶原本出生在具有特定社会经济地位的家庭，遵循某些社会规范被抚养长大，却在一夕之间沦为纯粹的性工具，被使用到“破烂”或“消磨殆尽”（精疲力竭、染上恶疾或年华老去）为止。但还有更悲惨的下场呢，有的奴隶最后被卖到采石场或某些富裕贵族的乡下农庄里。每个人都知道，乡下奴隶的生活最糟糕，食物稀少，频频挨打，被剥削到生命画下句点为止。

我们看着这些生命的买卖，仿佛它是种人生的盲目抽奖。我们从一个看台走到另一个看台，我们被残酷和毫无人性、只该在牲畜市场出现的景象震慑得哑口无言。在某个看台上，一个奴隶贩子扳开奴隶的嘴巴，让买家检视他的牙齿并闻他的口气。另一个奴隶贩子则在肥胖、冒着汗的买家那猥琐的眼神下，捏了捏一个女人的乳房，抚摸她的小腹。还有另外一个奴隶贩子，为了示范他所卖的奴隶身强体健、力量无穷，竟然击打起一名高大条顿人[①]的肩膀和胸脯，并揉搓他的大腿和小腿。

我们听到的对话应该不至于使我们太过惊讶。

“看看这个英俊的小子，他可以干一辈子的活。”

“他眼睛有问题，我不想买他。”

“把她转过来！让我们看看她的屁股！”

“这个可以做抬轿的奴隶。你瞧，他身高合适，而且像其他人一样是金发。”

“我要深褐色头发的。我告诉过你。我的主人不喜欢这些苍白的金发奴隶。”

“他不贵，我卖你的是公道价。努比亚人这阵子可不好找。”

“这个在搬了第三个瓶子后就会倒下来。你看不出来他太瘦了吗？”

“不，不要那个。我比较喜欢这个。他要卖多少钱？”

“把他前额的刘海拨开。你瞧，我就知道。他额头上烙印着F大字！我不是跟你说了吗？他逃跑过！”

（在罗马时代，一个逃跑后被重新抓到的奴隶会在额头上烙印“fug”，意味着逃跑者，如果他是小偷的话，则会被烙印“fur”。）

我们持续在广场上漫步，穿梭在买家、卖家和新近成交的奴隶之间。奴隶买卖公开在几种地方进行：在广场区以及商店

① 条顿人（Teuton），日耳曼民族的一支。

内。规则很简单：就像在任何市场里一样，你得审视货物，评估品质，然后讨价还价。

依日子的不同，奴隶市场往往贩卖不同种类的奴隶；某天专门贩卖适合重度劳动的强壮奴隶，隔天则贩卖职业奴隶——面包师傅、厨师、舞者、按摩师等；再一天则贩卖男孩和女孩，他们是家仆和宴会（以及其他消遣）的理想人选。然后有专卖畸形奴隶的日子或区域：他们是侏儒、巨人和身体有缺陷的奴隶，可供不同的用途。

奴隶的世界

在奴隶市场里，我们最能看见罗马世界主义的一面。奴隶来自帝国最偏远的地方，甚至超越帝国边界，他们属于各式各样的种族团体。我们要特别指出，有趣的是，帝国里并不存在种族歧视，没有人因肤色而遭到歧视。歧视是因社会地位产生的：视你是罗马公民、外国人还是奴隶而定。

奴隶市场受到高度的法律规范。奴隶贩子得为进口和出口执照付一笔钱，还得付交易税。罗马人往往看不起这些奴隶贩子，而他们多半来自中东。但他们是如何取得所贩卖的奴隶的？有各种来源。有些人出生就是奴隶。如果你母亲是个奴隶，她的主人便可随意处置你，因为你生来就是他的财产。他能留下你，或把你卖掉，赚点小钱。从这方面来说，拥有许多奴隶的罗马人仿佛有自己的“繁殖场”，向市场提供货源。

尽管如此，大部分的奴隶出生时是自由人，他们可能来自帝国境内或境外，后来才沦为奴隶；他们是罗马帝国卖给私人奴隶贩子的战俘（即使在和平时代，帝国总有某处进行着军事活动，每个军团后面都跟着准备好要购买战俘的奴隶贩子）。许多奴隶被奴隶贩子从帝国境外带进来，远自东欧、亚洲或非洲（就像在比较近代的世纪里，奴隶从非洲被带到阿拉伯半岛和欧洲的富裕宫廷，或有钱的美国人的豪宅和农场）。来源之一还有被定罪的犯人，以及被抛弃在街头的小孩，后者被一些厚颜无耻的人抚养长大，然后转手卖为奴隶（被罪犯或海盗绑架的小孩也有类似的命运）。

最后，也有一些普通人因负债过重，而被债主卖为奴隶。虽然在这些例子里，法律对他们的规定与一般奴隶有所区分。

也有另一种令人惊讶的奴隶制度，我们姑且称之为“自愿为奴”——某些出生自由的人会因太过贫穷而愿意卖身为奴。

如我们稍早讨论过的，城市奴隶和乡村奴隶之间有着巨大差异。前者较少受到虐待，因为主人不想在需要卖掉他们时，卖不到高价。但乡村奴隶的生活就不是这么一回事了。他们的生活非常艰辛。他们都得听从一位前奴隶的命令，其代理主人掌管财产或农场。就主人的想法而言，不工作的奴隶就没有生产力。因此奴隶的所有时间都得奉献给工作，他没有时间休息、放松，或享受些许亲密关系。

在这些名副其实的集中营里（从这个角度来说，别墅是强迫劳动营；只要举奴隶的住所被称为“一辈子的监狱”此例便可见一斑），奴隶没有自由结婚的决定权，必须由工头决定他是否能结婚，以及和哪位伴侣结婚。从这方面来看，奴隶和母牛或狗并没有太大不同。或者，我们可以更精确地说，奴

奴隶贩子以寥寥几个粗鄙的字眼，注明奴隶的国籍、品质和缺陷。在几秒钟内，奴隶的命运将永远改变。

隶和动物间的差异很小，我们可以用几个字眼做总结：一个会干活的牲口被界定为会发声的工具，而一个奴隶则被界定为会说话的工具。唯一的差异只在于奴隶会说话！

拥有许多奴隶是富裕的象征。一般公民的私宅里通常有5～12个奴隶，但从来不会超过20个。尽管如此，有些贵族在城市里可能拥有多达500个奴隶，而在他们罗马城外的农庄里可能还拥有2000～3000个奴隶。

显而易见，还有城市或国家拥有的公共奴隶，以及皇帝的奴隶。他们从事各类公共活动，比如，在浴场、消防局、粮食仓库、配给单位工作，或者参与造桥铺路和其他公共工程。

尽管如此，这类奴隶中有许多人受雇于公家机关，他们负责行政事务和财务。在这类例子里，这些奴隶能读书识字，至少受过基本教育。因为这样，他们受到的待遇好过农田劳工或码头搬运工人这类奴隶。

这些奴隶维系了罗马的经济运作，但法律并不将他们界定为生物，而是物品。他们的主人可以随意处置他们，甚至取走他们的性命。至少在一个例子里，他们逃不过死亡。根据一条后来遭到废止的旧法条，如果一个主人被他的一名奴隶杀害，那主人所有其他的奴隶都会连带落入被处死的命运，因为他们显然没能保护主人，甚至没有提前告发。如此一来，你便可以想象在每个多穆斯里工作的奴隶之间的气氛……

除了在几个少数案例里，国家通常完全不会介入主人和奴隶之间的关系。这是个封闭的世界。主人可自行决定是否要和奴隶维持友善关系，或只想尽情剥削他们。法律也不会介入。换句话说，法律如果介入的话，那就像是国家插手阻止人们虐待家电用具或割草机。主人能决定他是否要折磨、杀害自己的奴隶，或砍断他们的手脚。

但难道就没有人抗议吗？许多人发出不平之鸣，比如哲学家塞涅卡或斯多葛派[①]，他们相信奴隶是人类，而非物品，必须给予其人道待遇。尽管如此，由于奴隶对帝国的经济和财务极为重要，没有人相信能废除奴隶制而不动摇国本。但无论如何，奴隶的遭遇随着时代演进仍然获得逐步改善。

尽管在共和体制下，奴隶的处境真的很不堪，但到了帝国统治时，历经数个世纪的改善，奴隶开始得到一些还不能说是“权利”，但可算是人道的某些“特许”。例如，他们可以存下赚来的钱以在日后为自己赎身，而根据某种奴隶婚姻法规，他们也可以自由结婚（尽管他们的小孩会成为主人的财产，永远是奴隶）。奴隶受到非人道对待的概率将会降低，后来还立法禁止主人杀害奴隶。但无法改变的是一些小习惯，比如将奴隶租给商店、面包店，或城市里的另一个行业以侵吞奴隶的薪水。即使身为穷人，这种不费吹灰之力就能赚到的钱也能让他在罗马勉强生存下去，你所需要的只是一或两名奴隶。

反之，对富裕的主人而言，可以对奴隶做某种投资。你将一笔创业金拨给一位特别有才能的奴隶，也许是替他买一家店，或是帮助他在他一定会赚钱的行业里创业。奴隶当然会有兴趣让自己的生意兴隆，因为这样他就能比其他奴隶拥有更好的生活，并赢得主人的器重，而如果他最终能获得自由（倘

---

① 斯多葛派（Stoics），公元前3世纪早期由芝诺（Zeno）创立的希腊哲学学派，主张禁欲，视平静为美德，并相信命定论。

若他得到主人的器重，这点非常有可能办到），他便能独立自主，为自己争取到某种社会地位。

但你如何在罗马街道上辨识出一位奴隶？这并不容易，历史学家阿庇安[①]也为我们确定了这点。奴隶在外表上看起来和自由人并无二致。他的五官和种族特征无法帮助我们辨识他是否为奴隶，这部分是因为许多罗马公民以前是奴隶，或他们是奴隶的后代。因此，你得观察他们的衣服，它通常比较朴素，并要注意某些细节。奴隶往往在脖子上挂有牌子（甚至套了固定的项圈），就像我们今天对待猫狗一样。牌子上写有名字，有时还会写明将他们送回给原主人的赏金价码。考古学家在奥斯蒂亚（位于狄安娜大道）的一家商店里发现一只正要放在奴隶脖子上、然后加以焊接的项圈。项圈上写道："抓住我，这样我才没办法逃跑，我正在逃跑。"

另一个挂在一个青铜项圈上的牌子，如今则是戴克里先大浴场罗马国家博物馆馆藏的一部分，上面有铭文写到，你若将奴隶归还给一位叫作佐尼诺的主人的话，将会得到一索度斯（soldus，君士坦丁大帝时期制造的金币）的赏金。这个奴隶所生活的年代在我们现在所探索的时代很久之后（300～500年），但这习俗显然在整个帝国时期都未曾改变。

我们边挤边走出奴隶市场，刚好看见被一个男人带走的一个女孩泪眼汪汪的神情。命运之神眷顾着她，但她还不知道这点。她不会去那种小妓院，而是要在一个富裕家庭工作，这家人会在她的社会地位的限制内，给予她适当的尊重。我们观察

---

① 阿庇安（Appianus，95～165），古罗马历史学家。

她的脸，她杂乱的头发，还有她在看台上被冷酷展示的小女孩般的身躯，不禁问自己这个问题：她能重获自由吗？也许能，如果她够幸运的话。

实际上，许多奴隶经由解放重获自由。解放的方式很多。主人可以写一封信正式宣布，或立遗嘱交代（这事极为常见）。或者，主人可以去到位于图拉真广场上，搬迁至乌尔比亚巴西利卡（Basilica Ulpia）中的古老“自由之家”（Atrium lbertatis）里，在户口普查的名单上将奴隶登记为罗马公民。从这一刻起，这名奴隶便重获自由，得到罗马公民权，自动享有每位罗马公民所有的公民权利，也就是说，享有和他主人相同的权利，但在法律上，他每年仍必须提供给主人一些时日的免费劳动。主人成为他的保护人，这些义务劳动则被称为工作。

毫无疑问，在罗马和帝国全境内，被解放的奴隶的生活比自由的外国人还要好些。

解放是罗马社会真正的生命线，因为它使罗马社会得以不断增添新的公民（而他们都有往上爬的强烈动机）。法律鼓励个人解放，同时也阻止群体解放，我们很容易便能了解其中的道理。奥古斯都时代的一条法律限制了遗嘱所能解放的奴隶人数，借此确立被拥有的奴隶和被解放的奴隶人数之间的比率；这条法律规定，在任何情况下，被解放的奴隶人数不能超过100名。事实上，我们就知道，拥有大约1000名奴隶的小普林尼[①]便在他的遗嘱中解放了100名奴隶。

① 小普林尼（Pliny the Younger，61/62～113），希腊悲剧作家和诗人，最著名的作品为《书信》。

从那一刻开始，前奴隶的生活产生巨大改变。他们往往很幸运，人生宛如遵循《朝代》[①] 的剧本而上演。我们从铭刻在墓碑上的名字得知，某些古老罗马家庭在经济困难的情况下，会和这些新近富裕的前奴隶联姻。前者获得经济改善，权力得以稳固，后者则得到高贵血统的庇护，这在他们攀爬社会阶梯的过程中至为重要。

当我们在图拉真治下的罗马城里漫步时，就在几公里远处的奥斯蒂亚，有一个这种结盟的显著例子正在形成。卢奇利奥·伽马拉的老辈家族一直将财富建立在土地和农业生产上，却眼见自己的财富逐渐衰微。实际上，在图拉真建造新海港后，这城市的经济结构突然转变：一个与商业有紧密关系的新阶级兴起，来势汹汹。

因此，普布利奥·卢奇利奥·伽马拉决定采取大胆的一步，我们可以想象，他必须不顾家族中无数较为保守成员的极力反对。他与敌人联盟，或确切地说，他成为某位西涅欧·森齐奥·费利切的养子，后者为被解放的奴隶的移民后裔。他是个新人，一位真正的当地“大亨”，想成为政治和商业界的领导角色，追求未来的远大前途。现在他俩的势力都因此变得更为强大。

试图了解罗马的奴隶制度

一个像古罗马如此成熟，高度发展和先进，致力于法律，追求哲学和艺术之美，并在人类创造力的每个层面都留给我们

---

① 《朝代》（*Dynasty*），20 世纪 80 年代红极一时的美国电视剧。

伟大杰作的文明，怎么会想出和接受展现这般残酷的人类关系的奴隶制度呢？如同我们所讨论过的，部分原因在于，罗马人深知，没有奴隶，他们的世界会立刻分崩瓦解。无论如何，罗马社会是个科技社会，但它仍存在于工业革命前，从这方面来说，它唯一的能源就是人力，它尚未研发出能取代人力的机械。因此，它需要奴隶。何况，为什么要废除奴隶呢？他们的劳动价码低廉得不得了（或在最糟糕的例子里，他们的薪水与他们的用处根本不成比例），而作为能源的来源，奴隶在理论上是取之不尽、用之不竭的。

在帝都罗马作为奴隶真的是天底下最悲惨的事，这是我们所无法想象的。当然，在现代，我们有诸如斯拉夫或阿尔及利亚妓女的人口贩卖，或孩童被迫乞讨或沦为娈童等问题。但这些都是例外，并被归类为非法活动。

相反，在整个古代世界里（不仅仅是在罗马），奴隶普遍存在。为了了解图拉真时代罗马奴隶的苦难境地，我们必须试图进入那个时代罗马人的思维。不妨想象家畜的生活，比如狗或猫，这也许能帮助我们更接近他们的想法。不是因为我们也在他们的脖子上套上项圈，而是因为我们对他们的生命拥有绝对权力。我们买卖它们，阉割它们，我们贩卖它们的后代（就像罗马人对待他们的奴隶一般）。反对虐待动物的运动的确日益高涨，我们已经制定“虐待动物”的刑罚，并处以相当严重的处罚。但这是相当新近的概念，而且是社会越来越富裕所造成的结果（现代人能提供宠物越来越精致和昂贵的食物和玩具）。

但我们或许可以举个更好的例子：电器用品和科技创造出

来的便利使我们的生活更为舒适。实际上，我们在家里所使用的家电用品便执行了在过去由仆人或奴隶所完成的相同工作。从某种方面来说，科技已用机器人取代了奴隶：

·洗衣机取代了洗衣女仆；

·瓦斯炉、微波炉、烤面包机、果汁机和电动搅拌器取代了俯身在炉灶上为主人准备食物的厨师和奴隶；

·水龙头取代了去喷泉用水桶打水的奴隶；

·冲水马桶取代了必须执行这项任务的奴隶；

·冰箱取代了将冰运至房舍的冰工；

·洗碗机、吸尘器和地毯除尘器取代了负责打扫房子的奴隶；

·热水器取代了提房舍或浴场热水的奴隶；

·电灯泡使得负责点灯的奴隶变得多余；

·中央暖气系统取代了负责火盆的奴隶；

·电视、收音机、CD和DVD放映机取代了为主人提供娱乐的奴隶（如七弦琴手和鼓者、哑剧演员、舞者、朗诵者和诗歌背诵者）；

·打字机和现代的电脑取代了抄写员和秘书，例如，像老普林尼所拥有的奴隶那样，他对他们口述信件和著作，而他们则为他朗读他想研究的书籍；

·汽车取代了轿子（以及轿夫），头灯则取代了守灯人（为主人照亮道路的奴隶）；

·吹风机和电动脱毛器取代了许多负责个人卫生和美容的奴隶的工作……

当然，上述许多工作是由同一位奴隶执行。但你只消想想，我们每个人家中有多少电器和机械“奴隶”即可！倘若你认为一般富裕家庭所住的多穆斯里，拥有 5～12 位奴隶太多的话，不妨看看自己的情况，你就会发现你和这平均值相去不远。那是电器用品的真正用途：人造奴隶。它们是我们在商店中精挑细选后买回来的物品（现代版的奴隶市场），我们常常毫不在意地使用它们，在它们发生故障时残暴地对待它们，也往往不把它们当一回事。最后，如果它们坏掉或过于老旧，我们就把它们扔掉，去买新的（还大大抱怨价钱）。我们可没人为此良心不安而失眠。

这情形在古代世界里没什么不同，只是他们的奴隶不是马达和晶片，而是活生生的人！

我想这是进入罗马人思维的最佳方式。我不是要为这习俗辩护，我只是想了解它。有些学者甚至研究得更为深入，对汽油和奴隶所能提供的能源量进行换算。结果他们发现，一瓶汽油相当于 50 名奴隶连续拉一台小车（如 Smart 车款）两小时所需的能量。

还不止如此。一项类似的估算得到一个结论，家电插头提供给我们相当于 30 个奴隶的劳动能量。插头遍布家中各个角落，这些隐形奴隶史无前例地使我们的生活方式起了革命性的转变。而这样的变化基本上只发生在短短两代之间。我们视此为理所当然，因为我们出生在早已有电灯的房舍里。但今天 75 岁老者的上一代，其成长方式与过去几个世纪的人（包括罗马人）并无多大不同：他们使用油灯、马车、水盆，而非淋浴和浴缸等。

因此，我们开始了解，我们的社会因科技而有多大的转变：舒适、闲暇时间、灯光、音乐等都是科技进步的直接后果。

我们视日常生活的许多层面为理所当然，或将它们视为社会运动的结果，实际上，它们都是可用能源的副产品，包括女性的解放。没有能源和科技的话，女性可能仍然处于她们曾祖母所处的境地——几乎全是文盲，每天被迫在农田里辛苦劳动，用双手洗衣服，去井边打水，洗碗盘，在火炉上煮饭，在油灯的照明下修补衣服，不断地生小孩（因为婴儿死亡率如此之高）。

我们还要提一个最后的考虑：罗马这奠基于奴隶制度的系统能在今日运作吗？答案是否定的。这并不全是因为文明社会的法律和规则，也有实际的理由。奴隶制度在像我们这样的社会体系中不仅并不怎么管用，还可能会阻碍生产力。为什么呢？

首先，如果一位现代企业家打算像罗马人那样雇用奴隶，他还得提供他们吃住和医疗照顾。在这个奠基于灵活变通和追求利益的时代，没有企业主能为他的企业承担如此沉重的经济负担。奴隶制度只能在两个条件同时具备的情况下运作：奴隶处在非人道环境，以及主人拥有巨大财富和权势。这两个特点是过去社会（甚至是在较为近代的过去，比如美国内战前的南方）或当代社会，受到古代文化或极端贫穷和剥削宰制的特征。

其次，奴隶制度在今日无法运作的原因在于，它会排除许多潜在的买家和产品的消费者。由于工业体系的运作需仰赖庞大的消费者，倘若收入的广泛成长没有创造出市场需求，这体系便会崩解。因此，工业发展便逐渐终结了奴隶制度。

我们因此可以下结论说，我们的世界和罗马世界的巨大差异之一在于生产体系：我们的世界奠基于科技，而罗马世界仰赖奴隶制度；我们的世界复杂而深具弹性，但他们的世界则古老而食古不化。这两种体系无法同时并存，你只能选择其中之一。我们显然也能在我们所探索的街道上感受到这份差异。我们为某些吼叫声所吸引，驻足在一家商店前。就在我们眼前，一位前奴隶正用力打着他的奴隶——一个年轻男孩的耳光。不知道这位奴隶做错了什么事，但他所受的连番侮辱让我们心情大坏，他还被用力踹了好几脚。尽管如此，最让我们惊讶和感受深刻的是路人的漠不关心。当然，有些人是假装没看到，因为他们不想蹚这浑水（就像在现代也会如此一样），但更有可能的是，这份漠然是源于习以为常。奴隶所承受的羞辱和暴力虐待是正常的日常生活的一部分。大部分的人在目睹这一幕时，可能都像在家里一样，佯装冷漠。

与维斯塔见习女祭司的短暂相遇

有那么一阵子，我们穿越门廊、拱门、装饰着雕像的小广场，在等着从喷泉取水的人群中杀出条血路，或与短短的宗教仪式队伍擦身而过。人们都似乎朝着相同的方向走去。因此，让我们随着人潮向前走吧。我们现在正在经过的城市部分以帕拉蒂尼山和卡比托利欧山为界，我们知道它通往广场区；这解释了街道上的人潮为何都往那边走。

现在，群众开始走进一条长长的大道，两旁是非常高大的建筑，使得这儿简直就像座史前峡谷。它是伊特拉斯坎街，以这地区的古代居民命名。这条街颇具盛名，任何人都耳熟能详。尽管如此，奇怪的是，到处都看不到街道的名称。的确，古罗马不像现代有街道标志或建筑号码。但居民知道到哪里怎么走，因为他们熟悉罗马的地理，可是对初来乍到的人来说，在没有任何帮助或某些标示可供遵循的情况下，想要找到朋友或街道并不容易（“想找到你的朋友，你得走到有座这个或那个雕像的那个广场尽头，然后有条街会引导你到某个喷泉，在喷泉对面有个公寓大楼的入口，进去后爬楼梯到四楼——他就住在那里”）。这也许会让你很惊讶，但这类指示在今日许多现代城市里仍可听到，尤其是在日本。

话说回来，我们现在看见一位邮差，正逆着人潮往我们这边走来，他的任务是挨家挨户递送信件或文件（它们通常是以蜡封的卷轴或用布包起的写字板的方式寄送），这些邮件装满了他的袋子。他似乎很能认路。事实上，罗马邮差熟悉当地路况，尤其是人们的地址。他的名字是普力穆斯。他是位被解放的奴隶，似乎以他的职业为傲，和他过去的奴隶身份相较，他现在的社会地位真的是高了很多。他甚至将把这写在他的墓碑上，后人会于现在梵蒂冈的圣罗莎大公墓中看到它，这座公墓专门埋葬奴隶和被解放的奴隶。

街道越来越窄，群众令人窒息。人们不断踩到我们的脚趾或和我们相撞。因此，我们决定转进一条通往平行街道的小巷，那儿的人潮显然没那么拥挤。我们一转进那条街道就发现，自己已经加入了某支宗教队伍。许多人正唱着宗教颂歌。

我们往前走时被汹涌的人潮困住，注意到我们正沿着一座巨大神庙的一侧向前走，神庙雄伟壮观，挺立在蓝天之下。这表示我们已经非常接近广场区了。

在我们跟前有辆马车，那是少数被允许在白天的罗马街道上行进的马车之一。它显然得到特许。我们看到街道上的人群自动让出路来让它经过，因此，我们推测，里面的乘客一定是相当重要的人。马车前甚至有个小型队伍，队伍中有人拿着宗教标志，还有乐师演奏，我们瞥见其中有几位随扈。仪式队伍散发着庄严的气势。到底是谁呢？我们实在看不出来——窗户被厚重的帘幕遮住了。事实上，它是辆有顶马车，类似距现在几个世纪后的街道上所会通行的公共马车和四轮马车。唯一不同之处只在于它不是用来载送一般大众。它的色彩、镀金雕像和装饰的花环处处都显示，它被用来作为仪式交通工具，而乘客则是城市生活中最尊贵的人。

这辆有顶马车抵达一个小小的开放空间。就在它旁边，在一道高大的护墙之后，屹立着一座优雅的圆形神庙，一缕轻烟从神庙顶端袅袅升起。柱子间的空间被玻璃板封闭。神庙看来像灯塔顶端，在它阴暗内部燃烧的火发出的闪闪火光更加强了这个印象。警卫驻守在神庙周遭，这是此地作为罗马重要地域的另一个表征。

马车现在停下来了。警卫和仆人用身体组成人墙，将旁观者挡在一段距离之外。车门打开，反射在玻璃板上的阳光刹那间发出一道刺眼闪光（安装着玻璃板的车门极其罕见）。第一位走出来的乘客是位戴着头纱的老妇人。然后，一位娇小的女孩被人搀扶着走出来，她看起来不到十岁，穿着过大的衣服，笨拙地走着。

突然间，谜团解开。这座圆形神庙是维斯塔[①]处女的神庙，而那些象征，也就是马车上的镀金雕像，则是女祭司的象征。司铎神学院的老者搀扶着的小女孩是位见习女祭司。她来自显赫的贵族家族，在经过精挑细选后被大祭司图拉真亲自选中。在数天前一个重要的仪式中，进行了各项盛大流程。今早，这女孩离开家再也不会复返，现在正要进入和神庙相连的修道院，开始一种罗马最尊崇的精神与宗教见习生涯：成为一位维斯塔女祭司。

---

① 维斯塔（Vestal），罗马的女灶神。

跟随着马车的群众恭敬地闪到一边，以极度尊敬的眼神看着小女孩。有些人做出夸张的宗教姿势。的确，尽管她很年轻，但她是被选为守护罗马圣火的人之一，这道象征罗马（和罗马帝国）命运的圣火，在那座圆形神庙内永不止歇地燃烧着。

等待着她的人生将非常近似于修道院修女的生活。实际上，维斯塔女祭司在不到十岁时便被选中。然后，她们得见习十年，执行宗教职务十年，最后再教导新见习生十年。她们沐浴在荣耀中并受到所有人的极高崇敬（她们在观赏表演时甚至有贵宾席可坐），她们得主持罗马最重要的典礼、献祭和仪式。她们还有守护重要圣物的职责，比如说，帕拉狄昂（Palladium），或说是从特洛伊带来的雅典娜女神木制雕像，罗马人相信它是由埃涅阿斯[①]亲自带来罗马的，保持这座雕像的安全才能确定帝国的存续。

但就我们所知，维斯塔女祭司最重要的职责是守护圣火，让它持续燃烧，免于熄灭。除此之外，她们还得在执行宗教职务期间保持处女之身（一旦职责结束，也就是她们差不多40岁时，她们便能自由结婚）。

如果圣火熄灭，或是女祭司失去贞操，处罚将极为严厉。她的爱人将在广场上被鞭打至死，她将遭到杀害，但法律规定不能流一滴血。因此她将遭到活埋，被关在一间地下牢房，只给一条面包和一盏油灯。这个名副其实的坟墓，名字则恰如其

① 埃涅阿斯（Aeneas），为希腊罗马神话及历史中的重要角色。据说从埃涅阿斯从特洛伊逃出后，建立了罗马城。

分：邪恶场（Campus Sceleratus）。

总而言之，那位现在正消失在维斯塔修道院大门后的小女孩，是为罗马牺牲了自己。在那扇门后，于有着大型内院的修道院建筑里，等着她的是禁锢的生活。围绕着建筑物的双门廊装饰着最受尊崇的维斯塔女祭司雕像，修道院看起来和中古修道院没啥两样。在未来的30年间，这里将是她生活的世界。尔后，大门砰然关上。

| 奇闻 | 罗马各广场简史

你看着广场区的辉煌大理石列柱和建筑物，不由得为它们所展现的精美和雄伟所震撼。每个人都对罗马广场和帝国广场耳熟能详，却并不熟悉它们的历史细节，即使这些广场已远远超越罗马时代，屹立了一千多年。它们也许值得我们做个短暂的历史回顾，如此我们便能更加了解所要探索的区域。

最初，在公元前10世纪和公元前9世纪，广场区只是片湿软的沼泽，是非常不卫生的地区，蚊虫满布，维拉布鲁恩小溪(Velabrum)流贯其间。在那时，它是埋葬第一批罗马居民的遗体之处，这些居民生前居住的木屋位于卡比托利欧山和帕拉蒂尼山山巅。没有人能想象到它后来的巨大改变。数个世纪后，构造卓越精巧的大排水沟①让整个地区焕然一新，引开了不断堆积在山谷里的脏水，使得在此地区铺上硬土变为可能，并标示了该地超凡历史的开端。它成为城市的政治和宗教生活中心，也是其经济枢纽，市场和商店逐渐进驻。几个世纪以来，新的建筑纷纷矗立，取代旧的建筑。罗马在公元前202年大胜迦太基后，成为地中海区域的主要枢纽，因此又添建了四座巴西利卡，并修复了已存的

① 大排水沟(Cloaca Maxiumus)，全世界最早的排水沟之一。

神庙。

共和时期结束后，罗马广场对罗马而言肯定已不敷使用，因为罗马此时有50万人口，管理的帝国疆域以数千公里为单位计算。因此，恺撒决定在它旁边兴建一个新广场。这只是个开端。在奥古斯都和其他皇帝治下，于接下来的150年间，接连兴建了五座广场。今日，我们统称它们为帝国广场，以和最初始的罗马广场区别开来。这些是恺撒广场、奥古斯都广场、（韦帕芗建立的）和平广场、涅尔瓦[①]广场，以及其中最美丽的图拉真广场。

整片广场群是逐渐兴建完成的，夷平了城里大约8.9公顷的土地，征用和拆毁了许多建筑，甚至夷平了连接奎里纳尔和卡比托利欧山丘的一片山腰。此方案规模甚大。想象五座建筑、小广场和雕像整齐排列的广场；你可以穿越分隔它们的优雅门廊和列柱，从一个广场走进另一个广场。它们因此形成一个单一、独特的大型广场，以灰泥、大理石和镀金雕像装饰……这里是帝国行政机关和司法部门的重地所在，这里是罗马的精神所在。

各广场在整个罗马时期都处于使用状态，直到608年佛卡[②]圆柱建成为止。这是最后一项兴建活动。然后中古时代来临，整个地区逐渐开始慢慢消失在尘土和菜圃之下，宛如一艘缓缓沉入大海的船只。更诡异的是，它的现代风貌，那一大片沟渠废墟，并非中古时代遭到掠夺的结果，反而该归诸文艺复兴时代的破坏。在16世纪，教皇尤利乌斯二世[③]发布一道命令，将这几座广场当成采石场来开採，而开采来的大理石和石灰华则全被拿来重建罗

① 涅尔瓦（Nerva，30～98），在位期间96～98年，罗马皇帝。

② 佛卡（Foca），东罗马皇帝。

③ 尤利乌斯二世（Julius II，1443～1513），在位期间是1503～1513年，致力于政教合一。

马的建筑物。目击者说，当时的神庙和纪念碑原本几乎全部保存良好，却在转瞬间就被掠夺和毁坏殆尽。仅在几十天内，构成罗马帝国心脏地带的那些建筑物，就这样消失在大家眼前。

许多人提出严正抗议，包括米开朗琪罗和拉斐尔，但毫无用处。柱子、柱头和大理石被运到烤炉内烧为灰泥，用来制造新建筑所需的砖块，或作为黏接砖块的胶泥。最后，它们就像原子弹一样，发生了文化大爆炸，仅余下废墟和建筑残骸，也就是今日数百万游客的镜头下所拍摄到的景象。这地区后来恢复了原先用途，成为供人散步的区域和动物吃草的牧草地，即无人不知无人不晓的法其诺广场（Campus Vaccinus），或母牛牧草地（Cow Pasture）。

11:10

抵达罗马广场

群众散开，三三两两地回到他们原先走的路上。我们前方的一小群人汇集起来，一起穿越一座有三个开口、由奥古斯都兴建的壮丽拱门。它们看起来像三张大嘴巴，接连吞噬一小群又一小群的人——现在轮到我们了。人群的密度阻碍了视线，我们看不见拱门后方有什么。但随着越来越接近拱门，我们可以感觉到光线越来越强。突然间，罗马广场的辽阔空间出现在我们眼前。这是个非凡的景象。

主要的色彩是亮白色，衬映在深蓝的天空下格外耀眼迷人。我们为巨大的广场所包围，感到不知所措。我们试图一眼望尽广场的所有细节，但这根本不可行，因为人们推挤着我们，有人还辱骂我们。这便是罗马广场。

该如何描述它呢？第一个会联想到的类比是威尼斯的圣马可广场，它由长长的门廊所围绕，广场中央的柱子上屹立着雕像，巨大的建筑高耸，人潮如织。

但两者之间还是有许多不同点。首先，罗马广场上没有圆顶（像圣马可大教堂上的圆顶），然而，取代它们的是无数像篱笆般排列在广场侧面的神庙。它们看起来像一长排大理石喷泉。

我们眺望大广场的另一边，景象更为壮丽。

得到的印象是，我们正在欣赏一座石化的巨大瀑布，广场似露台般依次落下。事实上，神庙群紧紧嵌入了卡比托利欧山山坡，仿若它们正试图集体攀上山头。这景观看起来像座冰冻的伊瓜苏瀑布[①]，两座有象征意义的神庙矗立在卡比托利欧山，如同一种古怪的景深配置方式（和意义）的起点：朱诺神庙位于右侧，而朱庇特神庙则位于左侧。

在我们的左手边，熙来攘往的人群在一座神庙的宽大阶梯上走上走下：那是卡斯托和坡吕克斯[②]神庙。这般的人潮并没什么特别；这里是制定汇率的地方，这倒解释了为何有那么多来来往往的兑换商和银行家。但这里也有许多刚做父亲的人，因为这里是新生儿登记之处。

一位看起来颇为机敏的男孩走近我们。他知道我们是外国人，并问我们是否需要帮助，他可以提供任何我们需要的东西。他认识好的律师，知道提供食宿的地方，甚至也知道在哪里可以找到价码公允的“伴侣”。我们对他所说的一切不感兴趣，但问他是否能带领我们参观广场，他一口就答应了。

我们走进广场，走在铺着白色石灰华的亮丽石板人行道上，人们来来去去，将它们磨得闪闪发光，清澈透亮。男孩停下脚步，指着要我们看一则青铜铭文，大部分的人在行经时都对它视而不见。上面有个名字——L. 纳威乌斯·苏尔迪乌斯，他是在奥古斯都治下铺设这条美丽人行道的地方长官。他说，

---

① 伊瓜苏瀑布（Iguaçu），位于巴西和阿根廷边界的瀑布。

② 卡斯托（Castor）和坡吕克斯（Pollux）是天上的“双子星”，此处指宙斯和勒达的双胞胎儿子。

这里在整个共和国时期是角斗士比武的地方，但记得这件事的人并不多。那时，圆形竞技场还不存在。他们会搭建临时的木制看台，人们来此观看比武。有时，他们甚至在看台上搭设帆布，为观众遮阳。那男孩说的没错，老普林尼曾经描述过一起类似事件，在恺撒治下曾出现历史上少见的闷热天气，那时便搭设了帆布盖。那男孩不知道的是，在距今 17 个世纪后，考古学家就在我们现在站立的脚下，挖掘出地下走廊，甚至还发现比赛中所使用的木制升降机的遗迹。

当他滔滔不绝介绍时，我们注意到身后的广场中央有三棵树：一棵葡萄树、一棵无花果树和一棵橄榄树。他说，它们是圣树，象征性地被栽植在广场中，尽管有人说它们是自己长出来的。

我们的导览旅行继续着。我们经过屹立在高大大理石基座上的精致雕像，上面雕的是骑着马的皇帝。对穿越广场、来去匆匆的人群而言，这是司空见惯的场景。在罗马时代，没有人只为了游山玩水而旅行；他们为工作、朝圣或家务而旅行。没有人会为了纯观光而去观赏金字塔、帕特农神庙、圆形竞技场或罗马广场。尽管如此，你总是会在这些地方碰到愿意为你做导览且收费低廉的人。

走到广场尽头时，我们发现自己面对着另一大群神庙，它们隶属不同的层级，男孩仔细地为我们讲解。但我们不在此逐一详述。

向导在讲解时，我们注意到其他令人惊奇之物。那男孩漫不经心地为我们指出一个可眺望广场的长露台。那是一座大型矮墙，装饰着被俘虏敌舰的船首。这些是演讲台。我们依靠在回栏上时突然发现，马可·奥勒留[①]就是在此发表哀悼恺撒的葬礼演说，数不清的电影里都上演过这一场景。这个广场融合了历史和建筑。

现在演讲台位于我们身后，我们望见前方有样奇怪的东西：一根镀金的大柱子。它像珠宝般在萨杜恩神庙[②]的脚下闪烁不已。这里是所有离开罗马的道路的起点：称为金色里程碑（the Melarium Aureum）。罗马和帝国主要城市之间的距离都铭刻在其镀金青铜的表面上。没有比这更能验证“条条大路通罗马”这句谚语的真实性，反之，我们亦可说，条条大路出罗马。

还不止于此。就在前方，甚至还有一个更具象征意义的地方。那男孩指着一栋小建筑物，“都市的脐带”，他说；换句话说，这就是罗马的中心。既然罗马是帝国的中心，那么这栋建筑便是整个罗马世界的中心。

然而，这栋建筑有着令人毛骨悚然的阴暗面。建筑物由两部分构成。上部是罗马的脐带，下部则是“世界”（Mundus），也就是活人的世界透过地面上的一条裂缝与死者的世界有所接触的那个点。男孩说什么也不肯靠近它。根据罗马历法，冥府的大门每年只打开三次。这些时候被视为凶日，而就在昨天，那道大门再度象征性地关上。但男孩不怎么放心。他担心还会有些地狱鬼魂在外面飘荡。

我们感谢他的导引，给他两枚阿塞铜币。他开开心心地

---

① 马可·奥勒留（Marcus Aurelius，121～180），在位期间是161～180年，罗马皇帝，即安东尼，也是斯多葛派哲学家。

② 萨杜恩（Saturn），农神。

离开（他现在应该相信凶日真的结束了）。我们转身面对广场，从这个制高点可以眺望壮丽的全景。我们俯瞰所有的纪念碑，只有现在，我们才能更清楚地观察到两座壮观建筑，它们标示着广场较长一边的尽头。它们巨大辉煌，有好几层的拱廊和柱子，顶端有一圈俯览广场的雕像。你想它们应该是什么？

它们是艾米利亚巴西利卡和朱利亚巴西利卡。“巴西利卡”这个词也许会造成误解。但这里并非神庙或供人膜拜的地方。它们只有民事用途。法院位于此地（有时，经济或政治活动也在此举行）。但巴西利卡里上演着什么戏码呢？

让我们去一探究竟吧。

从广场的人群中走向巴西利卡

我们回到广场，注意到此地的人潮永远那么汹涌。它是个不断转动、活生生的万花筒。这里真的是城市里最生机盎然的地区之一。然而，它也是个社会时钟。据诗人马提雅尔所言，广场最拥挤的时间大概是第 5 个小时（大约相当于早上 11 点）。因此人们常依据广场是半满、3/4 满或全满来订下约会时间。由于人们的行动非常规律，因此这些计算方式几乎都能与准确的钟点相对应。

广场也等同于罗马时代的日报：你可以在这里听到各路消息。你可以找到想要高谈政治的人，对最新的税法感到不满的人，还有一些知道政府工作机会内幕消息的人。然后，你会碰到某人，他的兄弟在军团里服役，他会告诉你某些军事活动的进展，你甚至会碰到一名士兵对你描述一场战役的内幕。更别提人们对即将举行的角斗士搏斗和战车比赛，或是社会注目的显赫家族的八卦消息议论纷纷了。总而言之，走一趟广场就像翻阅一叠报纸：有财经版、运动版、政治版和影剧版。

但罗马时代有报纸吗？答案是有的，但它不是今日我们所熟悉的形式。当时有所谓的“日常记录”，但这些其实是保存在政府档案室里的官报。而最有趣和最能刺激神经的新闻则在广场里流传。

广场有另一件令人惊诧之事：雕像和浮雕上都涂有颜色！今日，我们习惯在博物馆里看见它们展现大理石的自然色泽——也就是白色。真实情况是色彩随着时光更迭而褪去。倘若罗马人在我们的博物馆中看见它们，一定会对它们像褪色的T恤一般变得如此苍白感到吃惊。罗马人为他们的雕像上色，而且颜色亮丽缤纷：嘴唇是红色，脸是粉红色，长袍是蓝色、红色等。说老实话，我们很不习惯，而且在看到缤纷色彩时有点被吓到：上色后的效果很像天真派绘画①。

一种装饰在演讲台两旁的精致浮雕色彩鲜亮夺目。但相比它的色彩，我们更为它所传达的讯息感到不可思议。它显现出几年前发生在这个广场上的一个事件：免除税收！一些公仆在图拉真面前，搬来一堆堆的登记簿，上面记载着罗马公民必须补缴的税额。在广场里，那些登记簿全被烧掉了。想象所有关

① 天真派绘画（naïf painting），19 世纪交替之际的一种画风，为不遵循传统的自由表达方式。

系人大松一口气的模样。一场战争让这些人得以免于缴税。借由一场分为两大阶段的伟大战事，罗马不仅征服了新行省达契亚，亦掠夺了大批金银珠宝。这时的罗马正处于帝国征服外族的巅峰。

广场的人潮中包含各式各样的人。里面有游手好闲的人，也有想骗顿晚餐的人。这对我们来说也许是件怪事，但在皇帝治下的罗马，人们到最容易下手的地方探底，然后诱骗一位有钱人请吃晚餐，是很常见的事。

实际上，对有钱人来说，罗马广场是夸示其财富的最佳地点之一。就在此刻，我们看见两顶轿子经过。有位男性把手伸出轿子外摇晃着，手上还戴着引人注目的金戒指。那男人显然过着养尊处优的生活。另一顶轿子则展现了不同景象：轿子的帘幕打开，里面坐着一位穿着高雅的男人，眼神流露着贵族气息，头抬得老高，眉头紧锁。一位秘书走在他身边，恭敬地和他说着话。他显然是个受过教育的奴隶，能记住他们所碰到的人的名字、地位和有趣的八卦。简言之，他是一本活的旋转式名片夹，能告诉你在帝都罗马或密室交易的世界中举足轻重之人的底细，即使你还不认识他们。当轿中的男人听到一位正在穿越广场的男人的大名时，他惊得跳起来，命令轿夫抬着轿去找那个男人。轿子突然转向，轿头朝着那位不知名人士而去，双方即将不期而遇。

现在，轿中的男人离他的目标已近在咫尺，他叫出了那个正在走路的男人的名字，后者吃惊地停下脚步。他试图想起这个从轿子高处低头对他说话的男人的名字，但他什么也想不起来，他就是不记得了。这很正常，因为这两个男人从未见过面。但他是新就任的水利工程师，他负责今日奎里纳尔山麓地区的水道桥工程，他因为新职务的关系，注定将和轿中的男人变得更加熟稔。轿中的男人会借助礼物、晚宴邀请及所有的施压手腕，利用工程师的斡旋，从皇帝那得到他向往已久的水管，如此一来，他的宅邸中就会有自来水了。

11：30

朱利亚巴西利卡

我们朝着朱利亚巴西利卡走过去。长长的亮白色柱子和拱廊让它看起来像个巨大的恐龙骸骨。人们不断在其宽广的阶梯上走上走下。只有七道阶梯，但其宽敞的外观让它们看起来像是体育馆的大理石看台。

这些阶梯是在公听会或审判会举行前，人们主要碰面或约会的场所。触目所及，到处是三三两两聚集在一起的人们。我们可以辨识出律师，他们隐约散发着贵族气息，还有跟在他们身旁、腋下夹着厚厚一叠文件的助理。我们通常可以从警戒的眼神和担忧的表情中，轻松辨识出哪些人是诉讼委托人。这里比较像市场，而非法院。有些人则躺在阶梯上，无精打采地俯瞰着鱼贯走进广场的群众：他们是“应要求前来的证人”，他们愿意出庭作证的条件是丰厚的报酬。其他人则零零落落地坐在一起，将注意力放在发生于阶梯上的事；我们可以从他们的姿势判断，某些人正在给中间的那个人提一些建议，其他人甚至正在打赌。我们的好奇心被激起，于是走近点好看得更清楚。在证人之间，我们注意到两位对手正在玩像是西洋跳棋的游戏，而棋盘被蚀刻在阶梯的表面上（游戏的娱乐价值使得这种破坏行径受到容忍）。在许多现代城市里的公园和广场里也可以看到相同的场景，人们彼此挑战棋艺。

我们继续走上阶梯。我们碰到一位正在走下阶梯的男人，他穿着抢眼的华丽紫色长袍。不知他是打哪儿弄到那件长袍的：对他来说，它显然过大。他身材消瘦，脸颊凹陷，顶着染得很不高明的黑发；他小小的眼睛里闪烁着仰赖各种法律花招存活的市侩和狡猾。一群人紧跟在（或更确切地说，是紧追在）他的身后。他们连番询问他，拉着他的长袍，最后终于迫使他停下脚步。我们恍然大悟，他是个律师，而追他的人是打输官司的委托人。他们愤怒地要求他做出解释。他们从律师回答的腔调和试图躲避他们问题的口吻，了解到他们委托这名律师处理自己的案件是犯了大错。他根本没有能力打赢官司！

人们开始火冒三丈。我们停下来观赏，有些人也停下脚步加入我们。“看那些被拔毛的鸡”，靠近我们的某人低声说。“这些乡下土包子轻易相信了他们碰到的第一个律师。现在看看他们的下场，这些可怜虫”，另一个人低语着。律师从人群中突围而出，加快脚步，试图逃跑。但他的委托人不肯放弃，努力追赶他，最后，整伙人消失在群众中。

这名律师是众多的“讼师”之一，这些人会在巴西利卡开门前，在广场周边鬼鬼祟祟地出没，四处寻找委托人和案件。罗马人称他们为“讼棍”，那些熟悉罗马的人看不起他们，因为他们是都市中害人不眨眼的大骗子。他们很奸诈，能骗取委托人的信任，他们甚至可能个个舌灿莲花，却不善于打官司。他们最厉害的能力是说服他们的委托人，后者通常是没什么经验的老实人，头脑简单，没受过什么教育。据著名的演说家和修辞学家昆体良[1]所言："他们所需贩卖的只有他们的声音。"在广场第一次碰面后，他们即与被其所害者约定在自己家中见面，讨论案件内容。为了使委托人印象深刻，并诱使委托人相信他们是备受尊崇的律师，他们花招百出，使用任何想得到的借口。一个至今仍然著名的例子是，一位讼棍竟然在家里的前厅摆上自己骑在马背上的青铜雕像，仿佛他是位执政官，以此来夸示他那（根本不存在的）声望。

我们回头爬上楼梯。我们即将进入罗马法律和审判诉讼的世界。

房间非常宽敞；混乱无秩序的人潮熙来攘往，在其间乱闯，轰隆隆的声音和各种吼叫声成了这一景象的配乐。我们觉得不自在，也弄不清楚该往哪儿走。

我们感觉像是走进了一座教堂；内部被巨大的柱子分隔成五个长长的本堂。中央本堂占地最广，有个非常高的天花板，大约有三层楼高，顶端开着的大窗户照亮了下面的空间。多亏墙壁和柱子上巧妙运用了淡色大理石，因而能四处反射阳光，使得满室生辉。

然而，这一切都承载着罗马历史上最闻名遐迩的几位人物的名号。这座巴西利卡的创建始于恺撒，终于奥古斯都。而我们脚下则是西庇阿·阿弗里卡纳斯的遗体。

从一早开始，在朱利亚巴西利卡主持法庭的著名百人法官就已经在主厅就位，主厅长 82 米、宽 18 米。然而，在此刻，有些小型或中型审判会已经在进行。为了善用时间和空间，法

① 昆体良（Quintilian，35～100），罗马辩论家。

庭的位置彼此平行。为了使审判顺利进行，大帷幔从上方垂挂而下，与木制分隔板一起将宽广的中央本堂隔成四个法庭。百人法官也分成四个小组。在古罗马，审判是如何进行的呢？让我们走过去，到其中一个法庭中一窥究竟吧。

古罗马的两件诉讼案

在法庭尽头有个高台，主持审讯的大法官早已在此就位。45 位百人法官分别坐在他的两侧。在前方，案件的原告与被告双方和他们的朋友、亲戚和律师坐在木制长椅上。我们几乎看不见正在说话的律师。在我们和审讯区之间，挤入了大群旁听者——那些是喜欢聆听法庭中的证词和口头辩护的罗马人，仿佛它是一场不容错过的表演。他们只是一般百姓：男人、女人和老人。我们身后也有人，他们尽量挤进可以站的地方，就算是站在审讯室外，或巴西利卡小本堂的柱子间也可以。甚至连我们的上方都有人，他们站在上层夹楼上。人们为何都挤到这里来呢？

一段时间以来，罗马人会为了一些鸡毛蒜皮的小事闹上法庭。比如今天，这个法庭审理的就是偷窃几头山羊的案子。

古罗马就像现代的意大利和其他地方一样，法院的诉讼案件清单长到难以想象。早在韦帕芗统治时期，历史学家苏埃托尼乌斯便观察到：“审判清单长得不成比例，因为除了有尚未判决的案子，还会有不断增加的新案件。”苏埃托尼乌斯评论说，若不是韦帕芗本人采用了新的措施，“诉讼关系人倾其一生恐怕也无法完成所有的审判”。

罗马帝国司法的第二个现代特征是法庭景观。就像在我们的时代，许多暴力犯罪最后会出现在报纸和地方甚至国家电视新闻上一样，在古罗马，公开审判也吸引了大批听众。从这些法庭人山人海的情况判断，人们是很喜欢这项活动的。说他们是听众可能不够准确，也许该将他们称作观众。

巴西利卡里炙热难耐。我们周遭的每个人都汗如雨下。但是没有人想离开，他们为审判深深吸引。偷窃受害人的律师正在为他陈述案情。他的表现非常夸张，姿态手势极具戏剧性。他看起来活像是默片演员，尽管如此，他所表演的哑剧似乎并未打动在场的百人法官。有些人漫不经心地凝视远方，有些人则窃窃私语，有一位扯着他的鼻毛，另一位的身躯惊险地前后摇晃，就快睡着了——他的邻居早已鼾声如雷。大法官盯着从头上窗户飘过的云朵，眯着一双眼睛想看得更清楚。

甚至连旁观者都注意到那位律师的无能。许多人自得其乐，甚至开始大笑出声。唯一笑不出来的人是那位五官突出的受害者，他来自罗马境外，习惯了农田里的劳苦。当一位百人法官陷入沉睡，将头靠在邻居的肩膀上时，他察觉这是该喊停的时候了。他厌倦于律师冗长的漫天乱扯，还不断引述历史上伟大人物的话，最后，他粗鲁地打断了他，“我是为了失去三只山羊而提出诉讼，不是为了暴力，不是为了屠杀，也不是为了毒药！我认为是我的邻居偷了它们。法官想要证据，但你滔滔不绝地说着坎尼战役[①]和马特里戴特（Matridate）战役，以

① 坎尼战役（the battle of Canne），第二次布匿战争中的重要战役。公元前216年在意大利东南的坎尼发生。

及布匿战争[①]的伪誓。你以如响雷般的声音和夸张的姿态引述苏拉、马略[②]和斯凯沃拉[③]的话。得了吧，波斯图穆斯[④]，说说我的三只山羊吧！”整个法庭爆出哄堂大笑。律师无言以对。法官们纵声大笑，老法官惊醒，忘了云朵的事。这个男人也许用这场骚动挽救了他的官司。一个男人在角落记着笔记。拜他之赐，这位老实农夫简单的话才得以流传下来，并且令我们莞尔一笑。

突然间，每个人都被一声巨响和随之而来的长长鼓掌声和口哨声吓了一大跳。在我们隔壁的法庭里，就在厚重的帷幔和木头隔板外，一位律师正中对方要害。大家都安静下来。甚至连百人法官和大法官都陷入沉默。隔壁法庭的律师以其男中音般的低沉声音，重新开始他的辩论结语。他的声音像戏剧演员般低沉而迷人，轻松地穿过木隔板，使众人难以专注三只山羊偷窃案的进展。

人们面面相觑。他是谁？没有人知道。然后，有人提了一个名字。那人是罗马广场中真正的王子，他的演讲令人难忘。没人有任何怀疑，一场更为精彩的审判已在隔壁法庭展开。几乎就像火灾警报响起一般，群众开始推挤，位于最后几排的人跑出法庭，试图挤进隔壁的法庭。观众决定转换频道。

---

① 布匿战争，指古罗马和迦太基之间发生过的三次战事，罗马当时称迦太基为布匿。第一次布匿战争发生在公元前264～前241年，第二次发生在公元前218～前201年，第三次则发生在公元前149～前146年。三次战争迦太基皆战败，最后成为罗马的一个行省。

② 马略（Marius，157 BC～86 BC），罗马将军，在罗马从共和国到帝国转变期间占举足轻重的地位。

③ 斯凯沃拉（Murius），全名 Mucius Scaevola，罗马共和国初期的传奇英雄。

④ 波斯图穆斯（Postumus，12BC～14），史传为一粗野不文之人。

我们也跟着群众向前走。隔壁的法庭人满为患。律师是位英俊的男人——有着灰白的头发和凌厉的眼神。他停下来喝了一口温水。他严肃地看了百人法官一眼，仿佛在审判他们，然后又锐利地看向桌上的沙漏。每位律师的发言时间都有限制。更精确来说，他可以要求多至六个沙漏的时间——每个沙漏漏完的时间是20分钟，所以他可用的全部时间是两个小时。当然，每场审判所耗费的时间会依案件的重要性或趣味性而有所不同，法官通常都很宽容，往往允许律师使用更多的时间。我们必须记上一笔的是，审判常常一早便开始，然后持续到夕阳西下。

律师指着一对夫妻，他们遭受不公，被人骗走了数量庞大的遗产。律师的最初几个字就像来复枪的响声，用力击中了每一个人。他停下来，微微一笑，然后四处走动，随即陷入沉思，仿佛在寻找正确的字眼。当他找到时，他转过身，口若悬河般地陈述。他的雄辩口才真的令人叹服。我们看向他的助理，看见了他的小诀窍：他的助理手里拿着上了蜡的写字板聆听他的辩论，他在每一段话后做个记号，仿佛在审核购物清单。

原来这位律师不是即兴演出：他在复述事前写好的演讲稿，并借由技巧背诵下来。实际上，这就是罗马法庭里许多伟大律师的策略：在审判前充分准备。

有些古代作家写道，一般的事前演练活脱脱就像真正的审判，律师离开办公室时非常激动，且眼中闪耀着光芒，而助理们则精疲力竭。在这些被称作“沉思”的训练中，律师们大力强调措辞、证据、语气和声调。和他互斗的伙伴通常是受过高等教育的奴隶。根据西塞罗这位可能是罗马广场最伟大的雄辩家和掌握记忆技巧的大师所言，在审判中所需遵循的高明策略应该包含三个要素：动作、娱乐性和说服力。还要为审判过程创造戏剧性发展。现在我们眼前就上演着一种戏剧性发展的戏码。

两小时的阐述时间已经用尽。这一刻，律师冲向他所代表的夫妻，跑过他们身边，开始在人群中搜寻。法官和观众不禁大惊失色，甚至连他的助理都装出震惊的表情（但这都是脚本的一部分）。最后，律师总算出现在人群中，牵着两个小孩，一男一女，两个人都很害怕。他牵着他们，将他们带到法官前面，慈爱地拥抱他们。他们是那对夫妻的小孩，律师狡猾地安排他们等在一边。他现在展开有关他们未来，还有他们在父母死后会面临何种惨况的冗长演说——他不只提到这对夫妻的遗产对两个小孩的未来而言多有用，还强调说，这笔遗产对两位罗马公民来说是何其重要（对致力于维系罗马价值观的大法官和百人法官而言，这是他们绝对不会忽视的一个参考点）。

这绝非崭新的策略，这位律师高明地采用超过一个世纪以前，一位非常知名的律师苏尔皮西乌斯·加尔巴（Sulpicius Galba）用过的手腕，后者是与西塞罗同时代的人。但观众并不知道这点。现在，他面对观众指着那两个小孩，他采取这种戏剧性的姿态意在让观众心碎，而这些观众，也就是下层百姓，一阵子以来已成为罗马法庭中的要角。他端详他们的脸孔，说了最后几个字，下完结论，再度拥抱小孩。群众和坐在法庭里的观众爆发出一阵热烈掌声和喝彩声。甚至连隔壁法庭也传来掌声。它看起来就像一场戏的最后一个场景（实际上，从某种意义上而言，它的确是）。就连法官们也对这男人的精彩表演刮目相看。他们原本已经注意到，前几排的观众是领钱来为律师捧场的（这现象在法庭内很常见），但他们没有预料到他会如此成功。现在法官们的判决得将观众的反应纳入考虑。律师成功地运用了一点心理压力，这绝对会影响判决。他很清楚此点。现在，隐藏在顺着他脸颊滑下的假泪珠之后的，是一抹胜利的微笑。

罗马元老院

我们再度回到罗马广场，然后我们决定从这里朝着对面的另一座巴西利卡走过去。艾米利亚巴西利卡的门廊全长近 100 米，民事活动和诉讼案件也在那里上演。很久以前，门廊下有商店，但现在它空荡荡的。我们为一个陈列着各种绘画的小市场所吸引，它占据了两个拱廊。我们对在多穆斯里所看到的湿壁画和这些简单到近乎幼稚的作品之间的品质差异感到惊诧。绘画的主题极为丰富。有牧羊人画、神话场景画、恺撒的肖像画（一点也不像）和一张非常粗略的罗马风景画。但也有一张画着一位非常英俊的年轻人的写实画。这幅画显然出自画家之手。尽管这件事鲜为人知，但有时你在罗马房舍里可以看到墙壁上挂着主人和他家人的画像。这些绘画没有完全流传下来，但在其他地方，比如埃及，这类绘画以面具的方式画在木乃伊上得以流传。今日，它们将帝国居民的身影展示给我们。谁知道这张画是如何辗转流落至此的？也许这位年轻人死后，并没有继承人或亲戚想保存他的画像，因为人们通常只会保存著名祖先的半身雕像。这解释了为何这幅画会落到画商手中。

我们离开艾米利亚巴西利卡，朝着广场向北行走，在过去，这里是罗马帝国的重心，几个世纪以来，这里也是罗马元老会面的集会厅。现在，我们眼前出现一栋巍峨的砖造建筑，前方有一小道门廊：这就是元老院。

元老院由恺撒兴建而成。他拆毁先前的集会厅和大会堂，兴建了这座气势恢宏的新建筑物，在整个罗马历史中都持续被使用。

元老院的大门敞开着，再过几分钟就要展开一场辩论。它有华丽的地板，镶嵌着自帝国各处运来的珍贵大理石。在这里，你确确实实是走在整个帝国上。元老院的大厅非常深，两旁是宽阔的阶梯，上面摆放着好几排元老专属的高背椅。高背椅由木头制成，且雕刻精细。元老院的装潢摆设风格介于室内合唱团和君王的接见厅之间。周遭的墙壁上铺着巨大的大理石板，照得整个大厅熠熠生辉。谁知道有多少严肃的演说在此发表，我们不可能记得全部。在这里，在这小小的空间内，产生了在我们的历史书籍中占有显著地位的众多决议。而在这个世界上，能对人类历史发挥这般深远影响的地方可说是相当稀少。

几位元老坐在椅子上，转头面对他们的同事互相交谈着。有些人在窃窃低语，有些人发出大笑。我们发现有几组人正在审慎地议论着。辩论就要开始。在过去几天内，针对数项决策进行了详细的讨论。例如，在昨天，元老们讨论了贝内文托[①]那座即将完成的大型凯旋门的问题，那是德来安纳大道（Via Traiana）的起始点。但今天的讨论课题非常重要。图拉真在1

① 贝内文托（Benevento），位于意大利西南部。

月时以胜利之姿进入安条克[①]，现在他正在美索不达米亚打仗。他的捷报连连传至罗马；他已征服那个地区，拿下了几座重要的城市：巴特纳（Batnae）、尼西比（Nisibe）和泰西封[②]。军团大声欢呼，尊称他为“安息[③]的征服者”。因此，元老院必须决定，如何将这头衔正式化。事实上，自共和时期结束，皇帝相继登基以来，元老院的权限和重要性已经缩小很多。伟大辩论和政治冲突的时代早已告终。今日，比起恺撒之前的那些荣耀时光，元老院所做的决定往往无关痛痒，只是按表操练，不再有能够左右国家政策的精彩辩论了。

一位元老走过敞开的大门，在经过一位立正站好的士兵时对他点头示意。大门以青铜制成，非常高（罗马元老院的最后一扇门将在文艺复兴时期被拆下，搬到拉特兰圣约翰大教堂，直到今日仍供人瞻仰）。

老迈的元老往前走了几步，几位年轻元老立即走上前去迎接他，他们也许是想向他讨教有关今日辩论策略的意见和建议。

几名士兵用力关上大门。元老院大厅逐渐自我们眼前消褪，仿佛剧场的帷幕缓缓降下。我们偷瞥到的最后一景是那位元老缓缓坐下，抚平长袍的皱褶，白色眉毛下的眼睛严厉地盯着他的敌手。警卫们则在门前各就各位，一手拿着盾，一手拿着标枪（pilum）。

---

① 安条克（Antioch），位于今土耳其南部哈塔伊省，土耳其人称之为安塔基亚（Antakya）。

② 泰西封（Ctesiphon），位于伊拉克巴格达南35公里处。

③ 安息帝国（Parthian Empire），位于伊朗东北、里海东南一带，建于公元前247年，公元226年被波斯萨珊王朝取代。

值此之际，在圆形竞技场……

一双天蓝色的眼睛宛如宝石般嵌在他黝黑的脸庞上。他并未因敌手雄壮有力的身躯而退缩，即使他俩现在正绕着圈圈，寻找时机发动攻势。数以千计的人则细细打量着他们：观众自早上以来，便在看台上仔细观察、大声欢呼与激动尖叫。圆形竞技场的节目已经开始。开场的戏码是“狩猎”，但这不是角斗士之间的比武，而是人兽之间的生死交战。圆形竞技场就像帝国中的其他圆形剧场一般，总是遵循着相同的节目表：开场的狩猎，随即是死刑犯的公开处决，下午则是引颈已久的角斗士登场。圆形竞技场的活动成为城市生活的重心，不单是由于圆形剧场可以容纳很多人（可容纳 5 万 ~7 万名观众），也是因为在此举行的残暴打斗非常精彩，就像刚刚开始的这场搏斗一般。

看台上的观众非常清楚，这场搏斗将在几分钟内结束。他们可以看到汗珠从狩猎者的金色卷发上不断滑下，狩猎者名叫施皮塔拉。但由于竞技场里的气氛极为紧张，观众已停止为他欢呼。在他对面的是气势逼人又自信满满的维克多，它是在竞技场里多次占据优势的要角之一。它不是人类，但它频频在搏斗中展现和人类相似的高度智慧。它以它的机敏和狡猾，而不是脚掌和锋利爪子的力量，击败了无数的狩猎者。赢家维克多是只豹子，身躯异常庞大，很快便成为观众的宠儿。有一次，它将敌手推倒在几秒前倒在地上的另一位狩猎者身上，然后扑到他身上，牙齿深深嵌入他的脖子。人们一般相信，维克多就像圆形竞技场里的所有野兽一样，并非因为饥饿才攻击人。它在幼时便遭捕获，被送到专业训练师那边，接受如斗牛犬般所受的攻击技巧训练。它被教导该攻击何处，以及该如何攻击。豹子拥有这类恐怖的特征：攻击人类时，它们会直攻喉咙，用利齿深深咬住，同时用有力的脚掌使劲压进对方胸膛，划破对方皮肉，在今日依旧如此。我在一次考古发掘的旅程中，有机会和非洲的医生聊天，他向我证实说，当人们把被狮子咬伤的伤患带过来时（狮子倾向于在咬到猎物后用力甩动他们），他有时还能救这些人一命。然而当人们将遭豹子咬伤的伤患带过来时，伤患通常在抵达时已无生命迹象。

这头野兽没有罪，它是个掠食者。它只是遵循自然本能。但它的攻击天性却遭到训练师大力扭曲，被用来创造娱乐效果，因此，这动物被训练成名副其实的杀戮机器。维克多不仅需要为竞技场里的许多死者负责，它还残杀了许多在训练中用来当靶的奴隶。

施皮塔拉在竞技场中是位技巧高超的狩猎者，他还因为外形俊俏而受到女性爱慕，但他的名声不如维克多响亮。赌家赌他会以1∶3落败。施皮塔拉知道这个比数，但他也知道，这也许能成为他的优势。如闪电般迅速的动作或许会有所帮助，那能让观众甚至是豹子感到诧异。他握紧手中厚重的尖锐长矛。他没有其他东西护身，没有盔甲，没有头盔，也没有短剑。他的唯一保护装备是一些经过强化的护腿布垫。

一声狂吼回荡在竞技场里——那是一头狮子的吼叫声，它刚走出栅门，准备和另一位狩猎者搏斗。这就是施皮塔拉一直期待的时机，也是他希望之所在。维克多受过精良训练，不会因群众或对手的喊叫或狂吼而分心。但一声突如其来的狮吼刺激了它的原始本能。实际上，在野外，成年狮子会猎杀豹子。但维克多只有一瞬间的分心。豹子突然将头转向狮子的方向。在它尚未看清楚场上的猫科同伴前，它便感觉到喉咙下方和肋骨上方被牢牢固定住。在不到一秒钟内，它感觉到有一片宽刀刺穿了它的胸膛，传来一阵剧痛。它甚至没有听到施皮塔拉所发出的战斗狂嚎。那男人蹲下身来，向前迈开大步攻击，这使得他的这一击更为致命，正如同击剑者拿剑用力戳刺一般。

野兽愤怒地挣扎。豹子弯下它巨大的脖子，试图咬掉长矛，但它办不到。然后它用一双脚掌用力拍了长矛一下，几乎将它自刀刃处拍断。现在它咬到它了，它用牙齿将它咬成两半。但一切都太迟了，它可以感觉到自己的精力迅速流失。它看见施皮塔拉站在它跟前，仿佛在等待判决。如果动物被赋予第二回合的机会，现在已经失去长矛的狩猎者的局势将大为不妙。也许他们会给他另一根长矛，也许不会。但是已无此必要。在豹子那双冷酷的黄色眼眸里，施皮塔拉的身影逐渐模糊，鲜血从伤口中汩汩涌出，洒在竞技场的地面上，在它脚下形成越来越大的血泊。这次突袭无懈可击。它发出最后一声狂吼，死亡前，因为鲜血涌进喉咙和肺部，它发出了咯嘎声。野兽倒下，趴在地上，嘴巴半张。

观众爆发出欢呼声。看台上欢声雷动，观众大叫着狩猎者的名字："施皮塔拉，施皮塔拉。"圆形竞技场现在诞生了一位新的英雄。

奇闻｜圆形竞技场里的动物

在圆形竞技场和帝国境内的圆形剧场惨遭杀害的动物数量相当庞大。有时，观众观赏拿着弓和箭的狩猎者宰杀鹿或羚羊。有时，被杀害的动物是充满异国风情的珍禽异兽，如鸵鸟（我们知道，康茂德皇帝①以用利剑砍它们的头为乐)。在某些例子里，战斗双方几乎旗鼓相当：某些男人打扮成角斗士，配备着头盔、盾和短剑，试图在与狮子、豹和熊的战斗中存活下来。从柱子和神庙上的浅浮雕来看，他们好像都揪打成一团，各有输赢。最后，在那个时代还能观赏到动物间的厮杀，比如，公牛和大象，或其他大型动物。它们都被铁链锁住，杂役们则在旁边用尖杆戳刺它们，刺激它们奋勇搏斗。长时间以后，由于帝国内所有主要的圆形剧场里常常使用老虎等异国动物来搏斗，导致欧洲、北非和中东的野生动物数量锐减，许多物种消失，原因是，尽管捕获的数量庞大（包括鳄鱼和犀牛)，却只有少数动物能熬过马车或船舱内的漫长旅程。

---

① 康茂德皇帝（Commodus，161～192），180～192年在位，施行暴虐统治，后来在和角斗士摔角时被勒毙。

11:40

大理石幻境——帝国广场

我们甚至从广场这里就可以听到人群的欢声雷动。我们周遭有些人转身望向圆形竞技场。它巨大的身影屹立在撒克拉大道尽头，默默矗立在提图斯拱门后，笼罩着柱廊和神庙。群众唱颂维克多这名字的巨响传到我们耳朵里，但已经模糊到无法听清楚。我们所能听到的只是有力而节奏分明的呐喊。

那些举目凝望圆形竞技场的人很快便回头专注于原本的工作，仿佛什么事也没发生过。我们也继续我们的旅程，离开元老院的大门。警卫们在听到圆形竞技场传来欢呼声时面无表情，甚至当我们准备离开时，他们的眼神还是沉着而冷静自若。

稍后，我们也会进入圆形竞技场，但首先，我们想看看某样独特的东西，它就在离此地不远的和平神庙里。

从此处步行几分钟后，我们将穿越另一个罗马奇观：帝国广场。

事实上，罗马不只有一个广场。恺撒认为罗马广场不敷使用，便决定建造另一座广场。当然了，广场以他的名字命名：恺撒广场。这是权势的明显表征。

奥古斯都、韦帕芗、涅尔瓦和图拉真后来都遵循了恺撒的范例。因此，随着时间更迭，他们创造出一连串互通的广场，里面的行人川流不息。这是个由奢华的大理石和柱子所宰制的世界，扩增了罗马人的购物区，也扩增了贸易和诉讼区。

出于好奇心，我们紧跟在三位正在大声争论的男人身后。一个男人有着长长的鹰钩鼻，他正用尽一切方法来向另外两位证实他是对的……他们正朝着位于韦帕芗广场的和平神庙走去。而进入这个壮丽建筑本身就是个令人屏息的体验。你经过第一个大厅，两旁的柱子高耸如红杉树林，然后进入一个宽阔的厅堂，那里有一整面墙画着罗马的巨大地图。

这就是著名的罗马地籍平面图（forma Urbis），我们稍后会对其做更加详细的介绍（我们今天所熟悉的版本是保存在卡比托利欧博物馆的遗迹，可追溯到稍后于我们现在正在探索的时代，但在图拉真治下可能已经有一个类似的范本，只是现在已经失传）。它占据了整面墙。它是罗马的完美范图，以1∶240的比例制成，刻着所有房舍的墙壁、柱子和喷泉，并被漆上红色。但你不能靠近端详它。一道长栏杆将你阻挡在特定距离外。只有经过授权的人员才能拿着指针，或在必要时辅以装有滚轮的高大梯子，走近平面图，指着它，或碰触它。

我们看到的那三位在门口大声争论的男人现在走到平面图前，指着某个特定的地点，然后转身面对一位坐在桌子后面的职员。我们现在了解他们正在争论的话题为何了，那是有关一家正在出售的商店的大小和边界范围。职员平静地递给他们一个上面刻有号码的木片，指了指远处的一个房间，他们可以到那里申请在羊皮纸副本上查询他们想调查的区域。那三名男子消失在走廊尽头，一路上从未停止争辩。

和平神庙还有座图书馆，收藏着记载韦帕芗各类功绩的书籍。除此之外，它还收藏着皇帝从帝国全境内，尤其是从古希腊世界搜刮而来的杰出艺术作品。这个堪称罗马卢浮宫的博物馆也收藏了许多绘画杰作，遗憾的是，它们全都遗失了。罗马人相当欣赏这类艺术形式，就像今日一样，当时坊间有许多专业评论家和收藏家。和平神庙的中心是一座大厅，收藏着从耶路撒冷带回来的多数战利品：摆放在显眼位置、具象征性的物品是耶路撒冷古神殿中所用的著名的七枝大烛台。

我们现在身处和平神庙外，从相反方向回头穿越一众帝国广场。还有一个我们尚未参观的广场，罗马居民毫无疑问地将它视为帝国的奇景之一。它是最后兴建的广场，仅在两年内便竣工。它就是图拉真广场，景观令人屏息。我们看到的第一件事物是一道庞大的拱形墙，中间有座凯旋门，顶端是六匹马拉的战车。这是图拉真广场的入口。

几位武装警卫立正站好，似乎在强调此处的庄严神圣。透过拱形墙，广阔的广场昂然展现在我们眼前：一个长 300 米、宽 190 米的长方形广场，铺着由白色和彩色大理石制成的巨大石板。堪称罗马帝国最美丽的柱廊之一包围了我们。它是个长长的门廊，数十支深紫色的科林斯式柱子环绕在广场周围。不仅如此，每根柱子上都有雕像——近 3 米高、被俘虏的野蛮人王子雕像。它们以各种色调的美丽大理石雕刻而成，每个雕像都摆出不同姿势，有些雕像的头发和胡子看起来像是被强风吹乱了。他们是战败的达契亚王子。我们现在所见的每样东西都经过精雕细琢，而这全拜征服达契亚（现今的罗马尼亚）时所掠夺来的大量战利品所赐。

广场中央屹立着图拉真骑在马背上的镀金青铜雕像。我们朝着耸立在广场对面尽头的巍峨建筑走去。这感觉好像我们正朝着圣彼得大教堂的立面走去一样，而事实上，这的确是座庞大的建筑——乌尔比亚巴西利卡。这不是座神庙，而是一栋用来作为民事用途的建筑，就像其他广场里的建筑那样。它是个气势多么恢宏的建筑！

它巍峨、庄严且金碧辉煌。立面有更多双手被捆绑的野蛮人战俘雕像。他们形成一道长列，就像圣彼得教堂前柱廊上的圣徒列像。

我们进入巴西利卡。我们正在进入罗马人迄今为止所建造过的最大的巴西利卡。它的广阔和挑高的天花板使我们顿失方向感。奇怪的是，它空荡荡的。因为某个理由，今天没有安排任何审判或其他活动。唯一在里面走动的是几名职员，以及和我们一样看热闹的人。整个内部空间里回荡着脚步声和说话声，仿佛有人正试着测量巴西利卡那过大的空间。

它真的令人印象深刻：超过 170 米长，两端是两个宽广的半圆形空间。但真正叫人吃惊的是周遭柱子林立的雄壮景观，我们仿佛坠入一片森林中。柱子多不胜数，肯定有数十根，非常高大，科林斯式的柱头几乎就像是小型房车。它们为五座本堂描绘出轮廓，而且每组柱子都有不同的颜色！伫立在中央本堂的柱子由来自埃及的灰色花岗岩制成；而沿着较小侧边本堂而立的柱子则由淡绿色云母大理石制成。每样东西都经过了精心装饰。地板上的大理石被铺成了棋盘的形状，构成由圆盘和长方形组合而成的几何图案，主要色彩是暗黄色和深紫色。中央本堂还有个庄严的大理石中楣，上头雕刻的是展翅欲飞的胜利女神。我们头顶上是廊台和大型窗户，强烈刺眼的阳光由此倾泻而入。

图拉真广场是罗马帝国的奇景之一。帝国广场由好几个广场组合而成，广场间彼此相通，人来人往，川流不息。这是个由奢华的大理石和柱子所宰制的世界。

大厅的尽头有一小群人，外面是围成封锁线的禁卫军。在那群人中间的是谁？禁卫军在场只意味着一件事：那人一定是皇帝身边某位非常重要的人物。但会是谁呢？那一小群人正抬头望着覆盖有灰泥的镶板天花板的某处，有个人指着一块改变了天花板色泽的水渍，他们显然在评估因为大雨漏水所造成的损害。

现在那群人开始往我们这边走来。禁卫军穿着钉鞋踏出的脚步声回响在大厅里，他们越走越近，发出了其他的金属声响。短剑和匕首撞击在士兵的盔甲上，叮叮当当地响着。那一小群人与我们擦身而过。人群中间，被秘书和助理所包围的是一个矮小的男人，他有着短短的四肢，头顶光秃，但周边还有着浓密的黑发。从他的五官可明确判断出他是地中海人，他的声音平静而悦耳。他是大马士革的阿波罗多罗斯①，设计乌尔比亚（源自图拉真的家族姓氏，乌尔皮乌斯）巴西利卡和这个伟大广场的建筑师。他是位充满创意的建筑师，他的作品在他的时代中留下了鲜明的印记，就像布鲁内莱斯基②和米开朗琪罗在他们的时代取得的成就一样。他仅花费五年（107～112年）便完成了这座辽阔广场的设计建造。但他也承接过其他建筑方案，比如图拉真市场和大浴场。可惜的是，他和图拉真的继任者哈德良的关系不太理想。届时，哈德良会将他放逐，最后又处决了他。此时，这一群人消失在了柱子之间，禁卫军

① 阿波罗多罗斯（Apollodorus），生卒年不详，希腊建筑师和雕刻家，活跃于2世纪。

② 布鲁内莱斯基（Brunelleschl，1377～1446），意大利文艺复兴时期最顶尖的建筑师和工程师之一。

制服所发出的叮当声逐渐消褪，淹没在穿梭于巴西利卡的人们的脚步回响声中。

我们攀登一段阶梯，走上图书馆。在楼梯顶端，我们碰上一群拿着莎草纸卷轴的图书馆员和推着装满档案的推车的奴隶。这里看起来就像是某个政府部门的走廊。我们经过一扇门时，看见一个长形的房间，里面有成排的像餐柜一样的书柜和书架，上面装满了数千份莎草纸卷轴和写字板。书架的排列方式和我们惯常见到的有所不同：卷轴堆成锥形的一摞，而不是直上直下的一摞，这样卷轴才不会从旁边滚出来，就像市场里的橘子那样一个堆在一个上面。

我们打开一扇门，看见一道围绕着内院的内侧阳台。我们倚靠在栏杆上，发现了这个由大马士革的阿波罗多罗斯所设计之奇妙建筑的重点所在。在皇帝本人的命令下，内院中央屹立着整个广场的瑰宝：图拉真之柱。

它高 30 米，顶端立着图拉真的镀金青铜雕像（在文艺复兴时代，被显然格格不入的圣彼得雕像取代了）。这柱子是以 19 块各 32 吨重的卡拉拉[①]大理石一层层堆叠而成的！内部中空，有个旋转楼梯。

但这柱子最令人印象深刻的是它外部的连续带状装饰，刻纹从上到下盘旋，布满了整个柱子。它全长 201 米，宛如连环画般，雕绘着将达契亚纳入罗马行省的两次军事行动（101 年和 105 年）。一连串场景描绘出交战、军团渡河、围城、图拉真向神祇献祭等情况。上面有数千个雕刻精致，涂了色彩的肖

---

① 卡拉拉（Carrara），位于意大利托斯卡尼省，距离佛罗伦萨东北 100 公里。

像（特别是军团士兵），雕像手里往往握着真正的青铜武器。这些武器鲜明生动的色彩将会随时间流逝而消褪，在现代，我们所看到的将只是大理石柱的自然色彩，以及柱上细腻的浅浮雕。我们现在离开图拉真广场，返回城市。就在要离开这片壮丽的广场前，我们看见了一个令人感动的场景：一位老头握着一对年轻男女的手，随后年轻女孩拥抱了他，让他有点尴尬。然后那对年轻人拥抱彼此良久，他们身上洋溢的幸福氛围十分感人；老头在一旁看着，带着心满意足的表情。这三个人刚从位于图拉真广场的一个特别办公室里走出来，那里是登记解放奴隶的地方。原来，这位老主人来此地是为他的两个仆人做结束奴隶状态的官方登记。从现在开始，他们是自由之身，而在这个案例中，他们也可以自由结婚，这是在他们还属于主人的财产时所无法想象的，因为主人可以决定他们能否以及与谁结婚。这两个年轻人的人生，就在我们的见证下，永远地改变了。

奇闻 罗马的大理石地籍图

我们知道，在奥古斯都治下，罗马被划分为14个行政区，行政区相当于今日首都的区，然而面积和边界迥然大异。每个行政区都有自己的行政机关，但要同时管理100万或150万人的生活实属不易。我们不知道这个地方行政体系的细节，但我们不难想象它会遭遇到的一切难题。在数个世纪以来都是如此。例如，在两百年后，于君士坦丁大帝治下，罗马有423条街、29条大道和323个主要十字路口。你能想象为了维护这些街道，确保为全部人口提供饮用水的喷泉正常运作，寻找和处罚违章建筑，解决邻居之间的边界纷争等日常工作有多繁重吗？而这些都不能借助电话、电脑和资料库来完成，更遑论纸、笔和墨水了。

为了完成工作，罗马的行政官有个珍贵的工具。它相当于地籍登记簿。在制作我所主持的一个电视节目时，我们拍摄了当时的城市平面图，即著名的罗马地籍图里某些区域的照片，它重新复制了永恒之都的整个地面平面图。因此，我们可以考究商店的形状和大小、柱廊的深度、弯曲蜿蜒的街道，甚至喷泉的确切位置。我们知道，这份地图有几种版本，产生于帝都罗马的不同时期。遗憾的是，只有一小部分碎片流传至今，我们也许只能够借此重新拼凑出城市的一小部分，其余部分则毁于中古时代的烤炉或被用来砌墙了。

但仅仅检视这些碎片就足以帮助我们了解帝都罗马日常生活的丰富多样了。为了写这本书，我考察了地籍图上的某些部分，以重建我的旅游路线和补充细节描述。我们在罗马街道上看见的许多日常生活景观，都是罗马地籍图上描绘的真实街道，它们尊重建筑之间的距离、柱廊的有无、商店的位置，甚至当时可能已经开业的“酒吧”。我们的故事以那座屹立在黑暗街道中的雕像为始，再现了罗马中心的真实景观。我需要想象的只有雕像的五官特征。

当然，随着时间流逝，城市平面图无可避免地会有所改变。尽管如此，街道和社区的整体风貌仍旧维持着我所试图描述的外观。

看着这张图，我们为它的精确感到吃惊，它揭示了那些记录每个商店、神庙和建筑的平面图的人所展现的精专。我们甚至找到几块因为绘制上出了一些小错而被丢弃的地图碎片。这些都让我们欣赏罗马当局在记录资料时所追求的严谨，它几乎已到了吹毛求疵的地步，但这显然帮助他们更为有效率地管理城市，并使他们管理土地的方法大为改善。

11:50

古罗马的公厕

当帝都罗马的生活水准发展到某一程度时，城市里总共有144座公厕。我们即将参观其中一间。我们一眼就可以看出哪里是公厕。它附近通常有熙来攘往的人群，就像在火车站或高速公路的休息站。一般而言，进公厕的人都行色匆匆，但出来的人脸上多半带着解脱的放松表情。入口处排了两个人，入口前面有一个木制柜台，一位奴隶坐在后方。我们注意到台面上放了个赤陶盘子，我们立即听到了铜板掉落和旋转的清脆声音。显然你得付钱，但不多，只要几分钱。每个人都得花点时间，在他们吊在皮带下的皮制袋子（罗马时代的钱夹）底端摸索一阵。

公厕是付费厕所，由税务机关的承包商负责经营。好玩的是，从公厕衍生出了一个拉丁文表达方式，在我们现代还常常使用："钱不臭"。事实上，韦帕芗皇帝曾对洗衣工课税，他们在洗衣时使用的尿液就来自公厕。韦帕芗的儿子提图斯曾抗议这项税收，他觉得课这种税太过分，而且又没品位。他父亲的回答便是"钱不臭"。

我们穿过一道窄窄的阶梯，进入一间装饰精美的大厅。壁龛间甚至还有神祇雕像。一道小瀑布顺着一面墙壁奔流下来，上面端坐着幸运女神，她主司健康和快乐。灰泥和色彩的装饰精致，甚至可能是奢华。但你所要做的仅是垂下你的目光，如此一来，你看到的全景便会在瞬间改变：大约有十位年龄各异、来自各个阶级的人端坐着，专心于发挥身体的功能。扑鼻而来的是公厕的恶臭，但这似乎不使这些人觉得困扰，他们若无其事地坐着，仿佛是坐在等候室里。我们发现，这里像广场一样是罗马的社交中心。有些人在谈笑风生，有些人和邻人攀谈，有人讲的笑话则吸引了所有人的注意。其中甚至有人并不急着解决生理需求，他坐到某个衣着彰显其富裕地位的男人身边，狡猾地试图想得到一场午餐邀约。每个人都在交谈，夹杂些俏皮话，有人会躲在暗处留下涂鸦。但每个人都很小心自己的言行——在罗马，告密者无所不在。

最令人吃惊，甚至最令人瞠目结舌的是这里毫无隐私。公厕里没有屏障、帘幕或隔板将人们独立开来。人们全都坐在一条长长的大理石凳上，仿佛在等巴士般一个紧挨着一个。罗马人的隐私概念和我们的非常不同，基本上，富裕的人才拥有隐私——就是那些有钱住得遗世独立、远离普通老百姓的人。简言之，在家里拥有私厕是种地位象征。

当然了，我们不可能在这种地方感到放松。尽管如此，我们还是要提出一点，短袖长衣在遮掩隐私部位上很有帮助。事实上，我们得到的印象是每个人都只是坐下来而已。但坐在什么东西上呢？我们看不见马桶座位。长凳平坦，人们全都坐在圆筒状的开口上。在长凳下有条深沟，流动的水载走所有的秽物。这些开口的功能显而易见。但大理石中另一个开口的功能倒是让我们有点想不透，因为双腿之间还有个开口：它与座位的开口大小相仿，并在膝盖处相接。它的功能是什么呢？

我们还没有时间寻找答案，一个男人便意外地示范给我们看。在大厅中央有三个装满水的小池子，里面有许多木棍。男人伸手拿了一根木棍。我们这才发现木棍的一端有海绵，看起来就像个火把，那男人将木棍插入双腿间，原来海绵的功用就像卫生纸。他显然并不满意，他将木棍放入地板上所凿出的小沟里的水中沾了一下。我们刚才没注意到这小沟，它看起来像个人工沟渠，从人们的脚边流过。那男人继续清洗自己，方式和我们使用净身盆很类似。然后，他将海绵放在开口的内侧边缘摩擦一下，海绵便掉入排水沟里。最后，他将木棍放回他前面的大理石水池里。而在这整个净身的过程中，他从未停止和他长凳旁的人交谈。

这是罗马大部分居民解决生理需求的方式。如同我们稍早讨论过的，罗马人家里很少有厕所。对那些不想或付不起钱的人来说，解决方式（至少是那些较小的需求）是利用位于街角或街道旁的那些大罐子（如我们在庞贝所见），之后，洗衣店会来收取内容物。

像这样的公厕遍布在城市内，从庞贝门廊到巴伯剧院（Theater of Balbo）的休息室都可见到。你可以看见富有的商人、禁卫军，然后是解放的奴隶、年轻律师等，每个人都泰然自若地在门廊下，就在大家眼前解决生理需求，这个景象实在太令我们惊讶。

有些公厕在冬天甚至有暖气，配备着一种类似于大浴场的地下中央加热系统。在城市中心，即罗马广场和恺撒广场之间的公厕便是如此。在寒冷的日子里，这些公厕通常很拥挤。

但是污水最后排向何处呢？污水流过一个复杂的地下管道系统，管道相连后，在罗马街道和建筑物下形成一个货真价实的下水道网络。下水道的建筑工程始于公元前6世纪。据某些古代作家所言，在某些地方，排水管甚至大到可让两辆装干草的马车擦身而过。阿格里帕[①]负责执行一项远近驰名的审查，他大幅改善了奥古斯都治下的排水沟系统。据传，他曾使用船只来检查某些段落的下水道。

对这项令人惊异的水利工程方面的丰功伟业来说，其重点部分在于大下水道，即罗马的主要排水沟（在现代，仍有部分正常运作）。最初，它是条开放式运河，后来在共和时期封闭起来。它大约有800米长，但因为必须绕过地面上的建筑物而无法直线前进。

大下水道的规模惊人。在某些地方，它像个真正的隧道，直径超过4.5米。它的目的不仅是收集污水，还有容纳水道桥、大浴场和喷泉的污水，显然还有过量的雨水。

从这方面来说，我们必须提到的是，罗马街道的“驴背”形状特征让雨水得以冲刷街道流向两侧，然后为排水沟的排水盖所吞噬（这种街道清洗系统非常高明。令人吃惊的是，今日，此种清洗系统在全世界的城市中仍广泛使用）。排水盖到处都有，它们往往被雕塑成河流女神的形状，有半张的嘴好吞噬雨水。其中一个排水盖后来变得举世闻名，它铁定是历史上被拍摄得最多次的排水盖：那就是真理之口，在格里高利·派克和奥黛莉·赫本主演的著名电影《罗马假日》中化为不朽。

---

① 阿格里帕（Agrippa，63 BC～12BC），罗马将军。

罗马的一个公厕。泡在水里的海绵被拿来当作卫生纸。完全缺乏隐私这点令我们震惊；人们谈笑风生，与邻人交流，讲笑话。这里就像广场和大浴场一样，是罗马的社交中心。

大下水道将所有污水排入位于台伯岛下方的台伯河。而这个排水系统唯一的问题便于此浮现。当台伯河泛滥时，它的水位便会高涨，流入大下水道，因而阻碍污水流向，或更精确地说，是迫使污水反向回流。在这类例子里，污水被逆向推回源头，开始从排水盖、排水沟和公厕里泉涌出来。显而易见地，对整个城市的100万或150万居民而言，这个污水系统不敷使用，因此很多污水被引到了简单的化粪池。这些化粪池会被定期清空（我们最好别去想象作业时的情景），内容物则被拿来做肥料回收利用。

罗马令人印象深刻的排水系统好比人类的肾脏，可以说是非常复杂精巧的。相当务实的罗马人从一开始就了解，缺少有效的排水系统，便无法出现大量人口集中的现象。这充分说明了罗马文明的高妙先进之处，虽然尚未发现细菌，却通过简单的方式善用水资源，展现了它对健康和清洁基本重要性的深刻了解（中古时代从未达到这种成就，而即使在今日，许多第三世界国家在此方面也并未有这样的观念）。

12:00
在罗马分娩

她的额头冒出点点汗珠。每一次阵痛时，她都紧闭双眼。用力时，她喉咙里的一条静脉似乎就要爆裂了。她正坐在一个高背柳条椅上，她的双手像爪子般深深陷入扶手中。一声尖叫回响在整座房子里，打破数小时以来停止其他一切活动的那份紧张。奴隶们纹丝不动地默默坐在多穆斯的各个角落。其中一位是最近才买来的有色奴隶，他睁大眼睛，瞪着一位中东同伴，后者对他微微一笑、眯紧眼睛，顿时让他放下心来。这不是女主人第一次生产，尽管如此，大家对这次生产有很高的期待。在接连生下三个女孩后，宅邸里的每个人都希望这次会是个男孩。这里的男主人需要有位男性继承人来继承财产和家业。

在为分娩特别准备的房间里，有一个女人和几位作为亲信的女仆。那个把头发整个往后梳的女人蹲在女主人的双腿之间，指示她该如何呼吸。她的助手之一，大概是她的女儿，从后面抱住产妇，在每次阵痛来临时，便将她的子宫往下揉搓。为了防备大量出血，一旁的桌子上摆好了一些工具和止血敷布。接生婆的名字叫斯克里伯尼雅·阿蒂丝（Scribonia Attice），她特别远道从奥斯蒂雅前来帮助产妇分娩。她是这家族的一位友人请来的，他认为在性命攸关的分娩时刻，她是真正的高手。这位朋友本身是位知名的主任医生。我们要附带一提的是，分娩几乎都是由接生婆负责，鲜少由男性医生接手；这是种老式的保守概念，但也是因为丈夫不愿意让另一个男人触碰他们妻子的私处。这习惯将会延续到很久之后：接生婆和女性医生将会一直负责女性领域和妇产科医学。

接生婆的丈夫是位外科医生，他也在宅邸的另一个房间里工作着。外科医生的名字是马库斯·乌尔皮乌斯·阿梅里摩斯（Marcus Ulpius Amerimus）。他40来岁，广受尊敬。他现在正为男主人哥哥的腿施行放血术。罗马时代非常流行放血。血液盛在金属容器内，由一位奴隶拿走。当外科医生用绷带紧紧缠绕伤口时，他转身面对那位主任医生，后者则始终紧盯着他的动作——这名主任医生是教授这位外科医生此项技术的导师。主任医生检查绷带，然后称许地看着他的年轻同事，说出了下面这句格言："人生苦短，技术长传。"他仿佛是在强调，医学的艺术和技巧代代相传，由每个医生传授给他的弟子。

不过，还是让我们回到产房。产妇已经快生了。产妇和轮椅（这就是它的名字）已经合为一体。在罗马时代，产妇以坐姿生产。那时没有硬脊膜外腔麻醉，没有消毒器具，在需要时，只有温和的止痛药。在整个古典时期（直到离现代不远的过去），生产是女性所遭逢的最大危险。她知道自己可能因为出血和感染（罗马人不知道感染来源，因为他们还不晓得细菌和病毒的存在）而丧命。即使在今日，在非洲，每20个女性当中就有一人死于分娩。而在工业化国家里，比例则为2800∶1。

“再用力推一次，”斯克里伯尼雅·阿蒂丝叫道，第四个小孩的生产时间并不漫长。在几秒钟内，他长着黑色头发的头已经露出来，但他的脐带却缠住了他的脖子。婴儿缺氧是极端危险的棘手状况。他的脸和身体在滑出来时，几乎是红褐色的。接生婆的女儿直觉事态严重，眼睛大睁：婴儿没有呼吸，没有半点动作。他的肤色不正常。最糟糕的是，这次是个男孩！她该如何对一位极想获得一位男性继承人的父亲解释男婴就这样死去的原因？他一定会指控她和她的母亲不够专业。此时，斯克里伯尼雅·阿蒂丝毫不犹豫地继续进行助产行动。她的脑海里刚才显然闪过了相同的念头，她将尽全力拯救这个婴儿。她抓住他的脚丫让他倒挂着，但他前后摇晃，像块没生命的破布。她转动他，拍打他的背，刚开始是轻拍，然后越来越用力。她必须刺激他的呼吸反射本能，不然一切都会太迟。产妇无助地看着在她眼前上演的这场戏，她甚至感觉不到接生婆的女儿仍然抓着她的手，她因紧张而把她抓得太紧。“救救他！”她哀求着。她还没说完话时，新生儿突然一阵抽搐，似乎开始大口喘气，接着发出一声洪亮的哭嚎。他的小横隔膜因最初几次呼吸而有节奏地收缩着，空气气流第一次冲进他小小的肺部。他有力的号哭回荡在整个宅邸里。婴儿被救回来了。每个人都绽放微笑，就连正和一些亲戚坐在一起喝酒的主人也笑了。没有人知道，他们也将永远不会知道，刚才差一点就要在那个卧室里发生的悲剧。

我们在此所进行的描述显然出自想象。但在本质上，它极有可能发生，因为接生婆斯克里伯尼雅·阿蒂丝是真实人物，她的丈夫就是那位外科医生马库斯·乌尔皮乌斯·阿梅里摩斯。我们是怎么知道的呢？这要多亏他们的墓碑在奥斯蒂雅附近的波图斯大公墓出土了。他俩最后的安眠之处都立着一块赤陶土板，上面有他们工作时的画像。我在看到画像时为其中场景所呈现出的精确度感到吃惊。线条尽管简单，看起来却栩栩如生，和照片没什么两样。一个女人坐在轮椅上，接生婆坐在她前面，而一名助手从后面抓住产妇。就和我们刚刚看到的场景一模一样。而那位外科医生则蹲下来，为一个男人的腿部放血（可惜的是，赤陶土板有破损，因此我们看不见他们的脸）。

这些坟墓可追溯至公元140年，和我们正在探索的罗马时代同期。早个25年的话，接生婆和外科医生一定正处于他们职业的巅峰。他们可能常常被唤至罗马提供服务。我想象这次分娩是由一位主任医生所安排。事实上，这位重要人物的坟墓在离这两位人士的坟墓不远处被发现。他的名字叫盖乌斯·马西乌斯·德梅特留斯（Caius Marcius Demetrius）。他的坟墓上刻着“人生苦短，技术长传”的墓志铭。谁知道呢，他也许喜欢向他的弟子重复这句座右铭。

他将以罗马公民的身份活着还是死在垃圾场？

让我们回到生产的场景。主人现在有了男性继承人，这在像罗马这种大男子主义的社会里是非常重要的事。我们也可以想象即将在几分钟内发生的事：他们会替婴儿洗澡，剪断脐带，将他带到他父亲跟前。男主人将会站在房间中央，而他的儿子将被放在他脚边的地板上。在这一刻，根据一个古老仪式，这个小婴儿的命运在几秒钟之内便会被决定。如果他的父亲弯腰将他抱起来，在所有的亲戚面前高举着他，就意味着他承认了他们的父子关系，而这孩子将会被家族接纳。不过，如果这父亲无动于衷，没有将他举高，就表示家族不接纳这个儿子。

这样做有很多理由：家庭里已经有太多同样性别的孩子；太多孩子要养（特别是在穷人家庭）；怀疑这孩子非亲生子女；孩子有明显的畸形或缺陷。这样的话，会发生什么事呢？将孩子放在地板上的女人会将他抱起来带走。这事往往由接生婆亲自执行，而在古罗马，许多人视接生婆为婴儿贩卖系统的枢纽，包括在出生时将婴儿调包，以满足希望一举得男或得女的家族期待，或者，将有缺陷的小孩调换过来。

被拒于门外的婴儿的命运非常悲惨。在最好的情况下，他们会被放在罗马街道上某些指定的地点，这个古代习俗相当于中古时代的弃婴轮盘或现代的弃婴保护舱①，母亲可以在这里安全地弃养她们的新生儿。罗马历史学家费斯特斯（Festus）告诉我们，靠近果菜市场奥利托利安广场附近，就有一根精确执行此功能的柱子。它恰如其分地以“哺乳柱”之名远近驰名，因为，据费斯特斯所言，每早都可在此发现需要哺乳的婴儿。婴儿被悉心包裹，身上带有可辨识的印记，因此弃婴家庭可以在未来重新认养他们。当然，在这类例子里，他们将支付

① 中古时代的修道院里有一种转盘，一半露在墙壁外，一半在修道院里，将弃婴放在盘上，即可送交修道院。而弃婴保护舱则是18～19世纪常见的一种设施，为一种容器或场所，让无法养育婴儿的人将婴儿置于其中，供特定人士前来领取和照顾。

一笔抚养费。

亲子关系将通过切半的铜板或勋章来进行确认，弃养的家庭留着半块，被弃养的婴儿身上放着半块，以后相认时能完好接合即可。这手法沿用了几个世纪，在图拉真时代人们很可能还是用这个方法。

但危险在于收养孩子的人可以为所欲为：如果被收养的是个女孩，收养人可能会在她长大后逼她卖淫，而如果是个男孩，他长大后可能会成为奴隶或仆人。

在这个庞大的城市里，甚至有人将婴儿买卖变成专门的职业。他们每早都会到弃婴的指定地点走一遭，将婴儿抱回来，然后以高价卖出。就像在今天的印度或其他贫穷国家，有些人口贩子会将婴儿的腿弄断，或弄瞎婴儿的眼睛，如此一来，当他们将小孩送到外面乞讨时，路人会更加同情他们，那么他们所能获得的利益也会增加。

但这些遭到弃养的婴儿的命运可能会更加凄惨。我们从哲学家塞涅卡的描述中得知，畸形儿或早产儿往往会被闷死或淹死。其他则被偷偷带到垃圾场或鲜为人知的小巷子，丢弃在街道上的垃圾之间，死于营养不良或寒冷，有时甚至被野狗吃掉。

但也有一些婴儿收获好运的例子，在这些例子里，领养弃婴的双亲接纳婴儿，并以爱意将其抚养长大，这些父母都是出于某种理由没能拥有自己的子女。而在公元115年这个早上的罗马某处，一个这般幸运的男婴也许已经找到了新家。

12：20

与塔西佗的相遇

我们现在正漫步的阿吉勒图街（the Argiletum）就在罗马最热闹的区域苏布拉的边缘。古怪的是，苏布拉就位于帝国广场隔壁——两个极端的世界并肩而立。一边展现着豪奢、珍贵的大理石、权力的象征和罗马的宏大历史。而（就在几米外的）另一边则呈现大众庶民们的渺小历史——那是一个劳工阶层所居住的贫穷世界。你可以从人们的穿着打扮、街道的肮脏和街边的垃圾、商店的种类等清楚看出这点。这里的商店贩卖着更为廉价的货物。

一道以白榴凝灰石砌成、有点类似柏林围墙的高墙，将苏布拉和奥古斯都广场分隔开来。这道防火墙是用来保护这个重要区域免于（常见的）火灾。当罗马城在尼禄治下的那场著名大火中几乎被夷为平地时，幸亏这道墙挡住了熊熊火焰，才将这广场变成了一座孤岛，使它免于焚毁；这道墙也救了许多城市居民的性命。

我们现在正在行走的街道虽然位于贫穷的社区，但它与罗马文化有紧密的关联。这是一条有着许多书店和书坊的街道。如果想寻找伟大罗马作家的作品，从西塞罗到维吉尔到马提雅尔的作品，你便应驾临此地。

许多商店外面有招牌，通常在入口旁的墙壁上也蚀刻了一些文字。店主往往是被解放的奴隶，而这些前奴隶的名字则为顾客所熟知。

于是，我们走过阿特雷克图斯和赛昆笃斯所经营的朴素书店。索西兄弟和度拉家族的书店就在前面了。我们注意到一家货源非常充足的书店，是由被解放的奴隶阿特雷西乌斯负责经营。书店非常大，墙壁上是摆满文学作品的书架。有些是莎草纸卷轴，往往装在有保护作用的容器里展示，而这些容器是上面附有盖子的皮制小桶。还有用羊皮纸制成的袖珍本书籍。然后还有随处可见的木制写字板；每一页都是由文字书写而成的蜡"盆地"，或者，更精确地说，是使用青铜笔尖在表面用力刮擦而造成的蚀刻。（这些通常是短篇作品，比如诗歌。）

我们走进书店，走到一个书架前，小心翼翼地从书架上拿下一本书，想轻轻翻开它。但是，我们一打开书，整本书就突然散开，掉落在地上了。事实上，许多作品的书页很像手风琴，也就是说，书页并未装订成册，而是由一条长长的亚麻布条细细折叠而成，看起来有点像我们的纪念品商店里所贩卖的折叠式明信片。

一位店员从书架的另一头冷冷地瞪着我们。我们吓了一跳，急忙将每样东西都放回原位，此时，我们才突然发现这些书的正确阅读方式。翻阅书页的方式恰恰与我们现在的读书习惯相反：这些书要从右向左读。一道双红线区分了文章的段落，每条折缝分隔了上下页。

我们走出书店。沿着街道步行时，我们看见几个人从其他书店走出来，拿着短篇作品的卷轴。一家书店看起来格外重要：在图拉真时代，它相当于我们在闹市区看到的那种大型书店。它的经营者是特里福内（Trifone），它的墙壁贴满许多作家的书轴销售广告。书店外还有一顶在等待的轿子，两名士兵正在聊天，这显示里面有一位重要人物。我们将头探入书店内，在里面的书架之间，可以看见特里福内的印刷室。古腾堡仍要在许久之后才会使用活字印刷术。在这里，每本书都是手写而成。成排的抄写奴隶在口述下书写着作品的无数副本。他们在桌上弯腰振笔疾书，有点像中古时代的修士。

我们正在观赏的是书本制作的最后流程。首先，作者在家中写下作品，然后请朋友或熟人审读，检查可能的逻辑谬误或其他错误，甚至掂量他们的理念会造成的冲击。小普林尼则更进一步，他会对着一小群听众大声朗读他的作品。据他所言，他可以通过对大众朗读，做出最重要的改正或逐步修正出新版。最后，原著被送往印刷厂，在那里，书籍日复一日在油灯的微弱灯光下逐渐成形；那是工匠的真正杰作，而非工业产品。如果我们是在图拉真时代写这本书的话，也得经过相同的制造过程。

我们轻易便能推断出，在古罗马，若要“出版”一本书，得花很长的时间，但经营这些书店的前奴隶拥有和现代出版商一样敏锐的市场直觉，如果他们认为某本书会成为潜在的畅销书，就会暂停所有的“生产线”，让所有的抄写奴隶专心誊写那本书。

我们在思索这些议题的时候，发现有个男人站在书店后方，拉开了分隔书店和后室的帘幕。他身材高大，秃头，留着胡子，有着凹陷的双颊和深邃的双眼。他就是特里福内，这个书店兼印刷厂的经理。他在说话时将帘幕拉开，好让跟他说话的人通过。从我们偷听到的几个字判断，他们正在讨论一本抄写员已经完成“印刷”的书籍的出版时间。那位正在和他说话，身子仍隐匿在帘幕之后的人显然是位作家。我们猜出他的忧虑：他的作品有好几大册，而他不希望出版过程耗时太久。特里福内以极为恭敬的态度试图安抚他，看起来简直像是在接受命令。这位作家一定是非常重要的显贵，从在入口处等他的轿子和士兵便可看出端倪。但他会是谁呢？

我们试图走近一位抄写奴隶，他是个埃及人。他正在油灯的灯光下，以利落细腻的书法抄写着一本书。他的手和手指的阴影似乎在跳舞，像极了芭蕾的单脚尖旋转动作。在他面前的斜面书桌上，放着一张原始手稿，他极为小心地翻阅。他身边的长凳上放着两个绑在一起的木制写字板，用来保护原始手稿。

我们低着头，试图读出书籍的名字——《编年史》(*Annales*)。那位作家是塔西佗①！原来，那位有着灰色卷发、慑人绿眸，正要离开书店的人是位伟大的历史学家！他活在我们所探索的相同年代，在短短几个月后，即116年，他的伟大作品《编年史》将会出版。这是他透过历史公开抨击帝国的堕落和颓废的漫长旅程的最后阶段。

我们发现这套著作就在我们眼前逐渐成形，奴隶正在抄写

---

① 塔西佗（Tacitus），公元1世纪时罗马最可靠的历史学家之一，曾任罗马帝国元老院元老。

的是塔西佗的第十册书。那正是没有流传下来的几册书之一，谁知道其中究竟写了些什么！我们震惊得目瞪口呆，无法动弹。塔西佗在角落转弯，向特里福内挥别，进入他的轿子。而现在，我们才想起来，他不仅是位伟大的历史学家，还是位律师、刑事裁判官、大法官、领事和地方总督。这解释了他为何有士兵护送。轿子开始移动，“漂浮”过人群。

而就在这一刻，仅在几百米之遥，一名男子人生的最后一幕正要上演。这一切都发生在数以千计的观众眼前，就在圆形竞技场的中央。

12：30

圆形竞技场，死刑处决的一刻

警卫紧紧抓住他的一双手臂，好像在害怕他可能会逃跑。但他能逃到哪里去呢？直到现在他都被关在一个笼子里，离圆形竞技场中的竞技场地只有数米之遥。他周遭的上万名观众在大叫、狂笑，拍着手；震耳欲聋的欢呼声传到这个寒冷阴暗的通道里，变成音调不协调的喧闹。他仿佛置身于巨大的动物陷阱中，无处可逃。如果他能立刻被剑刺死，就再好不过了。但没有人会这么做；反之，他将承受极大的痛苦缓慢死去——他将被生吞活剥！直到现在为止，认命是他主要的感受。自从法官在审判中做出判决后，他的命运就遵循着一个精确的轨道，令人恐惧地顺利向前转动。他被警卫带走，安置在牢车上，送入牢房。一路上，人们尽情地羞辱他，用石头丢他，对他吐口水，甚至泼粪，他承受了各种你所可以想象的凌辱。他的脑袋里一片混乱；他试图弄清楚眼前的状况，寻找一条生路。但一切都太迟了。他仿佛被某种邪恶的机械追赶到了悬崖尽头，而他无力阻止。

囚犯了解羞辱是惩罚的一部分。他自己便无数次看过这类场景，看着被判死刑的犯人行列走过他面前。他当时也嘲笑过他们，丢过石头。现在轮到他了。不幸的是，他知道这一切将如何落幕。他在过去这几天内做好面对死亡的心理准备。但现在，当他真正面对它时，他的胸膛内涌现出了一股巨大的恐惧，那是一种难以忍受的痛苦和极度的绝望感。他的呼吸越来越困难，当笼子的大门透过阳光在他身躯上照射出如同裹尸布般的栅栏阴影时，他的脸色变得惨白。他身上唯一的衣物是一种质料粗糙、缀有流苏的裙子。警卫察觉到他的精神状态，微笑起来，更用力地抓紧他。警卫拥有处理死刑犯的多年经验，他知道，这是最危险的时刻之一。

裁决是“判处给野兽”。当犯人听到这些字眼时，在他肩膀上的整个世界顿时崩塌了。但他早该料到结局会是如此。长年的剥削和贪腐，给他一种自己能逃过惩罚的大胆侥幸心态。它们让他以为，自己比将他铐着铁链从北非（即现今的阿尔及利亚）带来罗马的那种制度更强大。他当了好几年奴隶，一被解放便开始努力往上爬。他曾经将无数人赶出家门，整个家庭在一夕之间沦落到大街上讨生活。放高利贷的他从没放过任何人。已经数不清有多少次，人们来到他跟前乞求延期和怜悯。但他在告诉他们“不行”时，心中不由得有种深沉的愉悦快感，那甚至是种报复的快感。他变得残忍、愤世嫉俗，除了羞辱借贷者之外还会对他们暴力相向；不付钱的人被痛揍一顿，然后（在腐败官员的协助下）他们的财物被充公，他再与共犯们分赃。受害者的妻小往往需要以性服务来偿付高利贷的利息。他的权势似乎如日中天，享有数不尽的财富、晚宴和重要贵宾。现在，他期待自己能爬到罗马社会的顶端。然后，在一个早上，他的世界突然分崩离析了。

就那么一个官员坦白招供而已，他便全完了。警卫们举着火把在黎明抵达。他们将他拖到监牢，审问他，将他放在拷问架上。然后第一批胆小的证人开始招供。许多人出于羞愧，什么也不肯说，但还是有很多人说出事实。于是，这位前奴隶对罗马公民所做恶行的冰山一角被揭发了。他的恶行无法被容忍，他不可能得到另一种判决。现在他在这里，膝盖发抖，离生命尽头只剩短短几秒。

警卫往后退了一步，取代他的是两位穿着某种厚重皮革服装的男人。他们的头部也罩着一种奇怪的厚重皮制兜帽，里面还戴着头盔，看起来有点像冰岛渔夫。他们是执行死刑的专家，他们是奴隶，负责将死刑犯推给野兽。这些古怪衣装和溅满血的衣服就是他们的保护层：衣服里有着厚厚的护垫，类似现今警犬训练师所戴的手套。

突然间，笼子的门被打开，死刑犯被用力推到了竞技场上。户外的灿烂阳光让他一下子睁不开眼睛。他扭曲着脸，他没办法遮掩脸部，因为他的双手被捆绑在身后。他几乎听不见人们的欢呼声。他以前曾无数次在圆形竞技场中看过这种场景，他做梦也没有想到，有一天，站在竞技场中央的死刑犯会是自己。

那两位刽子手从背后用力推他，逼迫他向前跑。在笼子打开前的那一瞬间，他俩彼此对望了一眼。决定让犯人以这种方式登场——一来是为了吸引观众注意，二来也是为了引发大笑。事实上，多年的养尊处优使得这位被解放的奴隶发福了。这个男人无法奔逃的景象，他的大肚子随着每一步前后摇晃，眼睛恐惧地大睁，脸上表情疯狂，所有这些都使看台上爆发出一阵大笑，随即是嘲弄的口哨声。许多高利贷受害者也坐在观众群里。他们之中有些人在大声叫好，欢呼不已，发泄长年来饱受的屈辱；其他人则一直沉默地坐着。

现在，竞技场上的三个人放慢脚步，朝着狮子走去。狮子有着令人畏惧的暗色鬃毛，它转过头来，盯着他们。凑巧的是，它和被解放的奴隶一样来自非洲。狮子对这种大餐并不陌生，它似乎有所迟疑。一位助手立刻用长杆戳它。狮子跳了起来，对这项挑衅发出怒吼。助手又戳了它一次，它于是步履坚定地朝着死刑犯走去，每走一步，它那雄浑有力的肌肉便在皮毛下频频颤动。

那男人眼见他的终结者向着自己走过来。狮子都有巨大的头部，但让人胆战心惊的是它们明亮、仿佛冒着火焰的淡褐色眼睛。那对眼眸深处只有冷酷。

死刑犯用尽全力尖叫出声，全身僵硬，双脚杵在地上动弹不得，但那两位刽子手比他强壮。其中一位熟练敏捷地抓住他的头发，将他向前推，仿若他是野兽的饵。第二位则躲在他背后，身体弓起来，好像在抵着门，以免门被撞开一般。他以这个姿态将他向前推。他双手用力抓紧他，等待撞击，他垂下的头被兜帽覆盖住。

狮子最后几步加快了速度，但令人惊讶的是，它在走动时完全安静无声。死刑犯尖叫不已，在最后时刻闭紧眼睛，转过头。在狮子最后跳起来，离开地面的那一秒钟，观众陷入一片诡异的死寂。

一切都在瞬间发生。刽子手连忙放开犯人，快步逃走。狮子的利齿露出白色亮光。死刑犯感觉到热腾腾的气息吹至他脸上，随后被掠食者的庞大身躯扑倒。

观众欢腾雀跃。但这景象令人战栗不已。狮子的牙齿陷入死刑犯的脸和脖子之间，它的牙齿咬得很深，咬碎支撑脸和鼻子的骨头，咬烂了眼眶。它只咬一口，便将那男人的半张脸扯下来，随后撕裂皮肤，啃咬他的鼻子、脸颊、颧骨和迸出来的眼珠。男人的脸血肉模糊，坐得最近的观众心惊胆战地看着男人失去半张脸但仍在挣扎的景象。他仍然活着，仍在尖叫，不断在地上打滚。狮子像摔角选手般将他钉在地上，爪子陷入他的胸膛和肩膀。它突然抬头凝望着观众，口鼻沾满鲜血，下巴半开，它似乎在征求观众的同意。那位助手又戳了它一次，要它尽快完成工作。它似乎决定把受到戳刺的疼痛发泄到死刑犯身上。它抓住他的脖子，凶狠地摇晃他。那男人的身体已经停止动作，他的脖子被咬断，他的头以极不自然的姿势垂向一边。他腿部的几下短暂痉挛显示他已走到生命尽头。现在，狮子开始扯开他的内脏……

奇闻 | 死亡作为娱乐表演

我们方才目睹的场景，在罗马帝国的所有城市里都是典型的景象。它让你纳闷，罗马人是否如同人们常说的那般，有点过于残忍。实际上，我们得牢记几件事。首先是时代背景，那是当时的生活形态，伊特拉斯坎人施行人类献祭。而在近年成为研究焦点的凯尔特人习惯将战败敌人（即使是高卢伙伴）的头颅砍下来，然后当成狩猎战利品钉在房子的横梁上。当敌人特别勇猛时，他们的头颅还会被浸泡在香柏油里，代代保存下去。

头和颅骨会被展示在村庄或圣地（如在恩特雷蒙[①]）的入口处。你可以在马赛的伯莱利博物馆里看到一个令人印象深刻的范例，那里展示着在法国南部罗克佩土斯（Roquepertuse）出土的一座著名凯尔特神庙的石制横梁。它有几个壁龛，里面挂满对部落而言最危险的敌人的头颅。

在大约同时代，中国士兵的升迁取决于他们所砍下头颅的数量（为了方便计算，他们割下两片耳朵带回营地，作为战绩的证明）。在中美洲，阿兹特克人会贩售敌方奴隶，作为人类献祭之

---

① 恩特雷蒙（Entremont），位于法国东南部。

用，如此等等。

总而言之，罗马人处于一个与我们迥然大异的世界。圆形竞技场是公开行刑的场所之一，而这个现象直到近代仍旧存在于我们的社会中。法国有断头台，英国有绞首台。每次在公众面前进行公开处决，都是为了收杀鸡儆猴之效。在教皇统治下的罗马有好几处公开行刑的地方，每一处都有特定的手法：异教徒在鲜花广场被处以火刑；在越台伯河区（Trastevere）犯人的手被斩断；圣天使堡是绞死、肢解和砍头之处。人民广场的行刑往往是狂欢节庆祝的一部分，但执行方式真的令人毛骨悚然：死刑犯会被捶打至死。从1826年开始，断头台因手法比较人道，成为主要的行刑方式。

的确，罗马人做了前所未见的事：他们将折磨囚犯变成了表演观赏。如果想看这类景象的现代版本，你只消观看以真实意外、追逐场景和谋杀案改编的电视节目：痛苦（或死亡）好比娱乐表演，洒狗血成为吸引观众的一个手法。

以此延伸，人们现在可以在电视上全天候观赏到充斥着暴力、死亡和枪战的电影和电视节目，它们就相当于圆形竞技场表演的现代版本。

但当时的节目内容究竟是什么呢？当时有许多不同的表演，某些令人惊骇莫名。那时有最简单的杀戮，比如我们刚才所描述的野兽吃掉犯人。其他时候，死刑犯被绑在固定于状似小战车的手推车的杆子上，然后被推给野兽。罗马马赛克里所描绘的汩汩鲜血显示这是极为残暴的景观。

观众知道行刑过程常有意外发生，但这只会促使他们提高期待。有时候，节目策划者会设计独特而巧妙的舞台场景，根据神话或历史脚本执行处决，引用的是与“活人扮演的舞台造型”相同的原则，与我们用活人表演耶稣诞生在马槽的概念并无二致。因此，就产生了试图飞行的伊卡洛斯[①]：被判刑的人模拟这趟不幸的飞行，跳入空中，摔落地面，喷出的血四处飞溅，甚至溅到皇帝的包厢上。历史学家苏埃托尼乌斯曾经如此描述道。

我们知道，被判刑的人被迫重演传奇英雄斯凯沃拉的丰功伟业，他曾在火焰中燃烧他的一双手，其他人则被迫重现阿提斯[②]的阉割，或像伊克西翁[③]般被绑在点燃的轮子上。

此外，诗人马提雅尔曾经记载，圆形竞技场的开幕仪式中包括一场改编自奥菲士[④]的表演，他因妻子欧律狄刻（Eurydice）之死而万念俱灰，但成功地以其歌声让野兽俯首听命。死刑犯便被放在竞技场上，为石头和树木的戏剧场景所围绕，后者与无数野兽一起从地下升至地面（这是许多特效之一）。不幸的是，这位奥菲士无法使大熊平静下来，在群众的欢声雷动中，“歌手被不知感恩的熊惨忍撕扯成碎片”，马提雅尔如是说。

另一种戏剧化的处决则自普罗米修斯（Prometheus）的神话取得灵感，他因将火当成礼物送给人类，而被众神以铁链绑在一块岩石上，一只老鹰则定时飞来吃掉他的肝脏。死刑犯被从喀里多尼亚（Caledonia，苏格兰）捕来的熊乱掌打死。

在尼禄治下，有个女人的命运同样悲惨，她被迫重新诠释弥

---

① 伊卡洛斯（lcarus），想与其父借助蜡制翅膀飞离克里特岛，但因飞得离太阳太近，翅膀融化，坠海而死。

② 阿提斯（Attis），希腊神话中库柏勒（Cybele）的配偶。

③ 伊克西翁（lxion），因追求天后，被天神宙斯绑在车轮上受罚的国王。

④ 奥菲士（Orpheus），神话中的诗人和歌手，善弹竖琴。

诺陶洛斯[①]的诞生神话，她得扮演克里特岛的帕西菲皇后（Queen Pasiphae），与海神的公牛交配。我们知道这类公开处决曾经上演好几次，在提图斯的治下尤其恶名昭彰。

但也有演员为了娱乐观众，与动物合演危险的特技。他们不是被判死刑的罪犯，而是以高超本领逃过熊和狮子攻击的特技演员。他们会藏匿在（类似于饭店里的）旋转门后，或躲在绕着一根杆子旋转的篮子内。还有人撑杆跳过熊身，或爬进摇摇欲坠的鹰架内，猛兽则在下面虎视眈眈地打着圈圈。

在形形色色的死刑判决里，有一种所谓的“判处格斗”。此种公开处决极为变态：两位各自仅配有一把短剑的死刑犯被迫面对彼此，奉命格斗至死。赢家打赢之后还得再迎战另一位死囚，如此不断继续下去。

最后，我们必须在这份被当作娱乐节目的恐怖处决列表上再加上火刑。

在这些案例中，死刑犯被迫穿上浸泡过易燃液体的衣服。这样做的目的是先让死刑犯跳起舞来，最后再以悲剧收场。衣服着火后，死刑犯由乱舞转变成剧烈抽搐，因遭严重烧伤而死。

在尼禄治下，许多基督徒被烧死了。他们的脖子被绑在木桩上，因此动弹不得，然后将以莎草纸和蜡制成、富含树脂的数捆柴薪放在他们脚下，接着点上火。

就这点而言，我们必须指出，与一般公认的事实相左的是，没有基督徒在尼禄的迫害下死于圆形竞技场。事实上，那时圆形

① 弥诺陶洛斯（Minotaur），牛头人身怪物，由克里特皇后和公牛交配而生，被囚禁在克里特岛的迷宫，每年要吃掉献祭的男女童。

竞技场尚未存在。尼禄在另一地点举行处决仪式：在他比赛战车的私人竞赛场内。此地位于现今的梵蒂冈。许多基督徒饱受各类折磨而死（包裹着兽皮后遭狗肢解、钉上十字架，或被活活烧死）。根据传统说法，圣彼得①也在此殉教并被埋葬于此，这就是为何奉献给他的大教堂于此地兴建的原因。许多基督徒也在其他时代遭到迫害和杀害，但我们不曾听说圆形竞技场内曾发生这类事件。迫害事件主要发生在散布于帝国境内的圆形剧场内。

① 圣彼得（Saint Peter），可能死于公元67年，早期基督教领袖，《新约》中的显要人物。

13：00

在酒吧吃一顿简单的午餐

回到罗马的街道上。我们漫不经心地跟在三位奴隶后面，他们排成一排，每个人都抓着双耳长颈酒瓶一侧的把手，将它扛在背上。他们显然在送货。尽管酒瓶很重，他们却敏捷地穿梭于门廊的人群间。人们让出一条路来让他们通过，我们则利用这个空隙，跟在他们身后。这方法使我们很容易行走在门廊间。我们可以看见旁边敞开的商店大门、公寓大楼的前门等。突然间，其中一个奴隶停下脚步：他抵达目的地了，那是个客栈入口。在经理认出他后，他便消失在里面。另两位奴隶在外面等他，他们将酒瓶放在地上，大口喘气。我们迅速打量，想看看罗马时代的客栈是什么模样。当然了，客栈也有各种等级（相当于我们的星级），但基本上，它和我们所熟悉的相差无几。

比如，就像我们的饭店，这家客栈在楼下有间餐厅，楼上则是客房。它甚至有让客人的马休息的“车库”（马厩）。我们在街道上可以看见四间摆有餐厅躺椅的房间，一间正在使用中。餐厅在这时营业很奇怪，因为餐厅通常是在晚上有重要晚宴时才开放，白天是不营业的。也许客人在庆祝某件事，也许这是顿商业午餐……一位女仆拿着一个水罐从餐厅里走出来，接着将紫色帘幕拉上，遮蔽了我们的视线。客人因此重新获得隐私。

我们回头跟着那三位奴隶，走过罗马典型的斑马线人行穿越道，即一个紧挨着一个铺在马路上的大石头，穿过一个十字路口。它们在雨天时能发挥极大的功效：当街道因隆起的坡度而转变为溪流时（道路往往特意如此设计，好让雨水清洗路面），这些石头能让人们在穿越街道时不至于弄湿双脚。这和在溪流中放置一排石头的道理相同。

我们仔细一想，现在正穿越的街道与我们的相当类似：两旁是人行道和鳞次栉比的商店。我们注意到，人行道上有几处地方聚集着更多人，他们漫无目的地乱转着，而那三位奴隶则放慢脚步，最难通过的地方恰恰正是酒馆前方。的确，现在是午餐时间，就像在我们的时代一样，群众开始聚集在这些地方。

他们抵达第二个停留点，这次是在酒店前。它有长长的柜台，几只双耳长颈酒瓶成排靠墙摆放在角落，而几个水罐则吊挂在入口的一根青铜长杆上。这里卖酒和简单可带走的便餐。尤其是，你可以站着迅速吃完。这些都让我们联想到意大利人所熟悉的某样事物：咖啡吧。在午餐时间，我们也许会在那儿买半个三明治和一些饮料来喝。在这里，人们点着类似的东西：一杯酒和传统意大利扁平面包。不同之处只在于，我们几乎都以一杯咖啡结束我们的便餐；古罗马人则不是，因为咖啡还不存在。

这地方让人吃惊之处在于，有一种木架沿着一面墙挂在天花板上，里面放了八个双耳长颈酒瓶。它们就相当于现代调酒师身后摆放的酒瓶。经理拿走一个空酒瓶，然后在一位奴隶的帮助下换上一只他们运送来的酒瓶。他们在换酒瓶时，顾客好奇地打量着他们（一位顾客却无动于衷，他的眼睛布满血丝，因为刚喝了酒，头不住地前后摇晃）。我们注意到这地方和正常的饭馆大小相仿。这类地方被称作“taberna vinaria”并不使人意外，这词流传了数个世纪，衍生出了“酒馆”（tavern）一词，意义则一模一样。那三位奴隶在扛上空酒瓶后，继续往前走，我们仍旧偷偷跟在后面，他们还有一只酒瓶要送，我们看他们会把我们带到哪儿去。

我们通过丽薇雅门廊，走到一个十字路口。三位奴隶在此停住脚步，他们抵达了目的地，十字路口一隅是个大型用餐场所。它位于一个非常方便显眼的地点：它有两个入口，每个入口都面向两条交会的街道。不像我们刚才看到的酒店，你可以在这里坐下来慢慢吃喝。

在现代，你会听到考古遗址的向导用“食铺”（thermopolium）指称这类场所。实际上，如果请任何一位罗马人为你指出一家食铺的话，他会听不懂，而且大惑不解地睁大眼睛，呆望着你。事实上，在帝都罗马，没人使用这个希腊字眼，他们在这里用的是“饭馆”（popina）一词。

许多人正在饭馆外吃饭，坐在沿着墙壁而放的桌边，这给路人制造不少头痛的问题（恰恰就像今日市中心的酒吧和餐馆的户外座位）。对饭馆主人来说，这样一来，他就可以服务更多顾客，赚更多钱。对顾客的好处则是，他们可以边吃饭，边观察人群和街道上发生的大小事，好像在看纪录片一般。

让我们好好瞧一瞧饭馆。在我们尚未走进饭馆前，食物的香味便扑鼻而来，让我们猛流口水。特别是和一小把迷迭香共同烹煮的肉的香味。

我们的最初印象仿佛是走进现代罗马的“osterie”或

“rattorie”，某种像美国的小餐厅或小酒吧。餐厅很大，有许多桌子，人们坐在旁边吃饭。顾客男女都有。入口处有个长长的L形柜台阻止了人潮顺利进出，柜台上则铺着具有蓝色条纹的白色大理石。

L形柜台较短的一侧直接面对街道，有点像我们冰淇淋商店的柜台，一位女孩正在分发盘子和杯子给排队的顾客。她很漂亮，饭馆老板深知此点，这也是她会被安排在门口招呼客人的原因：她会吸引顾客上门。她的动作相当快，常常从柜台右侧靠墙的一道大理石小台阶上取水罐和杯子。但真正让男性顾客感兴趣的是，那位女孩在柜台后俯身的时候，他们能偷偷欣赏她袒露的胸脯。

那位女孩常常往前弯腰，不是要借机夸耀她的身材，而是因为在柜台中间有个水盆，它的作用就如同洗水槽，可以在里面快速清洗盘子。一条水管为这个洗水槽供水，即最小量的自来水。但可以确定的是，有不少脏东西也漂浮在那些水里，如剩菜、豆荚、油脂等。

透过一道拱门，我们从外面就可以看到这个水槽，还有柜台上小型的大理石阶梯，这是帝国全境内饭馆的典型景观，也是这类地方的特征，让顾客即使在远处都能一眼认出来。

我们继续往前走。柜台延伸至饭馆内部，台面上有圆形的大洞。那些是摆放在柜台里的圆形大罐的开口。那些大罐里都装些什么呢？女孩身边的另一位仆人无意中向我们泄露了答案。他用一根勺子从一个洞里舀出橄榄，然后从另一个洞里舀出小麦制成的某种麦片粥或粗燕麦糊，并将它们放在两个不同的盘子上，接着便离开了。

午餐时间。这是罗马饭馆的内部景观，有典型的 L 形大理石柜台。侍者从柜台上的开口里舀取食物和酒。罗马午餐非常简单：蛋、橄榄、乳酪和无花果。

几秒钟后，另一位侍者走过来，他从第三个洞舀了些葡萄酒。他将一只平底锅装满酒，然后放在柜台底端的一个小火盆上……葡萄酒在加热后会端给顾客……几滴酒在端上桌的过程中洒在桌面上，但它们不会被浪费掉，因为其他“顾客”（苍蝇）会喝掉它们——而这里的苍蝇还真不少。

我们再往前走。我们看到角落有一座烤炉，正在烘烤意大利面包和其他食物。我们环顾饭馆内其余地方。墙壁上有湿壁画和装饰，当然无可避免地还有顾客留下来的涂鸦。桌子椅子和我们的很类似，但不是餐厅的那种躺椅。只有在晚上或晚宴时，人们才会斜靠在躺椅上。午餐时，他们像我们一样坐着吃饭。我们举目四望时没有看见任何内院。我们知道很多饭馆有内院，以给顾客提供更安静的环境。

此地的顾客形形色色。有对男女位于角落，分坐桌子两旁，低声交谈，深情对望。不远处，有个男人在独自吃饭，以令人不耐烦的缓慢动作撕扯着烤鸡腿。他身后是两位士兵，纵声大笑，拳头不断锤击桌面，其中一位缺了两颗门牙。在我们旁边，有两个男人和一个女人在聊天，等着他们点的食物上桌。一只狗在桌子间打转，它一定是老板养的狗，它有个非常重要的任务：将地板上的食物碎屑吃干净。

午餐总是很简单，主要是豆子、水煮蛋、橄榄、绵羊或山羊奶乳酪、腌鳀鱼、洋葱、烤肉、烤鱼和一些无花果。罗马人会依照他们所吃分量的多寡，说吃了一顿“简餐”，或说“分量较为丰富的大餐”。

我们注意到，一面墙上有幅奇怪的湿壁画。上面画了盛有豆子的盘子，装有一些橄榄的杯子，还有两个圆圆的东西，也许是石榴，也许是类似于盘子的鼓或乐器。

这幅画令我们大吃一惊，因为考古学家在奥斯蒂雅的考古发掘中，也在一家饭馆里发现了一幅一模一样的湿壁画。许多学者认为它是种画在墙壁上的"具体"菜单，好让每个人都能对店里卖的东西一目了然（就像我们在今日的速食店里常见的景象）。但我们觉得，它比较有可能是一种象征，显示这类场所所能提供的享受：美食、饮料和好听的音乐。

我们的注意力被一连串节奏分明的声音吸引，我们转身望去，看见一位侍者在柜台旁用研钵和杵磨着某样东西。我们好奇地走过去，想看得更清楚一点。火炉上的葡萄酒不见了，它早被趁热端了出去。现在侍者在准备另一种饭馆里颇受欢迎的饮料："piperatum"（或说"conditum"）。它是由胡椒和某些香味提炼物，以及蜂蜜、葡萄酒和温水混合而成的饮料。

鸡尾酒调制好了，那位侍者将它倒入柜台上的两只杯子内。一位女侍端起杯子，朝向坐着两个男人的那桌走去。她有着又长又黑的眼睫毛，一头披肩的卷发。她极具地中海人的魅力：圆俏的臀部，特别是丰满的胸部。她将两个杯子放在桌上，正要离开时，一位顾客抓住她的手臂，将她拉到身边。那男人身材壮硕结实，除了颈后的一小撮头发之外，脑袋剃个精光。那是摔角手的显著特征。他们交换了几句话，眨眨眼，使个眼色。我们不难看出这家伙想要的是什么。

女人绽放微笑，表示默许，但她拉开那男人游移在她胸部的手。她看了老板一眼，老板未曾间断地继续算他的账单，他只抬头看了一下，点点头，然后又回头埋首于算账。摔角手站起身，和那位女侍朝帘幕走去。他们将帘幕拉开时，我们隐约可看见一道通往阁楼的木制楼梯。

与饭馆里的女侍发生性关系非常普遍，几乎是家常便饭。它甚至不被视为通奸，这让我们对在这类地方工作的女性的社会地位有些概念。不仅是女侍，如果老板是女性，她也会被视为随便的女人，她的女儿们也一样。

在上面的阁楼里，那男人甚至没有脱下他的衣服，便将女人推倒在床上，把她的身子转过来，掀起她的短袖长衣，靠着墙壁的床因为震动开始发出咿呀声。从楼上传来的声音让两位士兵莞尔一笑：他们的桌子离楼梯很近。那位缺了门牙的士兵抬头往上看，开始鬼叫，然后狂笑出声。

过了一会儿，等男人和女人一块走下楼时，这位顾客得付午餐费之外的“服务费”。他知道这个“额外”服务不会超过八阿塞（as），不过是一小瓶酒的价钱，而且是便宜的酒。

但阿塞是什么？而塞斯特斯价值几何？我们又能用它来买什么呢？

｜奇闻｜一个塞斯特斯值多少钱？

很多人问这个问题。但这并不容易回答，由于反复再三的货币危机和通货膨胀，塞斯特斯的价值经过数个世纪以来已有所改变。

但无论如何，让我们来试着计算一下。

我们将罗马帝国全境内流通的货币依其重要性排列如下：奥里斯（金币）、迪纳里厄斯（银币）、塞斯特斯（青铜币）、杜卜迪奥（青铜币）、阿塞（铜币）、塞米塞（铜币），以及最小的青铜币瓜德郎特。

因此，塞斯特斯是种中等价值的货币，在每日买卖中被广泛使用。根据奥古斯都于公元前23年时所建立且流传下来的严格等级，它与其他货币的价值换算如下：

1塞斯特斯＝2杜卜迪奥＝4阿塞＝8塞米塞＝16瓜德郎特

再者，如果花费的金额相当巨大，也可以使用其他货币，粗略来说，这些货币就等同于我们带有好几个零的钞票。

1迪纳里厄斯＝4塞斯特斯

1奥里斯＝100塞斯特斯

现在，我们可以计算出你能用1塞斯特斯买些什么了。秘密就藏在考古遗址（尤其是庞贝）中所出土，位于墙面上的古代书写和铭文中。

它们包含许多价格，通常是以阿塞计算，但是，由于我们知道数种货币间的对价关系，因此可以算出，对一般消费者而言，1塞斯特斯的实际购买力。

以现代术语来说，1塞斯特斯相当于2欧元，或2.5美元。

这是它在1世纪时的价值，而我们可以假设，在2世纪初期，它的价值在图拉真治下的罗马维持不变，而拜图拉真的军事征服所赐，这时期有蓬勃的经济发展。

下面是相对于我们现代购物时的一些价格（据2007年的数据换算——编者注），许多例子往往使我们吃惊：

一升的橄榄油＝3塞斯特斯＝6欧元

一升一般的葡萄酒＝1塞斯特斯＝2欧元

一升精选葡萄酒＝2塞斯特斯＝4欧元

一升上好的法勒诺酒[①]＝4塞斯特斯＝8欧元

一公斤面包＝0.5塞斯特斯＝1欧元

一公斤小麦＝0.5塞斯特斯＝1欧元

一碗浓菜汤＝0.25塞斯特斯（1阿塞）＝0.5欧元

大浴场的一张入场票＝0.25塞斯特斯（1阿塞）＝0.5欧元

一件短袖长衣＝15塞斯特斯＝30欧元

一头驴子＝520塞斯特斯＝约1000欧元

① 法勒诺酒（Faleino），古罗马时期意大利西南部坎帕尼亚（Campania）区所产之最好的葡萄酒。

一个奴隶 = 1200 ~ 2500 塞斯特斯 = 2500 ~ 5000 欧元

古代资料充斥着许多有趣的奇闻。我们知道，一般市民会携带大约30塞斯特斯出门，相当于60欧元。

其他资料则给予我们贫富巨大差异的相关概念。一天花6塞斯特斯便足以喂饱三个人（一个小家庭），但一个住在图拉真时代的罗马有钱人，一年至少要有2万塞斯特斯的收入（相当于一天55欧元），才能维持生活所需。

我们最好别过度深入探究这个问题。事实上，不断肆虐帝国的高度通货膨胀和反复发生的货币危机，都影响着不同时代的资料记载。最令人印象深刻的例子是小麦的价格。在1世纪，你可以用3塞斯特斯（1莫迪奥）买下6.5公斤的小麦。但在两个世纪后（接近3世纪尾声），同等重量小麦的价格是240塞斯特斯！

这意味着，由于多次经济危机，塞斯特斯贬值到其初始价值的1/80，或只相当于3分钱。其结果是，它的价值在我们的时代缩减到大约3欧分。

罗马货币总是雕刻上皇帝的侧面肖像（有时也雕刻皇后）。在一个没有电视、报纸或照片的时代里，货币（连同其雕像或浅浮雕）也具有让皇帝的子民知道其长相的功用。这方法极为有效，因此，当新皇帝继位时，帝国铸币厂会立即铸造新的塞斯特斯、狄纳里厄斯、奥里斯等。铸币师的技巧精湛：在皇帝继位后几个小时内，新货币就会被快送专员送至帝国各个角落。新货币不仅是新人即位的证明，也向世人展现新皇帝的面容。

13：15～14：30

每个人都去大浴场

吃完简餐后，我们回到街道上。从苏布拉努斯小坡向下眺望，我们注意到几根烟柱袅袅上升，但随即被风吹散。烟柱都来自相同的地方。这是火灾吗？看起来不像：它不是浓密的烟雾，而是许多细长而相似的烟柱。它们是大型公共浴场设备所产生的烟柱。

仔细想想，所有我们想象中的古罗马重构画面都是“干净的”。事实上，它们缺乏了一项重要细节：烟。大型公共浴场设备吐出的大量烟柱，立即会被气流吹得消失无踪。它们是巨大锅炉全速运转所生成的产品，而锅炉每天要燃烧几吨的柴薪。以下资料也常遭忽视：超过100万居民的城市所需的巨量柴薪。那些用在烹饪、冬天取暖、手工活计、火化死者、建筑业、木活（制造床、桌子、把手、马车——木头可谓无所不在，它是古代世界里的塑胶）上的木材数量庞大。最后，木材是大型公共浴场的燃料——浴场则堪称夜以继日、长年累月不断燃烧树木的环保怪物，且数个世纪以来几乎未曾间断。

对我们而言，燃烧木柴的气味等同于冬天、燃烧的壁炉，或是有木柴烤炉的舒适餐厅，但对罗马人而言，则有更深一层的含义。它意味着，你可以在附近找到洗澡的地方。

我们朝着那些烟柱走去。在罗马城内有许多小型公共浴室，也就是说，非常小的洗热水澡的地方，但我们要去探索的地方在整个罗马帝国内可谓独一无二。它是真正的建筑、艺术和工程学奇观，在古典世界中（甚至在人类历史中）从未出现过——它就是图拉真浴场的巨大建筑。

自从公元前 1 世纪初期，富有的商人盖乌斯·赛尔吉乌斯·奥拉塔（Caius Sergius Orata）发明第一个热水浴场设备以来，罗马人已熟知热水浴场将近两百年。首批浴场是如何诞生的呢？住在菲勒格拉坎地带[①]的人们离维苏威火山仅咫尺之遥，他们总是以温泉热腾腾的蒸汽来自我疗愈。这些蒸汽从地底 60℃高温的地方喷出，被引导到小房间里，然后人们进入这些房间，拼命流汗（他们被称为“流汗人”绝非巧合）。根据罗马人的记载，他们认为这些让人流汗的热气澡能排除诱发疾病的毒液。盖乌斯·赛吉尔斯·奥拉塔于是想到，他可以通过点燃地下火炉，并通过在地板下与墙壁里传送热气的方式，来模仿天然温泉浴。如果你想流汗，无须千里迢迢跑到温泉区去，到处都可以洗汗浴。浴场于是诞生。

许多热水浴场设备得以兴建，有些还是奉皇帝之命，但我们即将要去参观的浴场是罗马最大的浴场，它是迄今为止（115 年）所兴建过的最大浴场。而其他更大的浴场将在以后出现。

---

① 菲勒格拉坎地带（the Phlegracan Fields），意大利那不勒斯以西长 13 公里的地带，有 24 座火山。

我们所走的道路将我们直接带往图拉真浴场。它们非常接近圆形竞技场，就在俄彼安山丘（Oppian hill）上。在街道尽头，我们可以看到一座垂直高耸的建筑物，有列柱、屋顶和大片窗户。它看起来一点也不像我们到目前为止所见过的那些历史遗迹。我们接近它时发现，它的边墙似乎无穷无尽——它们不可思议地长，并被漆上纯白色。沿着外墙行走，可以看见里面有好几处耸立着一些建筑。这个巨大的“长城”就是图拉真浴场的围墙。

我们跟着众人排队。我们注意到人群中有男有女，有老有少，有工艺匠和士兵，也有富人和奴隶。罗马浴场内人人平等。这印象和我们经过火车站或机场时很像。

队伍快速往前移动。人们逐个将一块铜板递给一位奴隶，奴隶则将铜板放进一个小型木制保险箱内。入场并非免费，但真的很便宜：只要 1 瓜德郎特。在此给你一个关于它价值的概念，1 瓜德郎特值1/4 阿塞，而你可以用1.5 阿塞买到一瓶葡萄酒和一小块面包。因此，浴场的入场费真的很便宜。尽管如此，一旦我们进入浴场，所有的服务都需要再付费，如洗澡和使用衣柜间。

图拉真大浴场

从入口进去后，第一眼的景象就让我们惊诧不已。入口开向一道长门廊，它环绕着一个完全被水淹没的宽敞开放的空间！

那是个巨大的水池！看起来仿佛水淹没了整个广场。这里适合举威尼斯广场为例。不妨想象圣马可广场完全被大运河泛滥出来的水淹没，门廊在水镜中幽幽倒映的景象。这是个近一米深的游泳池，它是人们进入浴场所途径的路线中必须要停留的地点之一。许多人用这池子来放松、聊天，或在夏季的酷暑中游个清凉的泳。事实上，池子里现在就有很多人，他们坐在柱子下和朋友谈笑风生，或坐在游泳池边，只把脚浸泡在水里摇晃。我们通过门廊，从他们身后经过。跟着我们一起行走的有男有女，有些人盛装打扮，有些人穿得很少。水面波光粼粼，反射在墙壁上，像光的面纱，如丝料般透明，滑过门廊的湿壁画，轻柔地抚摸灰泥表面。漆了颜色的大型大理石雕像矗立在墙壁的壁龛中，高耸在我们的头顶上。

有些人在大池子里玩耍，父子相互追逐，为奴隶和门客所包围的贵族正讨论着事情，就是没有人游泳。事实上，在罗马时代，几乎没有人会游泳。游泳不是运动项目，甚至也不是教育活动。只有在海洋、河流或湖泊等地方工作的人为了不至于被淹死，才会采用具有个人风格的游泳方式。

我们离开门廊，发现自己置身于巨大的内院之中。我们可以了解为何这些浴场让人印象深刻了。总的来说，浴场设备可以一眼望尽——它是栋单一的巨大建筑。但图拉真浴场如此庞大宽阔，它不仅矗立在你眼前，还往你周遭延伸。它大致上像一个社区！这差异就像小型郊区游乐园和迪士尼乐园一般。这个类比并非信手拈来，因为图拉真浴场是个名副其实的嬉笑、放松和娱乐的场所，一个城市中的城市。

漫步于浴场中

穿越浴场广阔的内部空间时，我们正思考着这些问题。我们几乎有种置身于一座巨大军营中的感觉。中央屹立着雄伟的浴场建筑（有热水浴室、冷水浴室，等等），周遭则是花园、森林、雕像和喷泉。最后是周边的围墙，由单一门廊构成，其四个角落矗立着高耸的半圆顶，仿佛耸入天际的巨大贝壳。它们看起来有点像悉尼歌剧院。

令人惊讶的是，建筑设计非常现代。但这些近乎未来主义式的建筑是什么呢？我们走向它们，试图在花园小径、花圃、闲逛和玩耍的人群中，找到最短的捷径。今日，你能享受到这类氛围的唯一地点是现代大城市里的公园，从罗马的波格泽别墅[①]到纽约的中央公园等不一而足，而这让我们更进一步确定了浴场在都会中所扮演的消遣和娱乐角色。有人甚至称它们为“人民别墅”。

当我们走近一扇贝壳时，我们察觉那是图书馆。贝壳由盘根交错的支柱所支撑的大窗户加以保护。想象一下帕特农神庙，它庞大的六角形镶板圆顶，弯曲的大理石墙和柱子；你像切蛋糕一样将它切成一半。这就是图书馆的模样。中央有大型白色大理石书桌。很多人坐在书桌旁，阅读这时代最具权威的知识来源。这个图书馆收藏拉丁文书籍，另一个位于我们对面近 275 米远的孪生贝壳里的图书馆则收藏希腊文书籍。

总而言之，浴场不仅是提供躯体欢愉的所在，也是滋养心灵的场所。照字面意思来说，就是“一个健全身体中的健全心灵”（mens sana in corpore sano）。

我们迅速一瞥广场周边剩余的两座贝壳，认出它们是休憩场所或纪念喷泉，上面铺着大理石和马赛克，水流从无数排成

---

① 波格泽别墅（Villa Borghese），罗马第二大公园。

圆弧状的壁龛里喷涌而出。但这些水来自何处？水是从水道桥和一座由阿波罗多罗斯设计的巨大储水槽运送来的，储水槽今日仍然可见，而且有个奇怪的名字："七个房间"。实际上，它有九个房间，且仍能使现代游客啧啧称奇。它们的空间宽敞，长达 9 米，房间之间有很多开口。它们的拱顶天花板几乎有三层楼高。储水槽的储水量将近 200 万加仑，经由特定的水道桥储满水。

我们走出建筑，回到树木间的花园小径。这些浴场能容纳多少人？现代学者估计大约是 3000 人。看看这些广场的空间，这个数目似乎相当可信。围墙的一侧从直线改为稍微弯曲的弧线，使得那处空间变成一座剧院，其中半圆形的看台形成一座竞技场。表演和竞赛便在此举行。

在这个独立的罗马世界里，我们可以看到各式景观。我们经过几个变戏法的人，他们将一小群观众逗得乐不可支，我们也可以看见门廊下有人在享用食物（显然这里有卖食物的地方）。一位年轻女孩斜倚在柱子上，显然在找顾客。浴场包含了外面世界的诸多特色，只是规模较小。它甚至也包括一些比较令人不快的场面：我们看见一个男人鬼鬼祟祟地朝出口快步跑去，腋下夹着显然是偷来的短袖长衣和长袍。

短袖长衣和缠腰布

现在，让我们进去一探图拉真浴场内部各房间里的氛围吧。我们朝耸立在广场中央的大型建筑的入口走去。我们注意到，无数小烟柱沿着屋顶的冠盖袅袅上升。它们就是我们刚刚在街道上看见的烟柱。它看起来真像一栋大房子内部一开始起火燃烧时的景象。其实，我们看到的，是在屋顶上排成一列的小排气孔，用来排放为浴场中央房间加热的气体。

我们现在位于更衣室。在入口处，我们递给一位仆人另一枚瓜德郎特，他会看管我们的衣服（我们已经瞧见没人看管的衣物会有什么下场）。这并不是我们该付的唯一费用：在进入浴场和洗澡时，我们得付双倍的价钱（半阿塞），而我们还得为按摩、油和毛巾等其他服务项目付另一笔钱。令人吃惊的是，女人付的钱比男人还要多：光洗澡就要付1阿塞！这种不公平的现象也许有其来源，据说男人付得比较少是因为他们比较常来。无论如何，有些顾客可以免费入场：比如孩童、士兵和奴隶。

更衣室是个铺着彩色大理石和灰泥的宽敞房间，地板中央有一组大型马赛克，镶嵌的是特里同[①]的肖像。沿四面墙壁摆放着长凳，男人坐在上面谈天说地，脱凉鞋或叠衣服。一个男人由奴隶替他脱衣，仿佛他是个小男孩——他显然很有钱。在他们头顶上是一长排的壁龛，他们可以将叠好的衣服放置在那里，除非他们早已在入口处将衣服交给管理员。

你得脱掉所有的衣服吗？不尽然。有些人留下短袖长衣（在健身房运动时可以保暖），但有些人只穿着一种奇特的黑色皮革缠腰布，让他们看起来有点像泰山。诗人马提雅尔称它为黑色皮革。尽管如此，几乎每个人都穿着一种缠绕着腰部、称之为缠腰布的束带。

---

① 特里同（Triton），半人半鱼的海神。

我们周遭有形形色色的身躯。有秃头的肥胖男人，皮肤惨白，在亚麻缠腰布上有一大圈轮胎般的赘肉。反之，也有些消瘦的男人，他们的锁骨突出，肩膀如柴，有着橄榄色的肌肤。在这里，赤裸并不使人大惊小怪，就像现代世界健身房更衣室里的景象。让人吃惊的倒是里面拥挤的程度。在西方社会里，我们不习惯像这样成排挤在队伍里，尤其是在更衣室。但在古代罗马，人与人之间的距离比较像在远东的某些国家，而非西欧或美国。但我们的确注意到一件事：这个更衣室是男人专属。女人显然在另一个房间里更衣。

运动和赤裸

我们继续往前走，停留在我们的浴场路线中的第一个停留点：健身房。

图拉真浴场有两座健身房，它们都位于开放空间——由柱廊所环绕的两个大院子。在我们眼前所展开的景象非常独特。我们周遭尽是奔跑和跳跃的人，还有在地上翻滚、比赛摔角的人。人们使用这空间的基本信念很简单：运动不仅能保持身材，也能让你流汗，而流汗是接下来几个房间的主要目的。

在此，我们第一次看到很多女人。她们和几个男人正玩着一种排球，或是推着一些铁环往前跑，正如几十年前的小孩会玩的一种运动。每个铁环上都有些能发出声音，警告人们躲开的金属圈。

她们玩的球类运动很有趣。一条细绳绑在两根杆子之间，沙滩排球的前身此时就在我们眼前展现。当时至少有三种球：

装满羽毛的球、装满沙子的球，还有一种灌满空气的球，可能是用兽皮制成的小气囊。游戏规则显然因球的种类不同而有所改变。哲学家塞涅卡所描述的一种运动，和我们现今称为“毒球”（palla avvelenata）的规则相仿，你得随时准备将球顶到空中，不能让它落地，在它掉下来时，立即顶回去。

罗马人也玩一种手球，最后还有著名的三人球：在地上画个三角形，三个人分站三顶点，在不发出预警的情况下彼此丢球。他们不能接球，得用手将球顶回去。其中两位玩者往往会将第三个玩者当成靶子，将球重复猛击给他，让他惊慌失措。站在三角形外面的奴隶则扮演球童的角色，并负责计分。

有两个男人正在角落摔角，一小群观众正在观赏，为他们打气加油。他们在身上涂满了油，让对手无法抓牢自己。在一旁帮助和指导他们的是健身房里的老将，通常被称为体育督察。我们穿越院子时，发现几位女性正在用以铅或石头制成的哑铃做运动，形状也很像现代哑铃。这场景的现代性令我们吃惊。她们的目标是强化臂膀，让胸部“再次坚挺起来”。

有些男人正观赏着这一幕，交头接耳地说些俏皮话。事实上，在举重的时候，身躯的扭动和胸肌的拓展有时会更加凸显女性曲线。她们的臀部和大腿也常常未加遮掩。玩球的女人穿着短袖长衣，而其他女人为了实际理由，穿的是比基尼。但效果是一致的：她们的胸部上下弹跳，前后摇晃，几乎要迸出来，吸引着男人的目光。女性是否该流连浴场，则成为数个世纪以来激烈辩论的中心议题。

最初（公元前 2 世纪），浴场为男女设计了不同的路线。但早在西赛罗（公元前 106 ~ 前 43 年）的时代，便没有多少人遵守这个规则，古老规则被弃之如敝屣，而西赛罗对此的挖苦讥讽却流传下来。我们知道，几年后，哈德良将下令要浴场隔离性别，规定男女洗浴使用不同的路线或不同的时段。女性可以使用浴场到下午 1 点（第七个小时），然后，从 2 点到 9 点（第八小时到晚上的第二小时）则轮到男性使用。尽管如此，这些限制从未被严格遵守。

在我们所探索的时代里，男女混浴是正常现象。女性可以自由选择她们的行为取向，不管是作为“传统主义者”，还是和男性一起进浴池的“叛逆者”，都没有问题。我们知道，就像稍后将看到的一般，许多女人都选择第二条路。

数十年以来，从老普林尼到昆体良等许多批评家都哀叹这类“道德沦丧”，他们甚至将这类与男人一起进入浴场和浴池的女人称为荡妇。丑闻不曾间断过。令人吃惊的是，这似乎和人们对在现代海滩上裸体成为时尚并蔚为风潮的一般反应相当类似。在此值得一提的是，今日，如果你去德国的健身房，男女的更衣室通常是相连的，而且可以互通。就像在意大利北部上阿迪杰（Alto Adige）地区许多饭店内的“蒸汽浴室”里，所有的房间，包括淋浴室都对两性开放，而且还常常禁止使用者穿着泳装，或用毛巾遮掩自己。

我们逛完古代罗马的健身房后，再度因一个男人猛击一袋像现在的沙包似的面粉袋（或沙袋）来锻炼体魄的景象大吃一惊，而更让我们诧异的是，两个肌肉结实的女人正在摔角。

离开前，我们注意到几个男人已经做完比赛或运动，他们正站着聊天，而他们的奴隶则忙着为他们抹掉按摩后残余的汗水和油垢。首先，奴隶在主人身上撒上细沙，这是吸收油和汗的最佳方式（正如我们用滑石粉清除衣服上的油渍或污渍一样）。然后，他们开始使用一种刮身板，那是一种类似镰刀的奇特工具，取代刀刃的是一种像排水管的弯曲管子，用来收集汗水、油和污垢。奴隶用这种器具小心刮过主人皮肤，如同你用汤匙刮掉衬衫上的一滴果冻一般。

我们走近一个秃头的胖男人，他显然是位有钱的贵族，一个奴隶正在刮去他的脏汗和油垢。奴隶的动作小心翼翼，举止像理发师般轻柔。这真的是个奇特的景象。这位贵族被一群奴隶和门客簇拥着，他们从一开始就跟着他上浴场，无微不至地呵护他：替他抹香水、按摩，拿毛巾和油罐来给他，等等。这看起来几乎就像我们观赏着正在加油站忙碌的一级方程式赛车技师一样。也许他们稍后也会为自己稍作梳洗。也就是说，等他们照顾完这位贵族后——如果贵族肯给他们一点时间的话。

温水浴室和热水浴室

我们现在进入图拉真浴场的心脏地带。那座巍峨的建筑包含温水浴室、热水浴室和冷水浴室，高耸在建筑群中央，宽广如教堂，有着巨大的窗户。我们到达的第一个房间是温水浴室。它大小刚好，有着非常高的天花板，温度适中。许多人会省略掉这个步骤，因为他们已经通过运动而使身体暖和起来了。

真正让人惊讶的是下一个房间，热水浴室。想象你进入一座大教堂，即一座巴西利卡的情景。这个房间的规模就跟那里一样。气度恢宏的空间和柱子的高度使你目眩神迷，觉得自己很渺小。这间热水浴室充满蒸汽，创造出一种不真实的缥缈氛围，仿佛有人在我们和天花板之间拉开一张像滤光薄膜似的迷蒙面纱，让人觉得像是走入一间刚有人洗过澡的浴室。

在头顶高处，天花板拱顶覆盖着以彩色灰泥做出的精致图样。那些是神话和英雄场景、树枝状的装饰以及几何图案。多亏工匠精湛的上色技巧，使得我们即使从地面上都能分辨出每个小细节，颜色虽然不多，却很鲜明：红色、蓝色、黄色、白色和绿色。阳光从大窗户倾泻而入，窗上装着寻常可见的方格玻璃片。

我们因此凭直觉感受到一项重要细节。整个浴场建筑群的设计目的，就是要使这些热气腾腾的房间接受最长时间的日照。

另一个独有的特征就是窗户。它们的确很大，但从地面上看得出来它们是双层玻璃，为热水浴室确保更佳的保温效果。我们的目光从墙壁上往下游移到来自帝国各个角落的彩色大理石板，它们以美丽的镶嵌设计铺设而成。这些是珍贵稀有、彰显出奢华感的大理石，例如北非努米底亚[①]的黄色大理石，或小亚细亚弗里吉亚[②]的紫色大理石。

用白色大理石雕刻的硕大科林斯式柱头，安坐在雄伟有力并带有沟槽的黄色大理石柱子上。我们的目光继续往下游移，最后来到地面，浏览铺满大理石的整块地板以及优雅的几何图案。地板看起来宛若巨大的棋盘，由大型的圆盘和白色正方形

---

① 努米底亚（Numidia，202 BC～46 BC），包括阿尔及利亚和部分突尼西亚的柏柏尔古王国。

② 弗里吉亚（Phrygia），位于安纳托利亚中西部的古王国，兴起于公元前800年。

图案构成，底色是淡黄色。

现在我们的听觉胜过了视觉。我们的大脑开始注意到回荡在周遭的声音和不断击打在地板上的沉重声响。重击声来自许多人所穿的特殊木底鞋。实际上，地板滚烫无比。在我们周遭，许多人坐在大理石长凳和柜台上。他们汗如雨下。有些人盯着地板上的镶嵌图案，完全无视从脸颊和鼻子流经下巴而滴落的汗珠。其他人也注意到了，但他们任由汗珠流到身体上，他们静静坐着，抬头痴痴看着热水浴室的天花板拱顶。高处的拱顶浸没在一片雾气蒸腾中。

考虑到这个热度，我们猜想人们在冬天也会来浴场避寒。

有时，某些虚弱的男女会从一些狭窄的通道里出现，走过来坐下以求恢复体力。我们试着走进这些通道，它们通往浴场中最热的房间——热气浴室，热水浴室与之相较起来还算凉爽的……浴场里一定有许多间热气浴室，而我们正在端详的这间是个圆形房间，里头有许多壁龛，人们在那里轮流坐下。这里的温度将近60℃，它是真正干燥炙热的“浴室”。

高温来自通过墙壁内缝隙的热气。就好像有数十个大烟囱冒出的烟流过墙壁。没有凉鞋、木底鞋或毛巾这类东西保护的话，你的皮肤一旦接触到墙壁或地板就很容易烫伤。

我们无法长时间忍受这种高温，连忙离开并回到热水浴室，此时，几乎有一种被冷空气袭击的感觉。此刻，我们开始寻找水池。这里有三个华丽的水池，占据房间内侧的大壁龛。它们有我们广场上的喷泉水池那么大，可以容纳许多人。

进入池子时，池水太烫，但我们咬紧牙关，勉强走下去几步。有个女人坐在我们对面，在看到我们不甚优雅的入池姿势时不禁莞尔。她有着很长的黑色眼睫毛，头发整个向后梳成髻。她脸上的妆都因汗水而模糊了。等我们习惯水的温度后，才发现她是半裸的。她坐在我们对面的水下阶梯上，水深及腰，她的大胸脯完全暴露在外。当她站起来要离开时，缠绕在她臀部的轻薄布料因完全浸泡在水中而变得几乎透明。那个女人套上木底鞋，裹上一条大浴巾。然后，她以相当富有女性韵味的步伐走向出口。

我们在房间里看不见产生高温的整个无形机械系统。这有点像置身于剧院舞台上，因而看不见用来改变布景的所有设备。事实上，热气形成的气流在我们周遭和脚下不停循环。其实，在我们脚下有个类似养兔场的地方，它由地下通道所构成，不断咳嗽的奴隶在其中穿梭。他们宛如许多司炉那般为木制大火炉增添柴薪，这能达到两个目的：一方面，就像我们说过的，火炉产生热气、气流和烟雾，流经墙壁和地板间的空隙所形成的迷宫，而我们脚下的地板则被小型柱子垫高。但在同时，部分火炉负责将流入热水浴室池子里的水加热。

我们走出水池，往下一个房间走去。我们经过一位绅士，他纹丝不动地坐在长凳上，正在和另一个男人谈生意。我们停下来端详着他。尽管四周热气蒸腾且大量汗水从他眉间流下，他的举手投足间还是具有某种威严。

我们认出他来了：他就是我们今早在黎明时刻拜访的豪宅主人。他每天都会来浴场。我们看得出来，因为他似乎完全不在乎这个热度。他来这里当然是为了洗澡。但他也来这里洽谈生意。事实上，浴场是那些结合工作与娱乐的场所之一，正如我们今日的商业午餐。他注意到我们盯着他瞧，便停下来看了我们一眼，嘴角闪过一抹稍纵即逝的“高贵”微笑，然后没事般地继续谈天。他可能以为我们是他的门客。

我们受够了这个热度，准备前往冷水浴室！我们走出浴室时，正好碰见水池里的那个女人，就是那位几乎全裸的女性，她现在包裹着浴巾，正停下来和一位朋友聊天。她俩走向和我们不同的方向，完全省略掉冷水浴室这个步骤。为什么呢？原来根据专家建议，这些房间的寒冷以及冷热之间的高度变化对女性身体有害。

冰寒的冷水浴室

我们总算进入冷水浴室。它的大理石和装饰几乎与热水浴室一模一样，却有个显著的差异：它的空间甚至更大，气势更为逼人。罗马的壮丽景观似乎无穷无尽，你无论走到何处都会吓一跳。

我们就在此举个例子，在现代，位于罗马火车站隔壁的戴克里先大浴场的房间被改装成一栋多层楼的博物馆，即罗马国家博物馆，而它的冷水浴室则成为一座大教堂：圣母天使教堂（Santa Maria degli Angeli）。走进此处真是个撼动人心的体验。原先的大理石没有更换过，它仍保有来自埃及的巨大花岗岩柱。窗户上的十字拱顶忠实再现了你在进入古老的冷水浴室时所看到的雄伟气势。闭上眼睛，可以轻易想象，你四周环绕着贵族、士兵和奴隶，人声鼎沸，还有杂沓和来去匆匆的脚步声。在这个不可思议的剧院布景里，你真的会觉得自己完全沉浸在了罗马帝国的恢宏壮丽中。

仔细看看在冷水浴室里的人。我们注意到有个男人在角落大声朗诵着一本书。他的箱子里还有其他书，那是一种用来装莎草纸卷轴的皮制桶子。他显然是位奴隶秘书，正在读书给主人听。正如同博物学家老普林尼的奴隶在四十年前陪他主人去浴场时所做的一般。

你的确能在这些房间内看见罗马所有社会阶级的人。奇怪的是，有钱人尽管家里有私人浴室，却有可能是跑公共浴场跑得最勤快的人。理由显而易见：这里是和人碰面、交易，以及让人看见你被门客簇拥的好地方。这地方是社交中心之一，此处的曝光度最高。

我们也知道，皇帝总是去浴场和百姓打成一片（尽管我们不知道，他们究竟和百姓接触到何种程度，他们可能由随扈保护，以免被纠缠不休）。

我们转身。所有人的注意力都被一群人吸引住，他们正围站在一个男人身旁，那个男人在走进冷水浴室几步后突然倒下。一个穿着短袖长衣的男人显然是浴场里的值班医生，连忙跑到那群人旁边。他们尝试让倒下的男人苏醒过来，然后，他们将他扛起来带走。他们会将他带到这个“水之城市”里某处的医护室。那男人显然晕了过去，或许是心脏病发作。这情形在浴场并不罕见，是由不断的冷热温度变化所导致。

我们知道，很多人每天都来这里报到。但有些人真的很夸张，每天都洗上两或三次澡。我们手边就有远近驰名的案例。据说戈尔迪安（Cordian）皇帝每天洗五次澡，而另一位皇帝康茂德，即马可·奥勒留之子，每天会洗七到八次澡。

除了心脏病外，还有中风以及在大理石上严重摔伤造成的骨折。由于水和人们的不断往返，地面变得过于光滑了。

长期而言，洗澡也会引发听觉问题。这可能就是现在我们眼前这位男子所面临的问题，他虽有些年纪，但还不算老迈，不过所有人都对着他大声说话，几乎是用喊的。他正泡在装满冰水的水池里，身边有几位朋友，他们正在丢着球玩耍。他曾经抱怨过有一只耳朵听不清楚。过了一阵子，他发现另一只耳朵也开始出问题。现在他正逐渐变成聋子了。人类学家将在相隔近19个世纪后的现代，从对他骨头的研究中得出他丧失听力的原因。

我们也称此为“冲浪者综合征”（或说“水手综合征”），长时间待在冷而潮湿的环境里的人会生这种病。在我们的耳道，也就是外耳道里，骨头会产生一种逐渐阻塞耳道的分泌物。这仿佛就像是为了防御耳内的极端气候，耳朵遂以建造屏障的方式，来对抗连番侵袭的寒冷和潮湿。这个过程被称为“耳道骨肥厚”，渔夫和爱海的人仍为其所苦。

在罗马时代，得这种病的人大多是男性，而非女性。为什么呢？理由如同我们所见到的，男女在浴场内所走的路线不同。女性事实上很少进冷水浴室，因此，她们避开了寒冷和潮湿，自然也比较不会得“浴场耳聋”这种疾病。

罗马式按摩

在经历冷水浴室的冰寒后，几乎每个人都会跳进浴场的大游泳池里，也就是我们在进门时看到的那座巨大泳池，那里的水一定让人倍觉温暖。那真的是个非常放松和欢畅的时刻。尽管如此，我们省略这个在池子里集体泡水的步骤，直接前往浴场路线的最后一站：按摩间。

我们找到的房间里放满了大理石桌子，很多人正在接受按摩，其他人则靠在柱子或墙壁上等候。大理石桌上的几副肌肉松弛、软趴趴的身躯看起来有点好笑，宛如躺在北极冰帽上的慵懒海豹。

在这个按摩室里，最让我们吃惊之处是声音的不同。入口处仿佛声音的边界：在冷水浴室，我们聊天、叫喊和大笑的声音被四处回荡的混杂声音所环绕。而在此，你听到的只有手指用力按摩身躯的敲击声、双手传送震波至皮肤的拍击声，以及按摩师手掌抹油时的啪嗒摩擦声。

我们看到的脸庞几乎总是陷入沉思。我们知道，人们使用油不仅是为了身体的美学和健康，也是因为相信它能预防感冒。因此，在离开浴场前，人们总是被建议做一场油压按摩，特别是在冬天。

按摩师是来自帝国全境的公共奴隶。他们在工作时异常安静。尽管如此，他们并不隶属公共浴场。在这里，有些顾客会从家里带来自己的奴隶。在房间尽头就有一位顾客正被奴隶包围着。一位奴隶在为他按摩，另一位拿着油膏，还有一个递毛巾给他。更夸张的是，你能看见这些洗完澡的罗马有钱人被奴隶抬上轿子，这样他们就不用费力自己走完浴场路线的最后一段了。

（按摩用的）油瓶则以玻璃或青铜制成。我们看到一个油瓶很像奴隶的半身雕像，瓶口开在头顶上。那名奴隶有着极卷的波浪般头发，一双杏眼透露出他的亚洲出身。一滴油蜿蜒滑下他的脸庞。那是张诡谲难测的脸，两颊、嘴旁和嘴巴上下都有奇怪的胡须。我们靠近后才发现，那不是胡须，它看起来像是部落疤痕，几乎可说是某种亚洲人的辨识标记。谁知道他来自哪个民族呢？（匈奴人就有用刀割脸留下这类鲜明疤痕的习惯，但他们的疤痕没这么优雅，或更精确来说，恐怖异常）我们知道，这个油瓶总有一天会带着它早已灭绝的文化背景，被放在博物馆的玻璃柜里。这时，一双手抓住充作奴隶头部周遭光环的把手，将瓶子拿走了。按摩就此结束。

奇闻 | 建造图拉真浴场

大马士革的阿波罗多罗斯彻底改变了浴场的传统概念，他就是那位我们在图拉真广场所遇到的建筑师。他的这个杰作将成为后来在罗马和帝国各地建造的所有伟大帝国浴场建筑的典范，甚至也影响到著名的卡拉卡拉大浴场。但为了建造这个巨大的建筑群，他必须先将位于罗马心脏地带的一大片区域夷为平地。他要怎么办到这点呢？一场熊熊大火助了他一臂之力：那次火灾严重烧毁了远近驰名的奥利亚多穆斯，那儿是尼禄富丽堂皇的住所。阿波罗多罗斯毁坏所有剩余的楼上建筑，只留下一楼的拱顶房间，将它们拿来作为未来浴场的“基石”。但这还不够，他需要更多空间。因此他拆毁邻近地区的所有（公共和私人）建筑的上半部分，下半部分则被掩埋，所有建筑都不得超过一定高度（海拔 47 米）。他以这个方式得到一个 317 米 ×332 米大小，用来建造皇帝浴场的巨大平台。试图在超过百万居民的城市中心清理出一块 10 公顷的土地绝非易事，他能达成这个目标实为奇迹。

从某种意义上而言，我们应该感谢阿波罗多罗斯，因为他在无意间留给我们一项卓越非凡的礼物：每样他所掩埋的东西（奥利亚多穆斯、邻近建筑等）都保存到现代。考古学者因此能发掘出部分的尼禄宫殿，包括闻名遐迩的八角房，他在这里举办晚宴，据说，还从天花板洒下如雨般的玫瑰花瓣。但新近的发掘让一些新的房间重新出土，包括再现帝国城市的湿壁画和描绘葡萄收成的马赛克（古代罗马最古老的“彩色”马赛克），它们仍在研究和修复当中。

15:00

进入圆形竞技场

现在刚过中午不久。许多罗马人相信，这是观赏圆形竞技场表演的最佳时间。在早晨的狩猎和午餐时间的行刑后，现在是节目表上主要节目的开演时间：角斗士的搏斗。

很难描述你站在气势雄伟的圆形竞技场前的感觉。在今日，游客和罗马居民习惯看到的是它残破的模样。它是个废墟，一个残骸，一个过往巍峨壮丽景观的缩小版本。在外表上，它最外部的环形结构几乎有一半已不复得见，内部则只剩下一些砖造拱肋。你无法再欣赏到它壮观的白色石灰华看台、竞技场地面、拱廊里的雕像，和位于最高处的最后一排顶层楼座等带给你的巨大冲击了。更遑论去体会旗海、人群的色彩和观众的欢声雷动所创造的欢腾气氛。今天，我们所能凭吊的只是这个伟大圆形剧场的残骸。但每年仍有大约400万名游客前来参观并进入它的内部，甚至情愿为此略掉其他观光景点和博物馆。这地方所散发的残酷魅力丝毫未因时代而稍有减损。但它在古代是什么模样？让我们来尝试重建看看。

一位烤面包师傅为我们指引路径：“你先走普利乌斯路。穿越十字路口，之后转入奥比乌斯路，再左转，那里的街角有家饭馆，然后沿桑达利亚乌斯路一直走下去就会到达圆形竞技场。你不可能会错过它。”然后，全身是面粉的他用一块湿达巾擦干双手，回到店里再去烤些面包。

他的指示毫无错误。现在我们开始沿桑达利亚乌斯路下行。它是条窄路，两旁是立有高墙的建筑。突如其来的阴影使我们看得不太清楚，但眼前景观却非同小可。在这个都会峡谷的尽头，一座巍峨的金色建筑矗立高耸，被阳光照得金碧辉煌，与幽暗的建筑形成不可思议的对比。

当我们慢慢走下街道时，建筑物那作为景框的黑色高墙宛如帘幕般逐渐拉开。那个闪烁的建筑物是个耸立在广场上的巨大雕像：尼禄的镀金青铜雕像（Colossus Neronis）。在雕像之后，圆形竞技场几乎像座山似的屹立不倒。当然了，我们所能见到的仅是由建筑物所形成的“峡谷”露出的部分景致，但如此已足以使我们发出惊叹。它看起来宛如地平线的一部分，但依旧比周遭的建筑物还高。

我们走到桑达利亚乌斯路的尽头，停下脚步，目眩神迷。圆形竞技场就在眼前闪耀着白色光芒，还有无数被暗影笼罩的拱门、挂在墙壁上的大盾牌、随风飘荡的彩带。而它的顶端是一圈紧密排列的立杆。

它和我们所熟知的模样迥然大异。完好无缺的它，似乎更为高大。

我们在每道拱廊中央所看到的雕像都是一时之选。它们是神祇英雄、罗马历史中的传说和真实人物，有些甚至是老鹰的雕像。它们全都五彩缤纷，几乎像正在看守的警卫。它们让我们觉得自己仿佛是站在一座堡垒或神庙面前，根本不像是举行表演的地方。

街道上的人潮对此似乎视若无睹，他们已经习惯看见它矗立在那。但它在罗马史上是非常新的事物。我们身处公元115年，此时正是罗马开疆拓土，达到鼎盛之时，但圆形竞技场只是在35年前才刚刚兴建完成的。恺撒从未见过它，奥古斯都、提比略[①]、克劳狄[②]或尼禄也不例外。决定兴建它的是韦帕芗皇帝。你知道他在哪里兴建竞技场吗？就在著名的奥利亚多穆斯，也就是尼禄在城市中心建造的皇帝居所里面。

在那场著名的大火后，尼禄想要兴建一座供私人使用的壮丽宫殿。我们几乎可以把它称作罗马心脏地带的奢华农庄。它包括几座宫殿、花园、有鹿徜徉的森林，甚至还有天鹅悠游其中的大湖。在尼禄死后，韦帕芗想将这块土地归还给罗马人，他想出一个既高明又具有高度象征意味的点子：将湖水排空，利用这空荡的湖底作为兴建圆形竞技场的地基，它将成为人类所建造过的最大的圆形剧场，他要将它献给罗马人。

在图拉真时代的罗马，尼禄的别墅所遗留下来的唯一遗产是巨大的镀金青铜雕像，我们现在便站在它的脚下。它具有运动家般的浑圆身躯和英雄般的强健裸体。雕像的脸曾经一度是尼禄的脸，但在他驾崩后，它便历经了一场整形手术般的激烈变革。现在它拥有太阳神赫利俄斯（Helios）的脸，还有一顶光环。

---

① 提比略（Tiberius，43 BC ~ 37），罗马皇帝，在位期间是公元14 ~ 37年，施行暴虐统治，后遭杀害。

② 克劳狄（Claudius，10 BC ~ 54），罗马皇帝，在位期间是公元41 ~ 54年，政策开明，大力扩张疆域，也是历史学家。

我们所看到的每样东西都出自希腊雕刻家芝诺多鲁斯（Zenodorus）之手。真是杰作！

雕像超过27米高，也就是说，比十层楼的建筑还高。罗马人一直称呼它为“尼禄的巨像”。让人觉得好玩的是，“圆形竞技场”这个名称其实来自耸立在圆形剧场旁的这个巨像。罗马人真的用这个昵称来称呼它，以取代官方那个也许太为单调的名字：弗拉维安圆形剧场（Flavian Amphitheater）。尽管，老实说，“圆形竞技场”这个字眼要一直到中古时代才会出现。

我们周遭的大部分建筑物都和圆形竞技场息息相关。它们是辅助建筑，为圆形剧场添加内部结构，包括角斗士的武器室和舞台布景及剧场道具的仓库。那里可能也有暂时看管动物的小动物园，还有治疗伤口的医院。然后还有角斗士军营，在现代仍可得见，它有许多小房间和作为训练场的一座小竞技场。这就是角斗士训练场，有与圆形竞技场相连的地下通道。总而言之，这是环绕圆形剧场的名副其实的服务区。

圆形竞技场内群众的欢呼声响起，一群原本栖息在顶楼的鸽子振翅高飞。竞技场里发生了某件引发观众热忱的事。我们开始往那里走去。竞技场宛如走近从谷底高耸而立的冰河一般，散发着白色光芒，完全以石灰华覆盖。

圆形竞技场耸立在我们眼前，高达近46米。它由四层楼组成。最下面的三层有80座巨大拱廊，里面的雕像比人还高。为了建造它，13000万立方码①的石灰华经由特别打造的六米

① 体积的单位，1立方码=0.756立方米。

宽的道路，从罗马郊区蒂沃利（Tivoli）附近的阿尔布拉耶（Albulae）采石场运来。

我们知道，圆形竞技场已经屹立了两千年，但它在不到十年内便竣工了！他们是怎么办到的？有个窍门。韦帕芗的工程师将他们所擅长的一项建筑技巧重复了无数次：那就是拱形结构。这就像他们在水道桥上再建造几个水道桥一样，层层相叠。而重量则以这种方式，平均分散到下方的地面上。

简言之，金字塔是实心的（充满大块石块），但圆形竞技场却是中空的，它的骨架实际上是由高明的拱形结构交错而成。其设计概念和执行方式皆如此完善，因此，尽管经历了中古时代的毁坏和掠夺以及地震，它依旧能屹立不摇。

当我们走近它时，霎时就能发现罗马建筑师所采纳的许多手法中的一种。事实上，石灰华无法呈现许多雕刻细节，因为它有很多气孔和空洞，非常不适合用来做细腻雕刻。因此，建筑师从来不“完成”以石灰华打造的纪念建筑。例如，圆形竞技场的圆柱便未曾经过精雕细琢，有种未完成的粗糙风貌。因此，为求赏心悦目，你必须从远处欣赏这些结构，这样你自然会为纪念物的庞大巍峨所震慑。从某种意义上来说，它是以量而非质取胜。这是圆形竞技场的建筑真相，也适用于马尔切罗剧场（Teatro di Marcello）等。

我们加快脚步。从群众间传来一阵阵轰隆声，与你接近海滩时所听到的海浪声响类似，仿佛是巨浪拍岸。你得到的印象是圆形竞技场是活的，它的脉搏以无比强劲的生命力在跳动。它仿佛正在高喊着吸引我们。我们几乎像被催眠般朝前走。我们越是靠近，它壮丽的建筑越是高耸入天际。

突然间，几朵乌云飘过头顶，遮蔽了大理石的璀璨。圆形竞技场立刻换上阴郁的外貌。从下面，能看到宛如高耸入云的巴比伦塔，听到群众观赏死亡场景的震天呼声。世界上再没有像圆形竞技场这样的地方了。

你不用付入场券：入场免费，但你得有某种邀请函，否则你不能入内。那是一种用骨头制成的卡片，上面不仅雕刻了你的看台座位，还有你进入的大门号码和区域。每个通往外面的拱廊上都有一个号码，从 1 到 76。我们的卡片上是 55 号。查票员检查了一下，放我们进入。

我们现在身处一条大型拱顶走廊。从外面射入的自然光照得此地满室生辉。拱顶装饰着五彩缤纷的灰泥，它有着万花筒般的美丽色彩，描绘着人类和神话人物的肖像，呈现几何和建筑元素设计图案。我们觉得自己似乎是走进了宫殿，而非公共建筑。我们可以听到呐喊、狂笑和争辩声。实际上，我们周遭满是人潮。除了熙来攘往的观众，还有小贩在叫卖看台专用的坐垫或是零食：扁平面包、松子、橄榄、桃子、李子和樱桃（考古学家在排水沟里找到了它们的果核）。

但这里还有另外一群人物，他们是在圆形竞技场中所能发现的一种典型动物，而从某种意义上来说，他们也非常现代：他们是赌客。大批人挤在角落。有人举起一双手，比出一个数字。有人狂叫。有人抗议那个数字太高。新来的人爬下阶梯，为下一回合角斗士搏斗的赢家们下注，人数越聚越多。

这类活动不可轻忽。为格斗的输赢下注，是这类表演的基本要素之一。就像今日的拳击和赛马，现在所有的体育运动几乎都是如此，有冠军和挑战者——而非常可能的是，有些比赛还可能造假。

在两根柱子间，我们注意到人们正在登上一段阶梯。那是我们的区域。我们尾随着其他人而上。圆形竞技场的结构真的很令人印象深刻，多亏阶梯和走廊组合而成的高效率系统，我们可以轻易推测出人们如何迅速散场离开。跟着我们攀爬阶梯的只有男人，女人不能进入这个区域。

我们在最后一段阶梯顶端可以看见天光，它一定是通往看台的。人们给予这些开口的名称非常独特，而它帮助我们了解穿行过开口的群众的本质，这些开口被称作排泄口。

我们快到了；这就像走出隧道一样，群众的声音越来越大，如隆隆雷声般渐次升高。

陡然间，我们已经来到外面的阶梯座位上。这景象令人屏息：眼前展开的是一座人造山谷，既宽且深，宛如漏斗。这里人山人海，估计有 5 万 ~7 万名观众，他们吼叫着，欢呼着，比着手势。他们看起来仿佛是人形的五彩纸屑，呈现你所能想象的各种色彩。我们脑中所浮现的唯一可与之比拟的景象是但丁笔下那一层层的地狱。

一对父子站在我们身后的楼梯上，不耐烦地推了我们一下。好在石灰华上刻有号码，我们顺利找到座位。

今天的最后一场公开行刑正在进行。一个人正被一头熊猛追着。他想办法挣脱了绑他的杆子。这次意外转折让观众莫名兴奋。那男人迂回前进，试图令熊头昏脑涨，然后开始冲刺，纵身朝着竞技场边缘的栅栏跳过去。那头熊几乎要抓到他了，但那男人竟然想办法跳上了栅栏，群众发出了热烈欢呼。他终于开始死命攀爬栅栏，抓稳后又滑掉，然后再度抓稳。他终于爬到顶端了。他能成功跳过去吗？

栅栏顶端安装了看起来很高雅的白色强化设施：宛如圆筒状的护垫。但就在此刻，在离安全脱困只有一步之遥处，那男人的脱逃受阻了，他的双臂开始连番在空中拍打。他不断试图要用双手抱住这个肥胖的“香肠”，但每次都往后摔。这是怎么回事？我们仔细一看，发现那个圆筒是象牙制成的滚轮，自己会转动，令他无从抓稳。这是防止动物或囚犯逃跑的安全措施之一。他绝望地拼命试图抓稳它，却徒劳无功。尽管如此，用后腿站立的熊没办法够到他。群众大笑。看起来他们陷入了僵持状态：男人一动也不动，死命抓着栅栏的桁架和从支杆间冒出的一根象牙。然后，他突然弓起背部，一次，再一次，两支箭从他背后冒出。那是驻守在壁龛的弓箭手射的箭。射击精准，估算完美，箭还穿透了他的肺。那男人松开手；一只手臂无力地晃荡着。他的一只手勉强挂在那。第三支箭迫使他跌下摔倒在竞技场里，群众高声欢呼。熊立即扑上来，一掌就将其击毙。群众再度欢声震天。

坐在我们隔壁的男人也在欢呼，这位新来的人转身面对着我们，他解释说那男人是个谋杀犯：他仅为 15 塞斯特斯就杀害了一位店主。那不过是一件短袖长衣的价钱。

今天的处决表演随着最后这具尸体一起落幕了。几位杂役牵着熊走向一扇边门。其他人则在清洗竞技场，一摊摊的血迹令人触目惊心。我们怀着深沉的厌恶看着眼前的景象，他们正在捡拾一具被狮子撕扯成碎片的女性残骸。他们将她的身躯抛上一辆小推车，尸体折叠成扭曲的形状：咫尺外，他们捡起一只手臂，在稍远处，则拾起一条被啃咬得血肉模糊的腿。另一位杂役在远处捡起某样东西，走到推车旁。那看起来像是一个袋子。不，原来他抓着的是女人的头发。他将头发抛入手推车中，仿佛它是一个背包。刹那间，我们看见她的金发最后一次在空中飞扬。甚至连我们的邻居都惊骇地扭曲着脸。

活在公元4世纪的纳西昂的格列高利①留下这么一段话，传神地捕捉了这类表演景观的氛围，在这其中，人性的痕迹完全消失无踪。杀戮的场景为某种疯狂所吞噬，虐待本能所引发的欢愉步步高涨，即使群众只是普通人。这类地点和环境（公开处决）本身似乎解释了此地缺乏道德禁忌的原因，不过我们可以确定，这些观众在日常生活中相当守法。

格列高利说，如果一个人逃过野兽的魔爪，观众会群起抗议，仿佛他们被表演欺骗了，还浪费了时间。“但当一个人的肌肉被撕裂，当他死命尖叫，在尘土中蠕动挣扎时，观众的眼中则缺乏怜悯，在看到血液喷涌而出时甚至开心地狂拍着手”。

两位杂技演员这时出现在了竞技场上，展现高妙技能，表演余下的节目，但没多少人注意他们。这是中场休息，很多人正站着聊天，其他人则去圆形竞技场每个楼层都有的喷泉那里喝水，还有一些人走过“排泄口”，朝着楼下的公共厕所走去。

我们利用这个空当研究圆形竞技场较能体现技术的一面。这建筑从一开始就被设计来当作表演场地。

① 纳西昂的格列高利（Gregory of Nazlanzus，330～389?），君士坦丁堡的大主教，主张基督的人性，以及三位一体的正统教义。

奇闻｜圆形竞技场的秘密

圆形竞技场并非圆形，而是椭圆形的，因此能容纳更多观众。再者，看台的坡度呈37度，所以每个座位都有绝佳的视野。看台以刺目耀眼的白色大理石制成，但你并不能随意入座。它有点像我们的体育馆，划分为好几个区域。最低的楼层最靠近竞技场，保留给元老、维斯塔女祭司、祭司和大法官等贵宾。第二个楼层是骑兵团骑兵的座位。更高的楼层则是工艺匠、店主和来宾的座位。再往上，“百姓”坐在圆形竞技场的最高楼层，其中央以一条排列着壁龛和雕像的走廊分隔开。这里为女人保留了一个特别区域，以避免所谓的男女混处。最后一个区域是环绕圆形竞技场一圈的木制“末排楼座”（peanut gallery），也保留给普通人。一言以蔽之，这个圆形剧场可说是罗马社会金字塔的颠倒版本：越坐在下面，社会地位越高。

除了那些位于内部走廊以等距设立的饮水喷泉（大概有100座）之外，观众所能得到的服务则包括某些令人啧啧称奇的惊喜，比如被喷上香水、玫瑰水和番红花水等。

覆盖圆形竞技场的顶篷系统是个令人赞叹的特色。顶端有第一圈多达240根的坚硬杆子，固定住相同数目的长缆绳，撑起一个离地面120多米高的中央大圆环。可能是由薄亚麻制成的篷布

（就像许多地毯般）铺展在这个半悬于空中的缆绳网络上，再于中央大环的边缘会合。这便创造出一个以长布片搭成的顶篷，能为群众遮阳（罗马夏季会出现令人无法忍受的酷热）。在顶篷中央有个圆形大开口，就像万神殿的屋顶，但这是为娱乐性神庙特别设计的。考虑到顶篷的尺寸、用来将顶篷沿着缆绳固定的圆环，以及绳索和绞盘等，学者最近估算它的总重量达26吨，换算来说，每根杆子要承载近100公斤的重量。因此，在我们得知当时是由米塞诺角[①]军舰的1000名水手来操作这个系统时，应该不会太过惊讶。这顶篷要能抵挡罗马的强烈季风和圆形竞技场座无虚席时，“盆地”所产生的强烈上升气流。从这方面来说，有顶的圆形剧场有点像一艘巨大的帆船。

船的比喻也适用于竞技场，但是形容的是不同的方面。它的长度超过73米，宽约46米。就我们所知，在竞技场地面的黄沙之下，圆形竞技场还要向下延伸大约六米，有几个地下楼层。为了以木制地板覆盖竞技场，罗马工程师想出了一个以横梁、木板和拱肋组合而成，非常类似船体的建构系统。考虑到这种木制地板也采纳了中央隆起以便使雨水流向其边缘，再由排水沟和排水栅系统收集的设计，我们可以用“翻身的船”的意象来描绘竞技场的耐用性。

但这片地板下面是什么呢？它是圆形竞技场的灵魂所在。事实上，就像剧院一样，圆形竞技场也有“侧翼”，但它们不是位于两侧，而是在地下。戏剧特效的记载流传到了今天，比如假鲸鱼突然出现在竞技场，张开大嘴，从里面跑出50头熊。在其他例子里，装饰繁复的舞台背景中充斥着岩石和树木，缓缓升至竞技场

① 米塞诺角（Miseno），位于意大利南部的古港口。

地面。

事实上，在沙和木制地板下，有两层地下楼层，里面有走廊、楼梯、房间、武器、狮笼和囚犯等。多亏设置在关键地方的特殊斜面和绞盘，人们可以将各种场景和舞台背景向上拉至竞技场地面。特殊升降机也能将角斗士和野兽运至地面。这些设备全都能创造出令人讶异的戏剧效果，比如，“上百头狮子同时进场，吼声震天，整个圆形竞技场的观众顿时惊呆”。

地下楼层中白榴凝灰石制成的防火墙，泄露了这些阴暗房间的一个危险：奴隶、道具师、动物训练师、角斗士训练师等人都在油灯的微弱光线下辛勤工作。

最初，这些地下楼层并不存在，而我们几乎可以确定，那时的竞技场还可以灌满水，进行小型海战，或浅水赛马和战车竞赛。

表演的组织架构总是遵循铁一般的纪律，因为唯有如此才能成功实现数千人同时上演的壮观场景。在公元 80 年，当韦帕芗的儿子和继任者提图斯为圆形竞技场主持开幕仪式时，在 100 天内便宰杀了 5000 头动物！

而考虑到我们所探索的时代，与之比较接近的事件是图拉真大胜达契亚人的庆祝活动。圆形竞技场的表演持续了 120 天，杀害了 11000 头野兽和 10000 名角斗士。

15:30

角斗士登场！

值此之际，几辆马车被拉着环绕竞技场而行，戴着花冠和花圈的奴隶对着观众抛掷面包、铜币等礼物。

在为礼物兴奋数分钟之后，每个人又坐回到看台上，包括圆形竞技场第一个楼层的元老和贵宾，都回到了自己的座位。节目的策划者也坐了下来，他是贵族，隶属于罗马最富有的家族之一。虽然他担任相当高阶的职位（他是营造司，或说是管理工务计划的行政长官），但也只是处在公共生活中职业生涯的开端，因此他需要积累更多的声望和曝光度。他是支付这些节目制作费用的人，是我们将要观赏到的所有表演的赞助人（或如罗马人称呼的主事者）。圆形竞技场内这三天以来的表演的确让他耗费巨资，但另外，组织这些节目是法定义务，而他毫无疑问地将会从中得到好处。他将会得到元老院的官方认可和人民的感激和爱戴，人民将会在他未来的政治、社会和经济事业中予以鼎力支持。人民的支持也将会左右他与政敌的关系——正如诗人尤维纳利斯所言，面包与马戏团表演[①]至关重要。

① 面包与马戏团（bread and circuses），指政府为了安抚和款待公众所提供的食物和娱乐。

此外，还有一种微妙的个人快感：在这三天内，他将有机会稍微品尝当皇帝的滋味，当他决定角斗士、野兽等人和动物的命运时，会得到群众的欢呼或赞扬。简言之，这些表演是他职业生涯的重要开端，他的子孙无疑会不断地传颂这些内容。他在罗马郊外的别墅也许会增添一幅新的马赛克拼图，呈现角斗士和死刑犯的关键时刻（这是我们经常在博物馆和考古遗址里看到如此暴力的马赛克画面的原因）。

这个男人坐在一张雕刻精美的大理石高背椅上。他和我们对有钱有势的罗马人的惯常印象有所不同；他不胖，不秃，手上也并未戴满戒指。相反，他身材高大而体格健美，黑发碧眸。坐在他身边的是他非常年轻的妻子。她显然是某个位高权重的罗马贵族的女儿，这桩婚姻为他前途光明的职业生涯打开了好几扇门。他们是引发八卦话题的一对佳偶，人们在贵族私密的晚宴里和公寓大楼嘈杂的楼梯平台上谈论着他们。

在他们身后，警卫们立正站好，他们头盔上的红色羽毛轻触着沉重的金线刺绣帷幔，布幔在微风吹拂下纹丝不动。

观众开始喧闹起来，用力拍着手，像是在呼唤他们最喜爱的战士。现在是时候了。那男人以手示意。

几个小乐团在竞技场边缘开始演奏胜利进行曲。圆形竞技场的观众欢声雷动。那就像一声突如其来的雷声由宛如巨大回音室的圆形剧场加以放大，然后又被轰隆隆地传送到整个城市。

凯旋门下方的门砰然打开。一支队伍出现，由捧着表演策划者职位徽章的两名侍从官在前领头（因为这两个男人只是营造司，并没有行政长官判处死刑的职权，因此束棒上没有斧头[1]）。

在他们身后是吹奏长管喇叭的乐师，然后是一辆载着大块木板的马车，木板上画着打斗场景，它相当于一个活动广告招牌。好几次皇帝的凯旋行列在游行罗马时，也使用马车来运载巨大图画，图面描绘了他们大获全胜的战役和激烈交锋的场面。那是一种宣传胜利者功绩的手法，不论是谁都能轻松看懂，是介于西西里马车和说故事者之间的方法。在这之后是一位象征性地捧着胜利者的棕榈冠的男人。

此时，奴隶出场，捧着头盔和剑，那些是角斗士的战斗工具。它们将在打斗中被使用，但很多是聊备一格，只能拿来在游行中展示。

最后，角斗士登场了。观众激动异常。欢声震天，你得掩住你的耳朵。有那么一刹那，你会有那种在数万名观众的狂喊和跺脚下，圆形竞技场也终将崩塌的错觉。在最群情激动的时刻，我们看了一眼观众和竞技场，看见了圆形剧场最壮观的景象。但一想到这些都是为了创造死亡场景时，我们不禁感到惊惧。

只要想到圆形竞技场四个半世纪以来的活动，使它成为世上如此小的范围内死亡人数最高的区域时，我们便不寒而栗。甚至连广岛和长崎都没产生过这么高的集中死亡率。但在这个简单的竞技场内，数十万人径赴黄泉——而根据某些估计，死亡数目可能高达上百万人！

这些估算直截了当，即便是只将范围限制在我们所探索的时代，也令人触目惊心。如同我们说过的，就在八年前，即

---

① 有斧头表示有权力判人生死。

107 年，图拉真下令展开 10000 名角斗士（几乎都是战俘）之间的格斗。六年前，在持续了大约 117 天的节目里，超过 9800 名角斗士死在了竞技场。两年前，即 113 年，大约有 2400 位角斗士在竞技场内进行你死我活的拼争，尽管我们不知道究竟有多少人被杀。我们很容易想象，这些数字是特殊事件的结果，但它也帮助我们了解到，要死在竞技场上是多么容易的一件事。而这些数字显然并未包括被处决的死刑犯。

倘若我们假设，在一个月里，角斗士和死刑犯的死亡人数是 50～100 人的话（尽管如此，考虑到几个世纪以来的“危机”时期，对这座如此巨大的建筑结构而言，这是相当保守的估计），总体数字应该在 27 万～50 万人。但某些学者认为数字应该更高，甚至高达两倍。

性感象征和战士

角斗士停下脚步，群众陷入狂喜。角斗士用手臂做出夸张的动作，向观众的欢呼表示谢意。然后他们开始暖身，模拟击剑的动作，以闪电般的出击炫耀他们的技巧。每个动作都引得观众发出一阵叫好声。

在现代，只有著名的足球运动员或音乐和电影领域的超级明星才能引发同样的骚动，以及女性的相同反应。事实上，我们知道，角斗士特别受到女性观众的“激赏”，与平民妇女相比，上流阶级的女士更甚。

多亏考古学家在庞贝所发现的一些涂鸦，我们知道一位角斗士被视为“折磨年轻女孩的人”。更有甚者，诗人尤维纳利斯诉说过一名元老妻子爱碧雅的故事，她后来与一名叫做赛吉欧路斯的著名角斗士私奔。他们的幽会在今日将成为小报和狗仔队所津津乐道的八卦新闻，当时可能也闹得沸沸扬扬，而尤维纳利斯以假装震惊的口吻评论那位角斗士的长相不甚英俊。他全身都是伤疤，眼袋浮肿，因为戴头盔，导致鼻子上有个凹痕。简言之，就像他所写的："女人爱的是角斗士的剑。"

但说真的，这些在竞技场里相互打斗的角斗士是谁？他们有什么故事？每个人都有自己的故事。首先，他们是奴隶，包括那些被主人卖到角斗士训练学校以示惩罚的奴隶。再来是被判死刑的战俘。在图拉真征服达契亚后，军队俘虏了超过50000名囚犯，当时罗马帝国的竞技场上可能充斥着高大的、蓄着须的、凶狠残暴的角斗士，他们习惯用长而弯曲的剑刃在一击之下便劈开敌手的头颅。然后还有变成格斗士的自由人（除了特殊情况外，比如在尼禄的命令下，400名元老和600名骑士必须进行搏斗），比如，许多前军团士兵将它视为一种职业，甚至还有些穷困潦倒又爱冒险的人，或想赚钱的人加入这个行业。有时也会有些女性角斗士。比如，今天就有四个女人成双对打。在新皇帝哈德良即位后，将会禁止女性参与格斗。

但角斗士里也有些人有悲惨至极的过去：普通平民欠了债却无力偿还，因而被债主卖到角斗士学校，这样债主就能将欠款如数收回。

意大利和帝国全境内有许多角斗士学校。最著名和利润最丰厚的学校显然是皇帝的学校，但还有其他由元老、贵族，或单纯是富有投资者所创办的学校。角斗士由业主负责训练，尽管人们痛恨这些业主，但他们却是这些集体"娱乐"中不可或缺的要角。训练相当残暴，角斗士的生活几乎像少林武僧般艰难。但与好莱坞的迷思相反的是，他们并非毫无自由。从古代文献和考古发掘中，我们得知许多角斗士或者拥有幸福的婚姻和子女，或者是与能和他们分享这种职业苦乐的伴侣结合（她们往往是为伴侣写墓志铭的人）。

很多角斗士还是能够活着撑到职业的终点，也许还留下几场辉煌胜利的纪录，比如活跃于1世纪的马克西摩斯（Maximu），他留有40场胜利的光荣战绩。这类老将会被赠予一种简单的木制短剑，象征他们的梦魇终于结束。从那时开始，他们便自由了，永远不必再出场搏斗。他们也不再是业主们的财产。

割他的喉咙！

在最初的介绍后，角斗士现在离开了竞技场，回到圆形竞技场的服务区。我们知道，几位年轻杂役现在正在帮他们穿上护腿、防护袖和头盔。观众鸦雀无声。整座圆形剧场笼罩在无形的紧张气氛中。每样事物似乎都以慢动作进行。

有件事使我们吃惊：没有角斗士站在节目策划者前面，大喊著名的仪式性宣言："万岁，皇帝，那些将死之人向您致敬。（Ave，Imperator morituri te salutant.）"

为什么没有这样做呢？因为这也是从角斗士衍生出的众多神话之一。他们中没有人真的说过这句话。它只发生过一次，那是在数十年前，于克劳狄治下，曾在一场海战开始前的几分钟宣读。它也带着某种悲喜剧的效果。克劳狄当时用一句正经八百的俏皮话回应角斗士的致意，他说了一声"也许不会死"

（Aut non）。结果，所有角斗士都将这两个字解释为给予他们自由的命令，因此拒绝战斗。克劳狄不得已只能予以纠正，并召来全副武装的士兵，最后终于迫使他们参加海战。

喇叭和号角的声音响彻云霄，这相当于我们的击鼓宣战。突然间，一连串尘柱从圆形竞技场的地面不断升起。它们看起来就像沙子形成的喷泉。群众欢声雷动。当尘埃落定时，我们仿佛可以透过魔法咒语，看见人类躯体的轮廓。他们是角斗士，仿佛凭空跳出来。实际上，他们是从圆形竞技场的地下楼层，搭着许多升降机现身。地板的门隐藏在竞技场的沙层之下，它们被突然打开，扬起漫天的沙尘。这是观众最喜爱的特效之一。角斗士成双成对，立刻开始打斗。

至少有 12 种不同种类的角斗士，有些甚至会骑马或驾驶马车。但我们现在看到的是传统的角斗士配对方式，就是群众最喜欢的那几种。

有位知名的网人（net fighter）正在和他们的宿敌追赶者（chaser）搏斗。网人配备有著名的网子和三叉戟。追赶者则有一个巨大的长方形盾和一个防护袖。但最重要的是，他头上戴着有两个简单眼洞的怪异蛋形头盔。光滑的头盔造型设计有着特别的用途：为了防止被敌手的网子缠住。第一次撒网扑了个空，网子从追赶者身上滑落，掉在地面上。两人继续搏斗。

每对角斗士两侧都有两位裁判，他们以前也是角斗士。他们穿着白色短袖长衣，上面有两条垂直的红色线条。他们有点像拳击赛的裁判，他们的任务是确保角斗士遵守规则。

在一个例子中，我们可以看见他们中断了两位挑战者之间的比赛，后者打扮得像军团士兵，拿着长盾和短剑，戴着有护颈的头盔。其中一位的长盾掉落，裁判给他时间，让他将盾牌捡起来。

观众狂叫着“鞭打他”“割他喉咙”和“烫他”等字眼。实际上，的确有杂役在旁准备用鞭子抽打，或拿冒着烟的热铁块去“刺激”不愿战斗的角斗士。

乐团在竞技场边缘继续吹奏，突显最抢眼的打斗，并为其配乐，就像为默片配乐的钢琴师一样。有个女人在弹奏一种模样古怪的乐器：它很像管风琴，有许多竖立的管子，但尺寸稍小。竞技场墙边直接升起一个小讲台，好让她演奏这个乐器。

我们注意到一个奇怪的现象：没有任何角斗士穿着盔甲，和我们惯于在电影里所看到的相反，他们全都赤裸着胸膛打斗。只有挑战者有护铠。

另一个鲜为人知的角斗士衣着特色是羽毛：很多人的头盔上满满装饰着羽毛，宛如印第安酋长的头饰。这细节对他们的形象而言意义重大，这个非常古老的传统可追溯至罗马人崛起之前，它在许多意大利、地中海和欧洲种族和文化的战士身上都有体现。今日，只有意大利狙击兵里的轻装步兵还保留这个习俗。

群众的震耳叫喊让我们将注意力转向场内：有位角斗士受伤了。一位双刀人（two-knife man）击伤了一位特拉切(Thracian)。两人都配备有小型盾和保护性大头盔。他们配备的短剑使他们得以近身攻击，但双刀人还有一项额外武器——一把长矛，可以用来攻击敌手最脆弱的要害，如他们的脸和眼睛。那位特拉切蹒跚着摇晃身躯，举起一只手放在头盔的格栅上，鲜血正从那里泉涌喷出。这一击不偏不倚。双刀人现在停下来等待，他转向裁判和主事者，即节目的策划者。特拉切举起左手，食指向上——他希望获得怜悯。群众发出狂喊。有人想让他活下去；其他人则想看着他死。主事者做了个手势：他被赦免了。他刚才一定是打斗得很精彩。

角斗士有很多种请求怜悯的方式：双腿跪地，举起左手，放下盾，甚至站着将短剑放在身后，挺起胸膛。这时，他的对手得停下来。角斗士毕竟是奴隶，他们没有杀人的权力。决定权操在负责组织节目的主事者手中，只有他能决定生死。特拉切在观众如雷的掌声中被带走。

但一切尚未结束。竞技场上还有其他打斗，而我们像群众中的很多人一样，被位于椭圆形沙场中央一场特别残暴的搏斗所吸引。

双方展现两种不同的打斗模式：一方缓慢，一方则快如闪电。你可以在打斗中看出来，这场搏斗不只展现出激烈的拼斗，两位角斗士显然还痛恨彼此，也许他们早就认识。一位是鱼人（fish man），另一位是特拉切。那位鱼人坚若磐石，躲在一个方形盾后方。他身躯庞大，强健有力。他的左腿上有个护腿，大大的头盔有着具保护作用的格栅，看起来像个古怪的宽边牛仔帽。他的头盔也有一簇艳丽的羽毛。他很少移动，就像一辆坦克。然而一旦他的对手试图靠过来攻击他时，他便亮出短剑的锋刃。

他的敌手，那位特拉切，则完全和他相反。他个子较矮，身材消瘦，却不可思议地敏捷。他有把长方形的小剑，穿着非常高的护腿，大腿上包裹着具保护作用的皮革束带，他也戴着有格栅的大头盔，上面有一簇羽毛。使我们能辨识出他为特拉切的细节在于，他的头盔顶上有个希波格利夫①的头饰。希波格利夫是种神话动物，半马半鹫，那位特拉切所采用的战斗方式的灵感显

① 希波格利夫（Hippogriff），马身鹫头长翅膀的怪物。

然来自这两种动物。他几乎是蹲坐下来，如蛇般扭动着身躯。

他的武器是致命的“夕卡”（sicca），一种弯曲如镰刀的短剑。为什么呢？因为它很适合拿来攻击敌手的侧面，给臀部、颈部或腿部致命的一击。

一位战技精湛的特拉切确实是位可怕的对手，鱼人深知此点，他知道他不能犯任何错误。特拉切不断在敌手面前跑前跑后，停下来摇晃着身躯，像猫一样弓着身子。然后他突然往前一跳，跳到鱼人的盾上，试图刺穿他的脖子，并准备从右边发出致命的一击。鱼人连忙低下头，短剑顺着他的头盔顶端滑下，发出清脆的铿锵声响。群众沸腾起来，高声唱颂着“现在刺他，现在刺他”。

特拉切从盾上跳下来，退后几步，再度展开进攻。鱼人看起来困惑不解。他知道他刚刚挡住了致命的一击，他很幸运。下一次他恐怕就没这么好运了。他陡然往前朝敌手冲去，让对方措手不及，但他却失去平衡，手中的盾轻轻摇晃了一下。特拉切明白这是他所等待的时机，于是再度往前跳，跃上敌人的大盾，确定这次他将能发出胜利的一击。

但这是个陷阱。鱼人假装犯错以诱使他往前跳。当那位身材矮小但敏捷的角斗士跳上来时，鱼人抢在他前面用力将盾举高，仿佛它是车库的铁卷门。特拉切大吃一惊，他突然发现自己半悬在敌人的盾上，后者现在正用双手抓着盾。转瞬间，特拉切在激烈的打斗后被摔倒在地。观众因突然的转折欢欣鼓舞。特拉切试图爬起身，但身材高大的鱼人展现出令人惊讶的矫健身手，将短剑往他身侧一刺，就差没刺穿了。裁判中断这场打斗。每个人都往主事者的方向看去。他缓缓转头环顾观众，戏剧性十足。但他无法了解人民要的是什么。

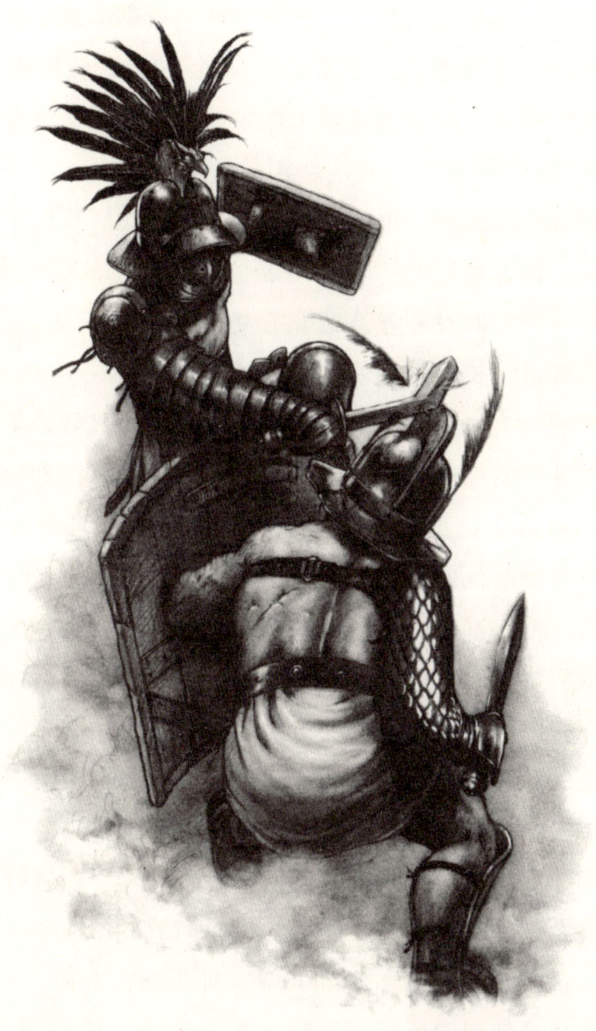

他突然往前一跳，跳到鱼人的盾上，试图刺穿他的脖子，从右边发出致命的一击。鱼人连忙低下头，短剑顺着他的头盔顶端滑下，发出清脆的铿锵声响。群众沸腾起来，唱颂着“现在刺他，现在刺他”。

与我们一向认为的相反，大拇指朝上或朝下这个手势并未被广泛使用，也不普及。比如，在这个案例中便没有人使用它。观众的喊声大小往往决定了输家的命运，全场群众叫喊着确切的字眼："释放他"或是"割他的喉咙"。

主事者选择死亡。鱼人转向敌手，特拉切展现出不可思议的自制力，挺着喉咙等待。我们震惊于角斗士的勇气和专业，他们在面对死亡时没有丝毫恐惧，仿佛那是再正常不过的事。鱼人将剑移近特拉切的喉咙，然后以决定性的一击刺穿要害。群众欢声震天。赢家拿掉他的头盔，立即得到奖赏，年轻女孩拿着象征胜利的棕榈树枝和两个装满金币的银盘跑到场上。别的礼物也装盛在托盘上拿了过来。他带着这个奖赏（其中最重要的大奖则是他的生命），在整个圆形竞技场的欢呼喝彩中走向出口。他在准确时机做出精彩绝伦的一击，赢得了观众的心，观众们将对此念念不忘。他转身，对观众做最后的道别，便消失在正门的拱门之下。那里是赢家的出口。

而他的敌手，那位特拉切呢？他气绝地躺在血泊中。几位舞台工作人员戴着卡隆①面具，穿着特殊衣服靠过来，甚至还将皮肤都涂上紫罗兰色。他们用钩子叉住身体，用铁链将他拖走，朝着胜利者之门对面的门走去，那门叫作利比蒂娜之门（libitinaria），而利比蒂娜（Libitina）即为死亡女神。

尸体会被带到四角呈圆弧状（利于清洗）的特别房间内，剥光衣服和武器。如果角斗士在濒死边缘，这些戴着卡隆面具的人会用短刃给他最后的致命一击。

---

① 卡隆（Charon），神话中引渡灵魂驶过冥河到地狱之神处接受审判的船夫。

但还不仅仅如此。有些尸体的血会被抽走。事实上，人们竞相争求角斗士的鲜血。它被视作能治疗各种疾病的良方，比如癫痫，人们鼓励病人喝下鲜血或将它涂抹在身上。更有甚者，由于角斗士的体魄强健，他们的鲜血被视为仙丹和壮阳药！很多人从这类肮脏的交易中获利。最后，尸体会被丢进城市外的公墓里。

当角斗士是什么滋味

截至目前，我们已经从看台上观看了死亡的表演。但在竞技场中戴着头盔在观众的欢呼声中打斗，究竟是什么感觉？让我们试着想象将头盔戴在一位鱼人头上，而他正在和一位可怕的敌手网人搏斗。他们以抽签决定配对对打（网人通常和另一种被称为追赶者的角斗士对打）。

最后都该归诸传统。鱼人象征性地代表渔夫，配备着网子、三叉戟和匕首。鱼（“murmillo”或“mimillo”）这个名字源自“mormyros”，在希腊文里意味着鱼，或源自“muraena”（海鳝），后者总是躲在岩石间，准备做出致命的一咬（正如同这类角斗士，他们躲在巨大的盾后方）。

追赶者的战术基础是不断绕着敌手打转，试图以网子突袭鱼人，使鱼人的处境陷于劣势。他总是得确保敌手处于他的正前方。事实上，鱼人的头盔只能让他看到正前方，而看不到两侧。再者，头盔的格栅大大缩小了他的视野，并让他呼吸困难。那很像美式足球运动员的头盔。不妨想象戴着头盔打斗是什么感觉吧：空气不足，呼吸困难，而且很闷热。在炙热的太阳下，烫得吓人的金属将高温传导到他的头部。最后，不要忘了头盔的重量：这类头盔重约3.6公斤。追赶者的头盔更重：4.5公斤！那就像在头顶上顶着石头跑。

除此之外，你还被叫喊声包围着，5万~7万人的激动欢呼声围绕着你，如雷般的轰隆巨响回荡在你的头盔内，但你却听不清楚；更别提裁判的命令、附近角斗士的呐喊和咕哝声了，不管他们是正在搏斗还是受了伤。对格斗士新手而言，最难克服的艰难障碍之一便是情绪。在这般充满敌意和重重困难的地方打斗，需要极大的自制力。

我们显然仍未提及任何有关角斗士心理状态的细节。他知道他的性命危在旦夕。只要一个闪失或错误，他就会一命呜呼……尽管如此，鱼人阿斯提纳克斯（Astyanax）仍保持镇定。他盯紧敌手，敌手的大名如雷贯耳，是位身手不凡且不屈不挠的追赶者，他叫卡伦狄乌斯（Kalendius）。追赶者卡伦狄乌斯总是让鱼人阿斯提纳克斯保持在他面具的中央，因为他的面甲边缘限制了他的视野。追赶者绕着鱼人打转、奔跑，鱼人则如同被逼至死角的螃蟹般在原地打转。

这是个真实故事，人物也是真有其人。

追赶者突然停下来，身子缩成一团，仿佛他即将改变方向，但这只是虚晃一招，他其实正准备出击。在毫无预警下，追赶者放松身躯，撒出手中的网。在一瞬间，鱼人阿斯提纳克斯感觉到某种沉重的东西重重落在他身上，好像有人跳到他身上，抓牢他一般。然后，编织粗糙的网出现在他的面具前。它是特别定制的网子，当然不是拿来捕鱼，而是拿来撒在角斗士身上，它的重量会使角斗士动弹不得。这是个致命的拥抱，仿佛一只活生生的野兽正紧抱着你。

网子也使角斗士阿斯提纳克斯的头盔歪向一侧，他得挣扎着不让自己的头歪得更厉害。他拼命喘气，不然便无法呼吸，他感觉头盔里的空气好像都被吸走了。追赶者卡伦狄乌斯能听到敌手深沉刺耳的喘息声，但他没有出击，至少不是现在。他从经验中得知，他最好再等一会儿，直到被网子罩住的敌手试图移动，却被纠缠得更紧，甚至绊倒为止。他得在那个精准时刻出击。鱼人阿斯提纳克斯感觉自己被网子困住了，这时，他想起身为鱼人与前角斗士的训练师的告诫：弯下膝盖，稍微举高你的剑。这会创造出一种低矮的“茅屋”，缩小追赶者的三叉戟的攻击开口。于是他这么做了，但在网子拖着他往一个方向倾斜的状况下并不容易办到。

追赶者的第一击来自上方，他瞄准肩膀和喉咙之间，因为他知道网子的重量会使鱼人放低手中的盾牌。鱼人阿斯提纳克斯突然感觉到肩膀传来一股刺痛，锋锐的三叉戟如闪电般穿过网眼，给了他迅速的一击。训练师建议他采用的“低矮”位置救了他一命。他所穿着的防护袖也帮助他挡掉这一击。裁判认为这伤口不足以中断打斗，即使鲜血已经从他防护袖的金属鳞片里流了出来。

观众注意到一些红色血光，欢腾起来。但两位角斗士并未听到周围的呐喊声，因为他们的注意力过于集中，神经绷得太紧。追赶者又开始绕着鱼人打转，想让他晕头转向。鱼人阿斯提纳克斯持续让追赶者保持在他视野中央。他知道他已经化解掉第一次攻击，但在他背上的重量如此之大，身体又无法动弹的情况下，他还能撑多久呢？

追赶者利用敌手动弹不得的窘境，改用另一个狠毒的招数。他要假装从高处再次出击，鱼人会赶紧举高他的盾牌，然后他会将三叉戟从下方刺穿敌手较后方的腿，就是那条没穿保护性护胫的腿。他开始发动攻击。如他所料，鱼人举高盾牌，让身躯的一侧整个暴露出来。追赶者迅速抽回三叉戟，从下方攻击。鱼人看见他改变攻势，立刻转到一边，这在他头盔已经歪斜的情况下，很不容易办到。但这招有用，三叉戟扑了个空！局势突然转变。鱼人阿斯提纳克斯猜到情况不对劲。追赶者不断用他的三叉戟往前戳刺，快速前后走动。有那么一刹那，鱼人阿斯提纳克斯深恐自己已被戳中，但因为气氛过于紧张，所以他感觉不到疼痛。追赶者则继续乱砍着他的鱼人对手。

不仅如此，鱼人还感觉到网子的重量从四面八方袭来，他恍然大悟。由于试图做出完美的一击，追赶者卡伦狄乌斯将三叉戟戳进网眼中，现在它卡住了。现在他被自己的网子缠住，沮丧地想抽回三叉戟却办不到；反之，他越急于将它抽回来，它便被缠得越紧……追赶者被他自己的网子困住了。鱼人阿斯提纳克斯知道这是他的大好机会，也许是他能拯救自己的唯一机会。他用力向后退了三或四步，一路拖着追赶者，后者在盛怒中只想着要将三叉戟抽回来。然后鱼人猛吸一大口气，用尽所有力气扑到追赶者身上。鱼人阿斯提纳克斯一等到自己的盾碰撞到卡伦狄乌斯的身体，就立刻用短剑刺他。他全凭直觉出击，根据他的盾传回来的冲击力道来估算敌手的位置。多年来的训练总算没有白费。短剑宛如银白色的爪子般从网眼中刺出。群众看见银光一闪而过，然后消失无踪。下一个景象是追赶者躺在地上，像被击倒的拳击手般，脸上带着惊愕的表情。他想用手臂重新撑起身子，试着站起来，却无可奈何。他右侧大腿内侧有个大伤口，鲜血喷出。血液不是鲜红色，而是暗红色。一大片鲜血染红了竞技场地面。

阿斯提纳克斯已经准备好要再度出击，并且蓄势待发，飙升的肾上腺素让他无从感觉到网子的重量。他的生存本能，而非大脑，现在正在对他的肌肉下达指令。他差点没听到一位裁判正狂吼着要他住手。他霎时停下来，喘着粗气。在观众看来，他的头左摇右晃，仿佛正在试图“咬住”周遭的空气。当他的呼吸稍稍恢复正常后，他盯着躺在地上的敌手。敌手脸上依旧带着那抹诡异的表情，他想他这辈子都将无法忘记这个景象。但那双眼眸中还带着别的讯息：一个几近命令的请求。追赶者将匕首递给他。也许那是在极度绝望下才会希望对方做出这样的怜悯方式。但这不是阿斯提纳克斯能做的决定，这也不是裁判能做的决定。裁判伸直手臂，竖起大拇指，询问主事者该怎么办。判决是死亡。阿斯提纳克斯于是走近他。他的敌手现在了解大势已去，遂举高脖子。短暂的微风吹拂他的头发，仿佛生命的最后爱抚。然后是一阵无法忍受的剧痛，一切归于黑暗。

这段插曲被忠实地记录在了于阿庇亚大道上发现的一幅马赛克中，这块马赛克现在则保存在马德里国家考古博物馆。

但结局总是如此吗？事实上，角斗士在竞技场上惨死的情况，似乎比死刑犯遭到处决或奴隶在戏剧效果或狩猎中遭到杀害的案例要来得少。这是由数种原因导致的。首先，栽培角斗士需要经年累月的时间，因此太快失去他便意味着浪费多年心血。其次，角斗士对训练他们的业主和节目策划者来说都很昂贵，后者在角斗士死亡时，还得支付高额的赔偿费。因此，在策划者比出大拇指朝下的手势时，他心里可是在淌血呢。

更何况，我们不该忘记赌博事业和许多冠军所享有支持团队，冠军们出于明显的理由，“得”继续活下去。总而言之，尤其在我们所探索的时代里，很多角斗士可能都以虽然打败却得到活路的结果，来结束他们的职业生涯，而打斗至死的案例尽管肯定时有所闻，却一定比我们所相信的还要少见。

16：00

受邀参加晚宴

快要傍晚了。现在罗马在发生什么事呢？商店自午餐时间起就几乎全关门了。罗马广场空空荡荡，除了几名在打扫地板的仆人外，大家都已经离开巴西利卡。在元老院，从头顶的大窗户流泻而入的阳光，默默照在好几长排的空椅上。人们正离开浴场，缓缓漫步前行，在按摩后身心都得到放松。甚至连圆形竞技场的群众都在观赏完他们最引颈企盼的最后几场打斗后，准备离开。

此刻，所有的罗马帝国居民都在准备前往一天中最后的重要约会：晚餐。但为什么这么早呢？

基本上有两个理由。第一个理由是，当时还没有电，所以最好趁还有天光时进行活动。从某种意义上而言，人们的日常生活遵循着太阳的起落规律：人们在破晓时分起床，在日落不久后上床睡觉。晚餐也在太阳完全消失前结束。这使得宾客能赶在街道完全暗下来和变得危险前回家，尽管很多晚宴也持续到深夜。（尼禄的晚宴通常狂欢到午夜，崔玛西翁[①]的则延续至黎明。）

第二个理由则十分实际。如同我们所讨论过的，在帝都罗马

---

① 崔玛西翁（Trimalcione），彼得罗纽斯著名的小说《爱情神话》中的主角。

人们时兴吃三餐：早餐、午餐和晚餐。早餐很丰富，午餐很简单。这自然会使人们在早餐结束九个小时后，也就是下午过到一半时便饥肠辘辘。晚餐能满足人们的胃口，并且让人们熬过没有食物的漫漫长夜。因此，对罗马人而言，晚餐的时间随季节而有所改变：在夏季是第九个小时，在冬季则是第八个小时。

但罗马人在傍晚时都吃些什么呢？我们的脑海中都有从电影里看来的奢侈晚宴的刻板印象。但真实情形果真如此吗？让我们去一探究竟吧。

罗马人常办晚宴，比我们和朋友共进晚餐还要稀松平常。那是种习惯，或更精确来说，几乎是种社会习俗（当然了，只有那些负担得起的人才会办晚宴；对公寓大楼的房客而言，就是非常不同的故事了）。

出于直觉，我们倾向于认为举办晚宴是为了社交、放松和玩得开心。这倒不假，但大部分的晚宴是拓展人脉的社交渠道，借以认识别人，并通过在这种场合露面，炫耀你的社会经济地位和舒适生活。晚宴往往是公关晚餐，以便和重要人士培养良好关系，交涉政治或商业联盟等事宜。一言以蔽之，晚宴不仅是晚餐，它还比较像最近几个世纪以来所谓的“沙龙”。

我们在思索这些事情时，进入了一条被午后阳光斜照的街道。我们正站在一栋公寓大楼的门廊下，在早晨的拥塞后，此处现在诡异般杳无人烟。所有的店铺都用木板封闭起来了。

我们注意到在门廊尽头有些移动的人影。从后方照射而来的阳光，在他们黑色轮廓的周遭创造出朦胧的金色光环。我们从较短的短袖长衣辨识出谁是奴隶，从飘逸的长袍辨识出谁是主人，后者正由他的妻子陪伴着。在夫人的搀扶下，两人分别进入两顶轿子。我们仔细打量了男人的红头发，在阳光的照射下，它就像烧着一般。

等到女人要上轿时，阳光穿透裹住她身躯的长披肩。只有丝绸会如此透明——作为富裕女性拿来炫耀和夸示的真正地位的象征。我们在她一侧的肩膀上，看见金色别针的光芒一闪而过。这对夫妻的穿着绝对是优雅大方的。我们正在寻找受邀参加晚宴的人，而我们找到了。现在我们只要跟在他们的轿子后方，便能解开古罗马晚宴的秘密。

短短的行列离开公寓大楼的门廊，就好似两艘离开船坞的帆船。奴隶沿着人行道默默立正站好，目送主人离开，然后转身回家。只有一位站在门槛上，然后坐下，他是守灯人。他拿着一条毯子、些许食物，以及一盏油灯。他将在前门等待，直到主人返家。当他看见主人时，他会为他照亮前路，陪他进入屋内。我们离开这位守灯人，紧跟上两座轿子，往前迈进。

走过城里的大段路程时，我们发现它已改变风貌。它的街道现在变成类似我们大城市的环形公路。现在是尖峰时刻，每个人都想赶回家——你从他们急切的步伐和匆忙的眼神中可以看得出来。

我们今早所看见的热闹活动已然不再，甚至连空气都有所改变。到处都可以闻到燃烧木柴的气味，这显示在我们周围有数以千计的火盆正烹煮着食物。

某些巷子里的空气循环不良，可以看见轻薄的雾霭缓缓飘荡，有时你的眼睛甚至会被熏伤，这意味着火焰正燃烧着动物的干粪，也就是所谓的“穷人的柴薪”。

轿子队伍由两个男人在前领头，一个手拿拐杖，另一个提着点燃的油灯。在行列尾端，有个男人负责警戒护卫。

我们到了。这一小群人停在一扇非常高雅的大门前。晚宴肯定是在此举行。

晚宴

我们必须在进入举办晚宴的多穆斯前澄清一件事。罗马人其实并未花很多时间在桌边狂欢和飨宴。这是个广为流传的错误迷思。罗马人注重简单，吃得很少，而且他们在食物方面相当节制和严谨。

当然有些例外。社会上有一部分人的确热衷于举行奢华的晚宴。我们在这里谈的是罗马的少数统治阶层。这是由以某种方式享有政治、商业和贸易权力的人所组成的团体。因此，他们不仅包括贵族家庭和元老院元老以及骑兵团代表，还有在社会阶级中努力往上爬、已获得解放的奴隶。

如同我们说过的，这些晚宴对精英阶层而言是基本的社交机制。但对其余 90% 的罗马居民来说，晚餐不过是非常简单的一餐。

门环制造的叩门声在多穆斯的玄关处回响，并回荡在偌大的前厅内。负责前门的奴隶准备打开大门。他推开那两扇门时，看见面前的地上有两座讲究的轿子。男人和女人下轿时都相当拘谨守礼。一只矮凳放在他们前面方便踩踏，此外地上还铺着一块地毯。这对夫妻以尊贵的步伐缓缓下轿。两人一进入前厅，便随着带路的奴隶前进。就像在多穆斯里一样，这里也有一道长廊通往美轮美奂的前厅，前厅里则有个收集雨水的承雨池。但在此处，每样事物的规模都较为巨大，事实上，这里是罗马最宽敞的多穆斯之一。它以其宽敞的内院而闻名，一道长柱廊环绕着花园。花园里有座大棚架、几座喷泉、地道的希腊和波斯青铜雕像，和一片内有数对孔雀悠游的小树林。

当他们抵达前厅时，这两位宾客（如礼数所要求的那般）交出他们的餐巾，被带领入座。晚宴主人的几位奴隶为他们脱鞋，并开始用芳香的水为他们洗脚。与此同时，女人悄悄打量着承雨池，寻找日后能供她和友人品头论足的缺点，或是可以模仿的好点子。柱子间挂着长长的红色帷幔，几乎都像围巾般优雅地扎起来。水面点缀着玫瑰花瓣，呈现小型星状花样，经微风一吹，便随意变换成各种图案。漂浮在水面的还有几盏天鹅型的油灯，灯中的几簇火焰反射在水面上，荧光闪烁动人。女人将会在她的下一场晚宴中模仿这个非常具有原创性的点子。

相反，她的丈夫正盯着空无一物的地方。他也许正在思索某些要对晚宴主人说的应酬话。这位元老紧急召见他，甚至为他保留最后受邀的角色，这份殊荣可能意在换取他的经济协助或政治支持。考虑到他现在于中东动物贸易领域的稳固地位（这使得他能进口稀罕的动物，如老虎和犀牛），他的晚宴主人可能是想策划在圆形竞技场举行的某些节目，并想以优惠的价格买到一些野生动物。

受邀的两人继续走向晚宴厅。路线故意设计得弯弯曲曲，如此一来，主人才能向宾客炫耀房子里最重要的特色。如被人带领着进行短程导览一般，两人经过保险箱，然后走过办公室的精致马赛克，那里也展示着一项历史遗物：汉尼拔[①]副官的一

① 汉尼拔（Hannibal，248 BC～183 BC），迦太基指挥官和军事家，以历史上最足智多谋的指挥官著称。

把剑，“也有可能是汉尼拔的剑”，那是元老的祖先在扎马[①]战场上和西庇阿并肩作战时所捡到的剑。每次的停留点似乎都不着痕迹，而他们的向导，即管家奴隶的解释都极为扼要简单，但他的每个字都经过审慎推敲，魄力十足。这栋多穆斯的桌子上惯常摆放着银罐和银盘，仿佛展览无价之宝一般。

刚开始遥远而模糊的音乐声变得越来越清晰，似乎在预示这对夫妻，他们离餐厅越来越近了。最后，他们出现在那座颇负盛名、仍在阳光下闪闪发光的内院。他们可以一眼望尽它所有名闻遐迩的惊奇。那女人为一名年轻男子纹丝不动地站在花园中央所展现的阳刚美而感到震慑。再走几步后，她才察觉那其实是个希腊英雄的青铜雕像，有着飘扬的头发、闪亮的银白牙齿，以及用铜合金制成的鲜红嘴唇——毋庸置疑，这是由元老另一位显赫的祖先从希腊带回来的艺术杰作。

转过这个私人回廊庭院的最后一个角落，餐厅便映入眼帘。它位于花园的一侧，豪邸中的这个房间完全敞开面对着这片葱绿静谧的绿洲，雕像就位于视野中央。餐厅非常宽敞，描绘神话场景、田园地貌和假建筑的湿壁画布满所有墙面，还有许多香气四溢、五彩缤纷的花环。房间中央有个低矮的圆桌，早已放好银杯和开胃菜，宾客已迫不及待开始品尝了。

宾客们都斜倚在餐厅里著名的三张躺椅上，躺椅在桌旁排成马蹄铁状。躺椅为极度优雅的天蓝色，每个座位上都摆放着黄色的大枕头。躺椅稍微倾斜，靠桌的那侧较高，因此客人可

① 扎马（Zama）战役，公元前202年爆发，第二次布匿战争中具决定性的战役，罗马人打败汉尼拔领导的迦太基军队。

以一眼看到所有菜色。

地板上的马赛克则呈现传统的餐厅场景。它复制剩余的鱼、龙虾、贝类和骨头的景观——简言之，晚宴的残羹剩菜被象征性地重现在了地板上。

餐厅不仅仅是间饭厅。它的各个部分代表了整个世界。天花板是天空，为餐厅躺椅和宾客所围绕的桌子是大地，地板则代表死者的世界。房间外面，在柱廊的一个角落，五位乐师正用长笛、七弦琴和铃鼓演奏悦耳的背景音乐。

管家奴隶做出一个手势，乐师在那对夫妻抵达时，演奏起庄严隆重的乐曲，几乎就像结婚进行曲。和他年轻妻子慵懒地斜躺在躺椅上的那位元老，举起一双手，绽放出灿烂的笑容。所有宾客均停下交谈，打量着他们。宾客由年龄各异的男女组成。我们的客人在其他宾客中一眼认出了城市行政长官的秘书，他是掌握圆形竞技场节目举办决定权的关键人物（甚至比他的上司更为重要）。他有位风华绝代、呈现北欧人五官的妻子。她一头金发，但也许是染的；她的发型走在时代尖端，梳成高高的“火焰”形状，但可能是假发。一个肥胖臃肿的女人有着一头黑发，化着浓妆，嘴唇丰满，嘴上方还点了一颗假痣，身体几乎占掉了半张躺椅。她的发型令人瞠目结舌，甚至比那位北欧女士还要夸张，是一顶货真价实的“教皇三重冠”，缀满了金子打造成的星星，甚至还镶有宝石。她短而尖的手指正心不在焉地把玩着垂挂在颈部的大型金坠饰。

管家奴隶宣布了宾客的大名和头衔。很多人依照礼数装出了称许和开心的表情。

富有的罗马人常举行六到八小时的晚宴。这是人们露脸的机会，人们还会在其间交涉政治或商业联盟事宜。这些晚宴比较像“沙龙”，而非单纯的晚餐，其中那些美酒佳肴，比如牡蛎、烤火鹤和随人畅饮的酒，使人愉快无比。

在元老的示意下，两位仆人为这两位新宾客指出餐厅里早为他们保留的位置。好消息是男人就坐在元老左边，那是贵客的位置。坏消息是他将坐在那位肥胖女人大团肥肉的隔壁。他已经想象得到他所能移动的空间将极为有限，以及他邻居身躯会传来的体热，仿佛这样还不够惨似的，他将会闻到她为遮掩体味所喷的浓烈香水味。他懊恼地发觉，他将无法闻到食物的味道，并且会食之无味。

相反，他的妻子运气较好。她将会躺在一个有着友善脸庞的女人和一位英俊男人中间，她后来发现，后者是元老的侄子，从东方前线回来，此时正在休假，他在那儿跟随图拉真打仗。他有许多精彩的故事可讲——大部分是战争故事，但也有些八卦（每个人都想听）。

两人各就各位后，两位奴隶走近宾客，替他们洗手，他们所使用的水散发着玫瑰花瓣的芳香，然后用刺绣精美的亚麻手巾将手擦干。

人们在晚宴上都聊些什么呢？讨论政治议题被视为不识大体。而所有其他话题都可以讨论，包括说说玩笑和俏皮话，谈论诗歌也是得体的，有点像我们的正式晚宴。

一位穿着非常讲究、蓄着白色山羊胡的奴隶出现，宣告晚宴就此开始。他是位受过教育的奴隶，是元老孩子的老师；现在他年纪大了，负责现身于各类场合，背诵希腊和拉丁诗歌，为晚上的活动增添文化气息。有时他背诵的诗歌闻名遐迩；有时则是他个人的创作，这类创作总是吹捧着他的主人和宾客。他的口音泄露了他的希腊出身，乐师则以七弦琴为他的诗歌伴奏。

他的诗歌是奴隶开始上前菜的讯号。

转眼间，大家都停止聆听诗歌，将注意力集中在上菜的奴隶身上，他们托着大型托盘，上面装满堆成圆锥状、还在冒烟的食物。它们看起来就像是成排的小火山。

负责上菜顺序的奴隶皱起眉头，挺起胸膛，宣布前菜的内容："塞着海胆的母猪乳头！"宾客们大吃一惊，但满心欢喜，这是首都晚宴派对中最著名和最受欢迎的菜色之一，它融合了猪肉的甜味和海胆卵的海味。仆人们将盘子和高脚杯放在桌子上。

当宾客开始开心品尝这道美味佳肴时，其他奴隶则到处走动，在高脚杯里倒满葡萄酒。搭配冷菜的酒总是非常特别：那是混合了蜂蜜的葡萄酒。

罗马晚宴有点类似演奏会的节目单，菜肴经过精挑细选。所有宾客都知道，他们今晚所要品尝的晚宴将使他们终生难忘。这位元老以其晚宴的精致和奇特著称。在其他宴会里，他曾端出大量牡蛎、睡鼠和火鹤。但他也曾创造出排成鱼形的母猪阴户和泡在蜂蜜酱里的苍鹭舌头这类菜色。有一次，元老命人端出塞满活鸫的庞大母野猪，猪的周遭围绕着吸奶的面粉小猪，这道怪菜震惊四座。

我们知道，一场精彩的晚宴能够持续六到八个小时。在现代，唯一与之相似的场合是婚宴（在我们祖父母的时代是农场家庭的假期午餐）。不妨想象你一个礼拜得参加两或三次婚宴。如果你属于罗马的上流阶级，这往往是每年某些特定时段你必须参加的次数！

但他们是怎么进食的呢？历史文献曾记载了他们的用餐姿态：身子侧躺着，左手肘靠放在枕头上，左手端着盘子，右手用来将食物塞进嘴里。宾客并排躺着，没穿鞋子，赤裸的双脚经过清洗。

但这不会不舒服吗？我们可能做不来，因为不习惯。我们的左臂很快就会麻木；而背部以那种姿态弯曲一阵子后则会疼痛不已。我们的胃很快就会被填满，这给我们吃饱的错觉。

但罗马人习惯于如此进食。对他们而言，这是种高雅优越的象征，是在官方或重要晚宴上必须严格遵守的一般礼节规范（就像在今日，良好餐桌礼节要求我们避免把手肘放在桌子上，或像拿匕首般握着叉子）。无论如何，若是和朋友共进晚餐，气氛会非常轻松，不会如此正式。人们会不断改变卧姿，从一只手肘换到另一只手肘或是靠在两只手肘上，并转身和躺在后方的人交谈。最初，妻子并非躺着吃饭，而是坐在丈夫身旁的椅子上用餐。但在图拉真时代的罗马则并非如此。唯一仍坐在小凳子上，坐在父亲旁边吃饭的是小孩。

最近的研究显示，考虑到胃的形状，以那种姿态进食反而有助于消化。这是个有趣的发现，但我们认为，只是因为实用而发展出这个姿势的假设比较合乎逻辑。实际上，用左半身斜躺着，能让我们较习惯用的右手空出来。其余问题仅在于习惯而已。

第一道菜上桌。大型托盘上放了许多塞满鱼子酱的龙虾。它们沿着刨冰形成的火山边缘排放。宛如高脚杯的火山口，放置了大量牡蛎。海鳝则泡在热腾腾的酱汁里，在这个海洋火山周围形成一条环带。

我们必须说，这种以相当低俗的风格所装饰的烹饪菜肴样式，堪称罗马晚宴的特色。

这个沉重的结构几乎高达一米，得靠三位奴仆合力才能抬过来，但它引发了此起彼伏的赞赏。

而贵客们使用什么样的食器来吃掉这些食物呢？罗马人还没发明叉子（叉子是可追溯至文艺复兴时期的意大利发明，最初出现在佛罗伦萨）。罗马人什么都用手吃。但毕竟，如历史学家卡尔科皮诺所言："直到现代都还那么做的是法国人。"

事实上，即使叉子还不存在，每位宾客都有供他们使用的刀和汤匙，包括老式的勺子，和一种小汤匙，类似小孩用的茶匙。另一种汤匙有着尖尖的把柄，用来挖蛋和贝类。

必须提到的是，正因为当时没有叉子，所以罗马烹饪的习惯是将食物切成小块，在上桌前便切成一口一口的分量。那就是为何你到任何地方，甚至是饭馆吃饭，也能看到很多肉丸、肉串和肉块等的原因。从某种意义上说，这类传统仍旧不变，保留在那些假设你会用手吃饭的国家的传统烹饪里，比如印度、北非等。例如，当他们在摩洛哥的家中端上小米（couscous）时，每个人都围着一只大盘子，坐在座垫上一起吃饭，这使你不由得联想到罗马晚宴的气氛。

显然，用这种方式吃饭的话，你的手马上会因蘸上酱汁或调味料而弄得脏兮兮。因此，奴隶们得不断在宾客的坐垫旁来来回回，将银罐中芳香的水倒在宾客手中，然后再用干净的毛巾擦干他们的手。

另一个不可或缺的工具是牙签，如同我们在本书开头时曾提到的，它有数种用途。我们现在就可以看到其中一种用途。一位理着平头的男人是宾客，他现在正小心翼翼地用牙签的弯曲尾端清理牙缝，牙签上雕饰精美。现在他换边，将状若小手的另一端塞进耳朵里。他很好地转了一下牙签，再拉出，漫不经心地看着他挖到的耳垢，用手指将它捏起来，搓一搓让它掉到地上。

当宾客聆听着元老说的色情笑话时（在每段笑话结束时他们必须大笑），晚宴的复杂流程仍在继续进行。一名奴隶正为下一道菜摆设盘子。他是位菜肴的“编舞者”（structor）。一旦笑话结束，乐团以极为细致的准确度立即再度开始演奏（乐团在主人讲笑话时也尽责地保持安静），这位奴隶便吩咐第二道菜上桌。

宾客们仍然满嘴是饭，但他们热忱欢迎这个令人高兴的转变。一个装饰精致的大盘子风光上场，上面有番红花和蛋搅拌成的黄色酱汁，它模仿了沙漠中的沙子，中央是某种冒着黑烟的怪异物体。原来这些是骆驼脚！这是一道真正的罗马佳肴，受到无数晚宴客人的喜爱。老实说，它们不是骆驼脚，而是单峰骆驼的蹄子，拜波斯国王冈比西斯[①]入侵埃及之赐，单峰骆驼最近才被引入北非。但它们也在罗马晚宴和罗马食谱中占据了一席之地。

罗马人的味觉

这道宾客迫不及待开始享用的菜肴（黄色汁液已经流到他们的手腕上），给了我们一个机会来简短讨论罗马人的口味。它的特色之一是甜味（蜂蜜）和咸味不断交错，主菜和

① 冈比西斯（Cambises，？～522 BC），统治期间是公元前530～前522年，为大流士之子，波斯帝国皇帝，公元前525年征服埃及。

甜点都是如此。有时两种口味会混合在一起。但最令人惊讶的是罗马人偏爱香料味很重的菜肴，大量使用调味料、香草和香料。今日，我们可在印度和地中海烹饪中看见这类料理方式的痕迹，而在这个晚宴中，他们所端上来的菜肴看起来就是如此。但认为罗马烹饪与我们的烹饪截然不同并不正确。实际上，他们的烹饪基本要素与我们今日所使用的别无二致。

尽管如此，我们的菜肴中几乎完全缺乏的层面是味道的重叠。我们认为烹饪艺术是不同味道的和谐组合。但对罗马人而言，则有更高的层次。如果你把一种口味或味道，加入另一种味道内，你将会创造出一种与前两者迥然不同的全新味道。

我就曾亲自体验过。当我品尝一份由几位研究罗马美味和烹饪习俗的“考古学专家”所重新创造的前菜时，便对此有所感触了，这些人士隶属于一个有着迷人名字的协会——“晚宴的艺术”（Ars Convivialis），该协会专门探索古罗马菜谱（在晚宴中有考古学家在每道菜端上桌时向你解释来龙去脉）。当你咬着一片烤过的罗马斯佩尔特面包（spelt bread），蘸着浓稠的瑞可达乳酪和大蒜时，你会尝到非常独特的口味。若能再喝上一小口干白葡萄酒，仿佛透过魔术般，它会带出另一种味道，与前面的味道完全两样。

通过这类烹调方式，烹饪就有点像以交响乐团的无数元素来制造音乐一般。而最广受喜爱的乐器之一，有一个非常著名的称谓：鱼酱。

鱼酱是什么呢？那是晚宴中使用最为频繁的酱料，有点像蛋黄酱和番茄酱。事实上，若以美味的程度而言，将它与我们珍贵的意大利黑醋相比更为妥当。但它的源头截然不同。如果听到鱼酱的制作方式，你会不敢恭维。依场合不同，将鱼（鳀鱼、鲭鱼等）的内脏取出，或使用整条鱼，然后放在醋汁里腌制几天。经此道工序的产品再通过蒸馏，然后以各种筛子滤筛，每经过一次滤筛便到得更加精致和昂贵的鱼酱。它的味道非常难闻，而罗马时代的伟大美食大厨阿皮西奥①建议人们先用月桂树或丝柏木对其加以烟熏，然后再调入蜂蜜和新鲜葡萄酒。

但鱼酱尝起来味道如何？今日重新创造的鱼酱，味道比橄榄油还要浓稠，尝起来像鳀鱼酱。如果你能想象我们如何在意大利料理中使用鳀鱼酱，甚至鳀鱼本身的话，你就能了解为何那份过度的咸味会让罗马人深深着迷了。

另一个罗马烹饪的特色是，人们强烈偏好柔软的食物，而非酥脆的口感（例如，肉类在烤前一定要经过水煮）。希腊人总将水煮的肉类视为非常粗劣的食物，他们曾习惯于用一种表达蔑视的绰号称呼罗马人："吃水煮肉的人"。

肉类是罗马烹饪中的重点之一。除了做成烤肉串和烧烤外，肉还被绞碎，并佐以各种馅料一起吃。因此，肉丸开始出现在你的餐盘上；也许是灌满各种动物通常会被丢弃部位（内脏、软骨等）的猪肠子，这让我们联想到香肠。如果你知道在帝都罗马可以找到一种非常类似今日的意大利香肠的话，一定会非常吃惊：古罗马人称其为"luganiga"或"lucanica"，它们由绞碎的烟熏牛肉或猪肉制成，混合了许多香草或香料，如小茴香、胡椒、荷兰芹或香薄荷。然后再在这碎肉中加入松

① 阿皮西奥（Apicius），生卒年不详，1世纪的古罗马美食家。

子和猪油，便成为地道的美味佳肴。另一道我们所熟知的佳肴是鹅肝，早在罗马时代，它就已经是非常受欢迎的菜肴。

元老的厨师的秘诀

晚宴在评论、笑话、猜谜，甚至小型抽奖等活动中继续进行。悦耳的背景音乐持续伴奏。但宴会主人有取悦宾客的义务。他弹了一下手指，乐队便奏起一段节奏鲜明、主要以手鼓伴奏的曲子。突然间，两名杂技演员出现在中庭柱廊一侧，开始表演出众的平衡动作，不断扭曲着身躯，宾客看得很开心，热烈鼓掌叫好。随后上场的是几位小丑，他们用笑话、插科打诨和马戏团伎俩逗得宾客开怀大笑。

我们不妨想象自己斜靠在晚宴的躺椅上，花园看起来像个小剧院，柱子、树木和雕像宛如背景和侧幕。今日，我们会说它看起来像综艺节目的布景。

但值此之际，厨房里发生了什么事？谁在里面工作？最重要的是，谁准备了这些风味绝佳的菜肴？我们不妨离开正在观看小丑所表演的闹剧并放声大笑的主人和宾客，潜入厨房一探究竟。

厨房离此不远，而就像在每个多穆斯里一样，它并不宽敞。这是为何在今晚有部分通道也被占据的原因。厨房里的气氛不像餐厅的那般开心。这里呈现紧张的氛围：所有的菜肴必须完美上桌，并满足所有人，尤其是主人的要求。

我们观察一位仆人，发现他正在完成今晚两道烤肉菜肴的其中一道，那是火鹤。当他在做最后修饰时，他正告诉一位偷偷溜进厨房的元老的孩子，关于这道菜的秘诀。显然没人敢赶走那个孩子。而对我们而言，这是发现厨师秘密的大好机会。因此，我们发现，火鹤先经过除毛、清洗和捆绑，然后它们被放在很深的砂锅里，浸泡在略咸的水中。厨师会加入莳萝和一滴醋，然后放在文火上烹煮。当肉开始变得软嫩时，他们在水里加入一些面粉，用勺子搅拌，这样水就会变成浓稠的酱汁。这时，他们再添加一些香料，最后，他们将肉放在大型托盘上，倒入酱汁，再加入一些椰枣。“这是帝国境内的晚宴都会出现的著名火鹤料理，”仆人继续说，“这和我们煮鹦鹉的方式一模一样！”小男孩的眼睛因惊讶而圆睁……

火鹤由几位仆人端上桌子。我们大老远就可以听到宾客的惊叹声。

但厨房的紧张气氛一如往昔。

“塞馅的鸡！炖野兔！一锅鱼！”一个奴隶在我们身后大叫，掀开三只砂锅的盖子。这些是备用的菜肴，以预防晚宴需要更多出人意料的菜肴。

这项为出其不意的菜肴所做的事前准备，显示厨房作业完全在一位真正的专业厨师的管控之下。希腊文指称他为“magirus”，照字面解释是烹饪的“大祭司”，有点像手下有助理厨师的大厨。

事实上，任何富有的主人都能在罗马广场租到一名厨师和他的人马。但当你进入一位重要人物，如元老的厨房时，情况就有所不同。这些显赫的家族有自己的厨师，他们也有私人糕点师傅和面包师傅。

元老的大厨相当知名，现在，我们看着他对助手下达指令。但这位味觉魔术师的秘密究竟是什么？厨房里井然有序，每个人的位置和移动似乎都遵循着早就谨记于心的脚本。我们不由得有置身于手术室的感觉。

一张桌子上放满了香草和香料：薄荷、香菜、大蒜、荷兰芹、小茴香和月桂。我们可以确定的是，美食大厨阿皮西奥曾建议，这些香料可用来“提升绞肉的美味，并与其配合得天衣无缝”。但它们还有另一项功能。

实际上，罗马烹饪中使用大量不可或缺的香草和香料，是为了掩盖肉（和鱼）的臭味——这是缺乏冷冻技术和防腐手法的条件下，令人不愉快的结果（我们几乎早就忘了这点）。

我们继续观察食材时，注意到桌上缺了某些对我们而言非常重要的材料，例如：番茄、马铃薯、豆子、玉米（连带还有玉米油）和巧克力——拜哥伦布之赐，这些材料，比如火鸡，都将在新大陆被发现。罗马人也还不知道马苏里拉干酪，因为它是以亚洲水牛的奶制成的，当时也还未引进意大利（进口它的人可能是伦巴底人①，他们在中古时代前期入侵意大利半岛）。茄子也一样，由阿拉伯人在中古时代引进意大利。

不妨想想，这是种意大利烹饪，却缺乏众多意大利特色的食材和菜肴，我们不禁感到奇怪。

既然没有马苏里拉干酪和番茄，当然就不会有比萨这项发明。意大利面和各种种类的通心粉尚不存在，它们将在中古时代的意大利被研发出来（就各类文献显示，那是早在马可波

① 伦巴底人（Longobards），公元568年攻入意大利北部并建立王国的日耳曼人。

罗去中国以前的事)。意大利面是种意大利发明。中国将在意大利面之外，完全独立发展出自己的面食版本。

我们走到主厨身旁，他正在准备一道真正特殊的菜肴，主人特别要求他做这道佳肴来让宾客大感惊艳：撒上玫瑰花瓣的夜莺。每个人都自动让出空间，只留下他在做菜。

他估计好给每位宾客两只禽鸟，并将玫瑰花瓣放在些许水中浸泡。然后，他小心翼翼地在禽鸟身上涂抹蜂蜜。

他的助手已经准备好馅料，他仔细检查，点头表示称许。内脏做成的碎肉馅恰到好处。但这还不够完美。他将为馅料加入其他材料，使这道菜肴更上一层楼。因此他开始切出细的薄荷叶和野生荷兰芹，刀子剁在砧板上的细微声音回荡在房间内。然后他转身，拿起一只大理石研钵，磨碎大量的蒜、丁香、胡椒、香菜，使其与橄榄油混合。

他加入一大把香草，然后就是大师的绝招之一，他又加入了一滴葡萄柚汁浓缩液。

此刻，馅料已经准备妥当，他用汤匙将它舀进每只禽鸟体内，并加上一粒饱满圆润的李子。他转身面对他的助手，命令他们用文火炖煮禽鸟，等煮好时，再用玫瑰花瓣装饰托盘。如果再佐以一瓶香气四溢的法勒诺酒一同上桌，就能保证成功。

在场的人中，只有寥寥数位知道这是阿皮西奥的名菜，后者是几世代以前的人物。他以这道佳肴赢得了德鲁苏斯①的欢心，而后者是提比略的儿子②。但这早在意料之中：所有显赫

① 德鲁苏斯 (Drusus，38 BC ~ 9 BC)，罗马政治家和军事指挥官。

② 某些资料显示德鲁苏斯是提比略的兄弟。

家族的主厨总是试图从著名、奇特和充满异国情调的食谱中撷取灵感。我们的主厨则是阿皮西奥的忠实追随者。这一点我们是如何知道的呢？就是源自一个细节：一滴葡萄柚汁浓缩液，那是大师的典型烹饪密技。

阿皮西奥的另一个典型特色是玫瑰花瓣。他的菜肴装饰精美，即使装饰毫无味觉用处，在这点上，他的技巧领先现代厨师足足快两千年。

餐桌礼仪

我们回到餐厅。值此之际，火鹤已经被端走，取代它的是另一道俗不可耐的大菜，第二道烤肉。它的分量是如此之大，以致得用某种担架端来。那是一头用水煮熟的小牛，牛角间“装饰着”一顶头盔。负责切肉的奴隶则穿着埃阿斯[①]的戏服，用一把尖锐的剑为宾客切好一份份的肉。

那位肥胖的黑发女人发出一声响亮的饱嗝，划破平静的气氛，一位宾客因此吓了一跳，将剩下的半杯葡萄酒都泼洒在地上。元老看着他微笑，差点就要跟他道谢。连番饱嗝随着第一声饱嗝后相继响起。每听到一声，元老都绽放笑容。但这是什么样的晚宴派对？罗马人所认为的良好餐桌礼仪究竟是什么？

我们所能说的就是，他们的餐桌礼仪和我们的相当不同。倘若一位皇帝按照他那时的餐桌礼仪来行事的话，他也会被我们的餐厅赶出大门。但罗马餐桌礼仪就如我们刚才所见：由于

---

① 埃阿斯（Ajax），特洛伊战争中的英雄人物。

他们用手吃饭，因此老是弄脏手。不要的食物就丢在地板上：骨头、龙虾壳、蛤壳、猪骨头等就丢在躺椅前方或下方。此起彼落的饱嗝打也打不完，但主人可是相当感激。你能相信，饱嗝甚至被视为高贵的象征吗？不仅如此，它更是文明的象征。根据罗马哲学家所言，打嗝是遵循自然，因此，它确实被视为真正的真理。

这习惯还遗留在阿拉伯世界和印度，宴会主人期待宾客打嗝，并将它视为对食物的真诚赞赏。

我自己就曾经在一位北非朋友的家中出了大丑。大家都满心期待地等着，仿佛害怕菜肴不合我的胃口，或食物的准备上出了什么问题。当我最后对当地习俗投降时，房间里的人显然都松了一大口气。

不仅如此，在我们所观察的这个宴会里，甚至连放屁都是符合礼仪的。尽管听起来很低俗，在上流社会的晚宴中可没有人因此丑闻缠身。相反，肠胃胀气还差点成为法定合宜的餐桌礼节。当克劳狄皇帝得知他有位晚宴同伴因在皇帝面前努力“克制自己”而差点丢了小命时，似乎曾经真的考虑过要发布一项放屁法律。

我们继续罗马餐桌礼仪的旅程，发现还有其他规则与我们的迥然大异。在某一刻，有位宾客弹了弹手指。一位仆人随即拿着一只由玻璃吹制的高雅尿壶走过来，他替宾客撩起长袍，宾客遂畅快“解放”，将肚子里累积的多余液体释放出来。

古人对宴会里的呕吐习惯做了很多讨论，但我们难以确定其描述是否为真。诗人尤维纳利斯曾公开描述有人在宴会结束时朝地板上的马赛克呕吐，但我们难以判定这是种习惯，还是只是吃多了的意外结果。然而，哲学家塞涅卡就比较精确了，他解释说，有时宾客会从桌边起身，到另一个房间去吐，这样他们的胃才能容纳得下更多食物。

最后，有个极具现代性的罗马习俗让我们大感惊讶：宾客能用餐巾将食物包走带回家。理论上，食物是要给他们的仆人吃的，但实际上，打包食物回家能使主人在隔天有再一次品尝这些美食的机会。这种习惯叫作“apophorta”，和打包餐盒（dogy bag）有惊人的雷同点，在美国餐厅里这是很普遍而常见的习惯（在这个例子里，情况也是一样：理论上，这些剩菜是要给狗吃的，但实际上，都是狗的主人吃了它）。

甜点、水果和……

仆人们搬开桌子，将漆成红色的木屑撒在地上。这表示晚宴的主要部分已经结束了。现在开始的是被称作“第二道菜”[①] 的时间，仆人会端上甜点和水果。

仆人端上很多托盘，托盘上装满精巧的糕饼杰作和一个大蛋糕。当诗人马提雅尔说“蜜蜂只为首都的糕点师傅工作”时，他说的的确是实情。看到在罗马甜点（和葡萄酒）里所使用的大量蜂蜜后，我们察觉到，蜜蜂房和养蜂人的数量一定相当众多，才能确保供应不会间断。蜂蜜确实是罗马时代的增甜剂。

随即上桌的水果大多是苹果、葡萄和无花果。但自从罗马人向东方开疆辟土后，尤其如今在图拉真治下，桃子和杏仁也

① 第二道菜（secundae mensae），指的是甜点。

开始出现在宴会餐桌上，罗马人则为它们疯狂。桃子（peach）一词源于“波斯”（Persia），或被称为波斯苹果，而在罗马和意大利北部某些地区，桃子仍旧被称为波斯苹果。

一位宾客从盘子里拿起一颗无花果，慎重地欣赏着，接着大喊“务必毁灭迦太基”，然后咬了一口。其他人则微笑表示称许。他精准引用历史，并且完全符合这个时代的精神（而且大家都知道，这位元老是图拉真最强有力的拥护者之一，并从其征服中获利丰厚）。在其他状况下，这可能被视为严重失态。但话说回来，罗马历史和无花果又有什么关系呢？

在公元前50年，大加图[①]对迦太基的重新崛起忧心忡忡。有天，他想出一个点子。他提着装满无花果的篮子来到元老院，对同事们说：“你想，这些无花果是何时采收的？嗯，它们是在仅仅三天前于迦太基采收的。那就是我们的敌人和我们城墙之间的距离。”大加图的手法再戏剧性不过了。元老们都对无花果的新鲜度印象深刻。据说，这是压垮骆驼的最后一根稻草，元老院投票赞成发动对迦太基的第三次布匿战争[②]，大加图终于得其所望。他的这句话“务必毁灭迦太基”成为名言。想到一个简单的水果背后有如此多的历史，就让我们惊诧不已……

突然间，乐队开始演奏一首新曲子，充满异国情调，舞者从餐厅两侧出现，伴着响板的嗒嗒声，风情万种地舞动起身躯。这类舞蹈在罗马十分出名。舞娘通常被称为伽黛兹

① 大加图（Cato the Elder，234 BC～149 BC），罗马元老。

② 第三次布匿战争（the third Punic war，149 BC～146 BC），古罗马和迦太基之间的最后一次布匿战争。

(Gadez)，因为她们多半来自西班牙南部安达鲁西亚的一个城市加的斯（Cadiz）。令人吃惊的是，在今日西班牙的这个地区仍可欣赏到一种非常知名的舞蹈，和古罗马的这种舞蹈相当类似，甚至也使用响板：弗拉明戈舞。

罗马晚宴上的舞娘舞姿非常性感，而在夜晚的这个时刻，她们为各种可能的发展揭开序幕。我们的刻板印象是每场晚宴都以狂欢纵欲收场。这绝非事实。罗马人就像我们一样，为建立政治和社会人脉或公关需要，而邀请朋友到家中享用晚宴，有时甚至只是单纯想和好友共进晚餐。没有规矩规定说晚上一定得以狂欢收场。尽管如此，的确有人说过，在晚宴结束时发生性关系倒是很常见。

| 奇闻 | 罗马人戴的金饰

在夜晚的此刻，值得我们暂时抛开食物，集中心思来注意宾客所戴的珠宝。这场晚宴是一个接通社会人脉的场合，大家都在此展示和炫耀他们最珍贵的压箱宝。

男人基本上佩戴着两种珠宝：饰针和戒指。戒指很大，宛如在手指上方变厚加宽、其上镶嵌着一块宝玉或宝石的结婚戒指，或者像雕刻成某个神话或英雄人物肖像的肉红石髓。

这些戒指也用来当作可压在蜡里的印章。有时男人也戴项链，但并不常见。

夸示和炫耀大量金饰的是女人：她们有时作风非常低调，例如将一张非常薄的金网罩在头发上。其他时候，则是采用引人注目的手法，将扁平的臂镯戴在上臂或前臂上。

最著名的臂镯上有两个狮头或蛇头，它们的眼睛以祖母绿制成，互相瞪视彼此。

女人的耳环非常抢眼，造型是长长的三角形或天秤状，尾端缀着珍珠。这些是有名的耳环（crotalia），会如此称呼它们，是因为走路时它们会发出叮当声。耳环多变的造型完全仰赖金匠的丰富想象力。

一位晚宴女宾客戴着一条以大型圆环连接而成的怪异项链，

它垂至她的胸部，在她的乳房间相连，仿若两条斜背的子弹带。在晚宴中，你必须尽可能地炫耀你所拥有的金饰。因此，女人的手指戴满了各种尺寸和形状的戒指。

一位非常高雅安静的女士所戴的戒指让我们惊叹不已。她手指上戴了颗非常厚重的大戒指。它的中央不是宝石，而是一小块非常透明的水晶，作用与覆盖底龛的舷窗极为相近。里面有一座雕刻精细的半身雕像，拜水晶的透镜效果，特别是珠宝工匠的杰出手艺所赐，我们才能看见雕像的五官。那是个肥胖的女人，早已年华老去；总之，是位真正的“贵妇人”，我们猜想那应该是她的母亲。

在这个时代，这种饰品就相当于那些放有孩子或双亲照片的坠饰项链，我们在现代常看见妇女戴着它们。这习俗的根源可追溯至古代罗马。

20:00

到了干杯游戏的时刻

信不信由你，晚宴尚未结束呢！现在开始最后一个部分：干杯游戏。该如何界定它呢？简言之，它是一种宾主尽欢的酒类游戏，闹到很晚才结束，最后几乎每个人都喝得醉醺醺的。双耳长颈酒瓶上贴有标签，显示酒的产地和年份。葡萄酒经过漏斗，倒入大碗里，然后用水稀释。酒精比例依场合不同而有所变化，但一般来说，比例从一份水和两份酒到四份水和一份酒等不一而足。然后人们将高脚杯放入大碗里舀酒。

此刻，主人（或由大家遴选出来的领袖）决定该如何喝酒。差不多总是一口气得灌下几杯酒！怎么做呢？例如，大家围成一圈，每个人都一口气干掉杯中的酒，再将酒杯传给隔壁的人。

要不然就是选出一位宾客，其他人为他干杯，照着他名字的每个字母为他举杯，并且喝干酒杯中的酒。因为罗马名字又长又复杂（遵照典型罗马公民都取有三个名字的惯例），我们可以想象这一连干下数杯的后果。

席间备有各种葡萄酒，从便宜的次等酒到被视为真正邪恶的混合调酒都有（符合后者范畴的是马赛和梵蒂冈山丘酿造的酒）。但罗马人显然不缺好酒。根据老普林尼和贺拉斯这两位哲学家所言，最好的酒产自那不勒斯地区的坎佩尼亚北部。尽管如此，诗人马提雅尔却偏爱位于罗马南方阿尔巴诺（Albano）的酒，今日，此地也生产闻名遐迩的罗马城堡（castelli romani）葡萄酒。贺拉斯在完成名酒名单时还加上了卡勒诺（Caleno，有钱人的酒）、马西科（Massico）和产自意大利中西部拉齐奥（Lazio）南方之丰迪（Fondi）的赛古布（Cecubo），后者被他视为“非常浓郁和强烈的酒”。值得一提的是，几世代以来这些名酒几乎都在这些地区生产，以最美丽的瓶子盛装，今日你可以在博物馆内观赏到这些瓶子。它们是德雷赛二号造型（Dressel two）的双耳长颈酒瓶，瓶身修长优雅，有着长长的把手和颈瓶。这是为味觉杰作所制造的手工杰作。而这些美酒应该如何品尝？贺拉斯给我们一个点子（他宣称最好的阿巴诺酒是九年以上的陈酒）：你必须和你的爱人一起小口啜饮才能尝出酒的美味。

罗马料理的源头

罗马创造出了第一种伟大的欧洲饮食文化。罗马人发明了简餐或小吃（今日速食的先驱），对第一批杰出厨师的崛起和兴盛贡献甚巨，也建立了精致意大利料理的基础，而意大利料理的丰富多样则深受世人喜爱（甚至超过法国料理，由于法国料理缺乏第一道菜，总是不忘在料理中使用奶油，因而限制了菜色种类，变得口味过重）。

在罗马世界里，食物不仅仅是养料。罗马人在仪式和献祭中将食物奉献给诸神，在尊崇死者的献酒仪式中亦奉上食物，将蜂蜜和酒倒进从墓碑通往坟墓的赤陶水管中（水管只到脸部的高度）。但在罗马历史早期，情况可是大不相同。当时的人基本上只吃一种称作“puls”的玉米粥，加上蛋、橄榄，和新鲜、未熟的乳酪，以及许多豆子和绿色蔬菜。肉很罕见，也只有猪肉和鸡肉可吃。事实上，直到公元前3世纪，法律都明文禁止宰杀牛和吃牛肉，牛只能用来耕田和献祭。之后，罗马的新征战为首都带来新的口味和产品，奢华宴会的时代于是开始了。

因此，罗马的料理文化具有遥远的根源，在第二次布匿战争[①]后更获得蓬勃发展。从那时候开始，罗马食物逐渐精致化。有点像今日拜电视之赐，许多厨师成功打入罗马家庭，并开始编写料理书籍。罗马时代最精湛的料理手册无疑是《厨艺》（*De recoquinaria*），由古代最著名、活跃于提比略治下的厨师马尔科·加维奥·阿皮西奥所著。今日流传至我们手中的是收集了他468道食谱的遗本，由另一位罗马厨师于300年后编纂而成。阿皮西奥不仅是位厨师，还是位富有的罗马人，讲究精致美食和生活品位，他是热爱食物的老饕，美食是他的生活重心。

据说，他因主办许多奢华晚宴而散尽家财。他甚至装配了一艘船沿着利比亚海岸钓龙虾，听说那里的龙虾体型庞大，且味道鲜美。是他改革了罗马烹饪，混合了甜咸口味，这一习惯

---

① 第二次布匿战争（the second Punic War，218 BC～202 BC），在这场战役后，罗马开始称霸地中海地区。

后来在中古时代消失殆尽。由于他野心勃勃又要求严苛，后来因此罹患忧郁症。哲学家塞涅卡告诉我们，他喝下一杯毒药自杀了。他会那么做似乎是他以为自己快要破产了（但他仍在身后遗留下了1000万塞斯特斯，大约相当于2000万欧元）。

他的烹饪方式彻底改变了传统料理，为许多现代食谱和趋势奠定基础。尽管如此，试图重新制作他的菜肴相当困难。就像厨房里每位伟大的魔术师一般，阿皮西奥仅描述了使用的食材，但没交代用量，而且常对所用的某些香料略而不提。实现口味恰到好处的唯一方式，是通过试错。但我们永远无法知道阿皮西奥是如何煮出他的著名菜肴的。

当然了，罗马时代还有许多其他伟大的厨师，有些甚至相当有名，比如：大加图和维吉尔留给我们一些食谱，我们也知道，西赛罗的嗜好是烹饪。甚至连某些皇帝都是名厨，比如维特利乌斯①。根据历史学家苏埃托尼乌斯所言，维特利乌斯发明了著名的“密涅瓦之盾”（Minerva's shield）：吃起来似乎要在嘴里爆炸，食材众多，其中包括火鹤舌头、鹦嘴鱼肝、孔雀和雉鸡大脑，以及海鳝的“奶”。

美味佳肴不仅诱人犯下贪食之罪②，也是文明的一种形式，而罗马的料理世界将在蛮族于5世纪入侵后灰飞烟灭。

---

① 维特利乌斯（Vitellius，15～69），在69年做过八个月的罗马皇帝。

② 基督教认为人有七种罪，贪食（gluttony）为其中之一。

｜奇闻｜食材、细节和某些食谱

除了有钱人的奢华宴会外，普通罗马人都吃些什么？据说他们的许多菜肴都难以下咽，这点是真的吗？

要将鱼内脏和我们通常会丢弃的部分沾上盐，腌制几天后发出刺鼻臭味，然后成为古罗马最受喜爱的鱼酱，想到此点，当然会让我们恶心不已。

尽管如此，罗马烹饪的食材丰富。我们不妨这样说吧，它们代表了一道极长的美食键盘上的那些琴键，即使是我们也能欣赏借助它们所弹奏出来的交响乐。

不妨想象我们前去探索厨房餐柜，并打开架上的陶壶。你会在此找到一些奇特食材。首先是香料：番红花、胡椒、莳萝、姜、丁香、芝麻。

主要的“气味”中则有迷迭香、鼠尾草、薄荷和杜松。它们与洋葱、大蒜、胡桃、杏仁、李子和榛子混合在一起。

椰枣、葡萄干、石榴和松子也扮演了重要角色。显然绿色沙拉和豆子也广泛使用。然而，令我们吃惊的是，芝麻叶被视为催情剂。有些食物在古代的角色比在现代还要重要：野生芦笋极受欢迎，而萝卜在烹饪中尤其扮演了主要角色（也许是因为当时仍未发现番茄和马铃薯，它们将在哥伦布发现美洲之后被引进欧洲）。

罗马料理的另一个支柱是卷心菜，它具有医药和治疗效果。它的烹饪方式和我们今日所采纳的手法一模一样。

其他要角还有（水煮、盐腌或烤过的）鹰嘴豆、扁豆和蚕豆。

新鲜的或制成果酱的野草莓和桑葚，也收纳在日常烹饪的食材列表中。

罗马面包种类繁多。除了餐包和皮塔饼①之外，我们知道罗马人还有至少20种不同种类的面包：从以油调味的面包到沾酒的面包，到麦麸吐司不一而足。甚至还有一种专门用来制成动物饲料的面包。

而肉类、鱼、水果和甜点又如何呢？我们简短地介绍一下这些菜肴的概况。

猪肉是最常被食用的肉类。还在吃奶的猪崽是一道美味佳肴，可以将其切成碎肉或做成肉丸，以文火慢慢炖煮。然后，如同我们所见到的，还有塞了馅料的母猪乳房、猪嘴和烤肉。猪蹄和烟熏香肠也广受喜爱［尤其当它们来自著名的维塔利斯（Vitalis）肉铺时］。

鱼：一般的鱼比肉类贵上两或三倍。市场上可供选择的鱼种类丰富：你可以买到乌鱼、海鲷、大眼狮鲈、海鳗、鲔鱼、章鱼、鲽、舌鲽、海鳝、鳗鱼和鲟鱼。大量捕获海鳝或海鲈时，甚至还会在拍卖场中出售。

软体动物和甲壳动物：从塞了馅料的蜗牛到牡蛎等，它们总是前菜的一部分。龙虾、虾、挪威海螯虾和明虾深受欢迎，这情形和今日无异。

---

① 皮塔饼（pockeet bread），用大麦或面粉做成的一种扁圆形饼。

鸟类：所有种类，从火鹤到鸫，鹤到鹦鹉，不一而足。在菜单上的还有蛋，通常是拿来作为前菜。鹅早在那个年代便遭到强迫灌食，人们用无花果将它们养胖，一如今日，他们的肝用来制造鹅肝［罗马名称“ficatum”便是源自“ficas”（无花果）一词］。

水果：当时还没有香蕉、凤梨和奇异果。罗马人所理解的水果，仅限于那些最常端上桌的，苹果、葡萄干、无花果干烤栗子。然后还有樱桃、梨子、椰枣、葡萄、石榴、榅桲苹果、胡桃、榛子、杏仁和松子。

甜点：罗马人留下许多甜点食谱。最著名的甜点之一是“乳酪蛋糕”，它被绘制在靠近庞贝的欧普隆提斯（Oplontis）别墅的湿壁画中，和我们今日吃的乳酪蛋糕没啥两样，但口味如何倒是很令人好奇。最常见但极为昂贵的增甜剂是蜂蜜。人们所能选择的替代品是东方的蔗糖、水煮的无花果，或煮过的葡萄汁。如同今日某些地方烹饪的料理方式，他们将葡萄汁经过烹煮，直到浓缩成像是糖块一般。

孩童的甜点：一个常见习惯是回收变硬的面包，切成长条，沾上牛奶，然后油炸。之后，再将蜂蜜涂在面包上，保证会受小孩欢迎。

主厨推荐

腌野兔：野兔需先腌在以下列手法调制的酱汁里：将洋葱、芸香、百里香和胡椒切碎并一起研磨。加上一点鱼酱。准备一只处理过的野兔，将酱汁抹在表面，放进烤箱中的烤盘中。趁烤的时候，重复在兔肉上涂抹几次早已备妥的另一种酱汁，这种酱汁以油、葡萄酒、鱼酱、洋葱、芸香、胡椒和四粒椰枣制成。

大麦汤：将豌豆、鹰嘴豆和扁豆混合在一起。加入清洗过和磨碎的大麦烹煮。将混合物倒入平底锅中，加入油、莳萝、香菜、茴香、甜菜叶、锦葵、卷心菜和韭菜（全部切成小块）。在另一个平底锅里，烹煮茴香子、牛至、女贞、阿魏或罗盘草［来自北非利比亚东岸赛瑞乃加（Cerenaica）地区的一种植物，现在已经灭绝，它的汁液被罗马人拿来治病］。每样食材都必须加入鱼酱磨碎。当你将这道菜端上桌时，要加入并混合一些小块的卷心菜。

塞了馅料的水煮猪：在市场上买一只小猪。取出内脏，洗净，然后烤它。同时，准备馅料：将胡椒、牛至和罗盘草一起磨碎。滴入几滴鱼酱。将用来作为馅料、分量充足的猪脑煮熟。将煮熟的香肠切片。像要煎蛋饼一样，搅好几颗蛋，并加入鱼酱增添风味。将材料全部混合，塞入猪肉，然后在猪表面涂上鱼酱。将猪缝好，装进小篮子或袋子里，放入一锅滚水中。煮熟后将其沥干便可上桌。

安息山羊：挑选一只品质优良的小山羊。准备好后放进烤箱中。同时，剁碎洋葱、芸香、香薄荷、胡椒、罗盘草和去核的大马士革李子。加入油、葡萄酒和鱼酱。将其放在火上烹煮，当你将山羊从烤箱中拿出来时，将酱汁倒在上面，然后上桌。

沙拉酱：将一些胡椒、薄荷、拉维红草、葡萄干、松子和椰枣磨碎。加入些许新鲜乳酪，再混合蜂蜜、醋和煮过的葡萄汁。

自制甜点：将一些椰枣去核，里面塞切碎的胡椒、胡桃或松子。撒上盐，然后在蜂蜜里熬煮。之后，端上桌。

罗马的性发展

起源

罗马人并不会比其他民族更开放或更堕落。他们单纯只是遵循演变多年的规矩和法则。罗马社会起初非常严格和恪守传统，事事以男人为中心：他是一家之主、祖国的保卫者，以及宅邸的主人。在性活动中，世界也以男性为中心运转。除了必须永远保持忠贞的妻子外（在早期，戴绿帽的丈夫可以合法杀死他的妻子和其情人），他们的其他性伴侣，不论是女人或男孩，都必须带给他们欢愉。在罗马时代，男人们所必须遵守的唯一不变的法则是，他的婚外性伴侣的社会阶级必须比他低，也就是说，他或她不能像他一样同为罗马公民，但可以是男奴或女奴。

性自由、女性解放和离婚

随着对从希腊至中东世界的军事征服不断进行，性习俗的最大转变于公元前 2 世纪展开。希腊习俗流传至罗马，致使道德观变得较为开放，并接纳了新的性生活体验方式：“希腊风格”的同性恋被接纳，性习惯得到拓展。女性也变得更为自主：她们可以引诱男人。

伴随这些引自东方的巨大转变，是一系列对女性处境产生重大冲击的事件。这是数位学者所曾探讨过的主题，其中最著名的是埃娃·坎塔雷拉教授（Eva Cantarella）。1 世纪的罗马女性的独立自主和自由达到了一种惊人水准，而这在现代，要到 20 世纪 70 年代才能再度达成。罗马女性变得经济独立，最重要的是，离婚变得更为容易。不过，是什么导致了这场女性解放呢？

数个世纪以来，法律只在理论上允许女性拥有能够继承财物、财产和金钱的权利。实际上，她们的财富由男性（父亲、兄弟和丈夫）管理。在公元前 1 世纪发生了著名的内战后，情况不得不有所改变：事实上，元老们意识到，罗马的大部分男性精英在战争中丧生，因此，他们的金钱和财产有落入少数几个肆无忌惮的人手中的确切危险，这些人是地道的独裁者，比如苏拉和恺撒。这该怎么办呢？元老院转而向女性求助，并赋予她们继承权。想出的办法是：元老院核准通过了新法律。

将女性完全置于男性威权下的传统婚姻关系也有所改变。根据这项改变产生了一种新的联盟，女性仍隶属于她父亲的（经济）掌控之下，但她的丈夫却管不着她。因此，当她的父亲过世时，女性得以自动继承土地和金钱，进而取得经济力量和独立地位。此外，离婚也变得更为容易。男人或女人只要在证人面前公开宣称他或她不想再继续维持这段婚姻，离婚便自动生效。

这一切的结果促成了女性地位的提升。在离婚的案例中，现在已经是金钱和财产的合法拥有人的女性可以自由离开男人，而仍能保有经济独立。

因此，角色常常颠倒过来。只为了钱而结婚的那些男子有失去一切的危险，并将沦落街头。

显然，这些法律对罗马社会的精英和富裕阶层冲击较大，而平常老百姓就不怎么受到影响。因此，针对婚姻和继承的罗马法律并非“人人平等”：它对自由公民和富人有利，对其他人（奴隶、解放的奴隶，外国人等）则毫无益处。

在公元前 1 世纪到公元 3 世纪之间，男女关系也有许多重大转变。以前，婚姻是由家族在夫妻双方仍年幼时便安排妥当，现在则是依据感情选择对象。伴侣往往在没结婚的情况下同居（依据社会地位和牵涉的财产数字，那时出现了许多种结合方式，从正式契约到单纯同居等不一而足）。那时甚至出现了出生率严重下滑的趋势，奥古斯都还制定了特别法律与之对抗，但徒劳无功。

将那时的情况与现代西方社会，尤其是意大利的现状相比较，真的很令人吃惊：结婚率也在下滑，离婚率提高，出生率低落（即使这些情况有时是出自一些实际因素，比如年轻夫妻的经济困窘）。

古罗马时代的这个时期存在性自由，这一点应该不会让我们太过诧异。实际上，性习惯对男女而言都变得更为开放和放纵，因此产生了罗马人在后代中声名远播的那些行径。

回归更为保守的习惯

从 3 世纪的后半叶（大约 260 年）开始，随着蛮族第一次入侵帝国，社会动荡和经济危机引发了整个罗马社会的剧烈变动，包括性领域。夫妻的无限自由开始缩减。夫妻变得更为同心和保守。一种新的婚姻规范诞生，强调相互忠诚，谴责同性恋，并建立性的主要目的在于繁衍后代的观念。虽然只有异教徒才存有这种道德观，但此道德观后来却成了基督教的支柱，君士坦丁大帝为其开启了康庄大道。这种新的道德观变成有用的工具，由神职人员拿来以天谴威吓并控制信徒。这种新的道德观在一方面不仅涉及所有人，并且恢复了女性在家庭和社会中的重要角色，在另一方面，女性的地位也倒退回原点，重回最古老的罗马传统框架：结婚时必须是处女，结婚期间需保持忠贞，并与丈夫相守至死。

21:00

罗马人的性

我们又回到街道上。现在天色已黑。七弦琴和铃鼓的乐音逐渐消退。我们现在所能听到的，只有从多穆斯传来的主人和宾客的大笑声和歌唱声，他们已经喝醉了。人声和乐音逐渐变得微弱而遥远。两顶轿子仍在多穆斯外，奴隶坐在人行道上聊着天。我们知道，再过一会儿，我们将会碰到其他更为嘈杂的交通工具：运货马车早已在城外待命。马车装满双耳长颈酒瓶、食物、木材、动物、屋瓦、横梁、砖头、布料和待卖的锅碗瓢盆。仿佛城市每晚都得把油加满似的。

在街道上，我们也碰到一些行色匆匆的人，他们急于要去赌场赌博，和爱人幽会，或仅是不想被抢，想急忙赶回家。还有想买春的人。在哪儿呢？在妓院里，或在城市的特定区域。走在罗马的某些地区，你会感觉就像走在孟买的花街柳巷，一扇扇的门并行排列，对你娇笑的年轻女孩倚门而立，风情万种地邀请你入内，甚至从窗户里招手。在其他地方，情况则更为“不堪”。比如，在马西姆斯竞技场的拱门前，叙利亚女孩就在那里卖身，正如同今日站在现代罗马郊区道路上的东欧或尼日利亚女孩一般。她们是性奴隶，情况没有丝毫改变。尽管如此，你可以从挂在外面的油灯辨识出妓院。那对油灯没什么特别，只不过上面开了很多孔。它们宛如灯塔般吸引着振翅猛扑过去的飞蛾。

考虑到这些妓院的数量和频繁的活动，我们可以轻易地下结论说，罗马人成功建立了一种真正的“速食”性产业。这是另一个现代特征。

我们接近一间妓院时，看到三个男人站在附近聊天。这看起来就像夜里酒吧前的景象，顾客聚集在外面闲聊。他们在和一个女人开玩笑，而那女人的头发染着一种很奇怪的颜色：在油灯下看起来是蓝色。她的头发的确是染成蓝色。她绝对是位妓女——染着古怪颜色（比如橘色）的头发是一个特别的标志。另一个确定的标志是她的穿着打扮。富有的女性会穿上多层的长袍，但妓女都穿得很轻薄，以利于快速完成性交。

我们尽量悄悄地走过。那个女人正站在一家寒酸的妓院门口，它半开的门帘让我们得以一窥内部。里面有个狭窄的走廊，由更多悬自天花板的油灯照亮。沿着墙壁开着的几扇门，通往被门帘遮蔽的小房间。这些一定就是小卧室，她们就在此进行性交易。我们会知道这点是因为庞贝有个盛名远播的妓院。门帘拉开，一个男人走出来，还在调整他短袖长衣的皮带。一个女人尾随他走出来，一双手扶在墙壁上。她全身赤裸，头发整个往后梳成发髻，有着地中海居民的五官。今天，我们会认为她是土耳其人或来自中东的女人。她的身材很像女神朱诺，有宽大的臀部，突出的小腹和小巧的乳房、这些特征让我们得知罗马人的审美品位。我们这时代的时装模特儿注重的是高挑的个子、比例均衡的身材，以及完美的脸庞：身上没有疤痕或眼袋（牙齿完好无缺）。但罗马人会觉得她们太瘦，和胸部丰满的女人相比，她们几乎没有性吸引力。

在整个古典时期，男人想与其性交或生儿育女的理想女性的审美标准都脱不开“圆胖”，而这正是今日女性想要避免或完全摆脱的，但它却在数个世纪以来被男性视为生殖、怀孕和哺乳等能力的保证。因此，“圆胖”成为性吸引力的来源。你只消看看以前绘画里的赤裸女性，就足以明了，这种“健壮红润”的女性典范一直引领风骚，直到现代初期。即使在今日，这类审美标准仍在许多第三世界延续，甚至在地中海南部一带都仍可见其踪迹，因而也确保了这个传统依旧鲜活存在。西方国家较高的生活水准，使女人的“圆胖”变得毫无用处。不过，在潜意识层面，不少现代男性仍保留着类似于罗马人的理想女性审美观。

女人消失在角落以快速净身。外面的三个男人之一迈步走进妓院。轮到他了。但那位蓝发女人阻止他，并伸出手，手掌向上，在向他讨钱。偷听到的内容使我们震惊不已。她在背诵名字和价格列表。名字是妓女们的名字（阿蒂亚、阿内达、蜜妲尔）。我们看到的女孩叫蜜妲尔，她可是真正的口交专家。价码大约是两阿塞，相当于一杯便宜的酒。但蜜妲尔的价码要更高些：四阿塞。那个男人微笑着，付了钱，然后脱掉斗篷，进入房间。一会儿后，蜜妲尔回来了，正在重新整理她的头发。她将发髻重新梳好，她的前一位顾客在激情中将它扯乱了。女人瞥了两位站在前门的男人一眼，那是她的下两位顾客，然后消失在房间内，将门帘拉上。这显然是个低级妓院，为最卑微的人提供性服务。

妓院只展现了罗马人的性行为的一面。它们绝对一点也不新鲜：它们存在于每个时代。

相较于我们的时代以及其他历史时期，真正有所不同的是做爱的观念。比如，为什么在此刻，于我们后方的多穆斯里，一个男人正在和一个女人做爱，而他在隔壁房间的妻子完全知晓这件事，却什么话都没说？而为什么在街道尽头的另一栋多穆斯里，即使这对夫妻深爱彼此，丈夫却拒绝为妻子口交？

罗马人的性规范为何？他们的禁忌是什么？这课题不乏许多不正确的刻板印象。我们将会看到，真相往往与我们所以为的大相径庭。

首先，人们有时以为罗马人是堕落、可鄙和不道德的，这点根本完全错误。相反的是，他们反倒会认为我们的性行为过于复杂，担负着太多心理包袱和角色规范——对于男人和女人能做什么有太多规矩、青少年的性该是如何、什么是猥亵的而什么不是、适当的异性恋行为如何，以及适当的同性恋行为又是怎样的，等等。

罗马人会说，即便我们自以为享有性自由，但事实上我们的脑子里充满禁忌。

让我们从最重要的一点，即罗马帝国的性行为的真正关键之处开始讨论。

对罗马人而言，（任何形式的）性都是众神，尤其是维纳斯赐予的礼物。因此，享受性是正确的，做爱也很重要：性爱是生命的欢愉之一。不仅如此，罗马人还相信，在伴侣双方都有高超性技巧的情况下，才能生下健康的小孩。

从这个观点来看，性显然完全不是一种罪孽或病态的事。总之，如果性是维纳斯的祝福，为什么要批评或强将罪恶感加诸做它的人身上呢？

但我们讨论这点时要小心。罗马人并不提倡性自由。他们仍有规范。性就像是酒，酒也是众神的礼物。喝它不是罪，却存在着如何喝它和能喝多少的社会规范，不然，你就会遭到千夫所指。性也是一样，存在着一些规则。但这些规则和我们的有所不同，而这就是为什么罗马人在床上的行为举止在我们看来很堕落的原因。

我们得强迫自己暂时忘却我们的规则，设身处地地投入他们的世界。我们也许同意或不同意他们的规则，但那些规则对他们而言是再简单不过的逻辑。

第一条规则：一位自由的罗马男人（指的是典型的罗马公民）在床上必须总是主宰者。他能和各式各样的伴侣（男人或女人）做爱，但他们的社会阶级必须比他低下：女人、女奴，或年轻男奴。

第二条规则：口交。罗马男人必须“领受欢愉”，而非“给予欢愉”。罗马人对嘴巴是真的存有迷思。对他们而言，嘴巴是高贵而神圣的。嘴巴是种社交工具，用来交谈、呼唤彼此的名字，交换资讯等，因此它必须是纯洁无瑕的。在元老院里，嘴巴还是种政治工具。如罗马性行为专家约翰·克拉克（John Clarke）所观察，指控一位元老施行口交相当于指控他犯下叛国罪，因为他“弄脏了”他的嘴巴，而嘴巴在他对国家的服务中占有举足轻重的地位。

因此，在口交中扮演主动角色的人遭到轻蔑，但扮演被动角色的人则否。有趣的是，从这角度来说，根据罗马人的这种意识形态，克林顿与莱温斯基的丑闻在古罗马根本不会闹得沸沸扬扬，不仅是因为他俩单纯地接纳了维纳斯的礼物，还因为这是一位有权有势的男人和下属搞婚外情，再者，那位下属又是个女人，因此这是社会规范所能接受的行为，并且，会遭到众人指责的将是莫妮卡·莱温斯基，而非克林顿，因为她扮演了“主动”的角色。

确切来说，谈到口交时，罗马人有三种禁忌，或更精确地说，有三种不能发生的情况：男性罗马公民对另一个男人施行口交；更糟糕的是，如果他是被迫的话；最后是他对女人施行口交。在这方面相当知名的事件是，诗人马提雅尔对科拉西努斯（Coracinus）所做的严厉攻击：他指控他为女人口交。因此，我们可以从中看出，指控一位罗马男人是“口交者”可是严重的侮辱。这在今天也是，但程度没那么激烈。

罗马人是怎么看待集体性交的呢？不怎么正面，因为在这类情况下，人们冒着太多违反上述规则和禁忌的危险。

当然了，我们到目前为止所说的每件事都纯属纸上谈兵，在现实生活中不尽然如此。在亲密时刻里，罗马人尽情做他们想做的事，许多人打破规则和禁忌。但他们和我们的差异是微妙的。没有罗马人会公开承认他做了这些事，因为它们是不能说的秘密，否则会掀起轩然大波。

为什么呢？

我们可以凭着直觉想到许多种解释：这些精确的法则对罗马社会十分有利，能对低下阶层男女遭到性剥削的情况提供正当的辩护，控制上流阶层的女性，又能借此攻击政治敌手。即便在今天，仍然有些政府、宗教或社会规范禁止某些性行为，比如婚前性行为、通奸和同性恋。根据社会和地区的不同，处罚从锒铛入狱到死刑等不一而足。这是社会控制的一种形式，在各地区和各个时代都曾被广泛使用。

但也许还有另外一种解释。基本上，这些规范是用来保障罗马精英的权力。你不妨好好想想。为何你和隶属于同一阶层的某人做爱被视为通奸，但和低下阶层的某人，比如奴隶或前奴隶等做爱就不算通奸？这理由纯粹是出自经济因素。同阶层的私生子女的诞生，显然会威胁到合法婚生子女的权利。

何况，和奴隶做爱时即使你打破一些禁忌，也会自动保护你免于受到严厉指控，因为没有人会相信奴隶说的话。因此，这些规则主要是用来保护贵族和富有阶级。但其他罗马居民呢？我们在罗马的大街小巷中所碰到的人，几乎都没有这些禁忌。对他们而言，性没有什么限制，而且是维纳斯（和普里阿普斯①）所赐的美妙礼物，他们应该尽情去享受。尽管如此，我们仍该切记，对大部分的人而言，性并非主动的选择，而是被动的强迫，因为他们是男女奴隶。在罗马人的心里，你在街道上碰到的每一个奴隶或前奴隶，都曾经忍受或正在忍受

① 普里阿普斯（Priapus），罗马繁殖和多产之神。

他主人的“关注”。没人会因此丑闻缠身：这是正常现象。奴隶和前奴隶全都是潜在的性玩物：这点完全取决于他们男主人，或他们女主人的一念之间。

罗马的《爱经》

我们从考古学家发掘时所发现的涂鸦，以及古代文献和碑文中，发现罗马人性生活的许多细节。例如，你在图拉真的罗马时期如何说“做爱”？你会说“foturere”。这个词在流传几个世纪以后几乎未曾改变，现代仍在使用，不仅是当代的意大利文，法文里也会用到，而且总是带有轻蔑的意味。

值得一提的是，被以许多名词和同义词指称的男性性器官（“mentula”、“virga”、“hasta”、“penis”，另一方面，女性性器官则是“cunnus”，也称作“fascinus”）也是罗马繁殖之神的名字，其象征是个直挺的阳具。理由在于这个词源自“fas”，“有利的”，而“fastinus”是繁殖能力的传播者，因而也是繁荣昌盛的散播者。正因如此，它能驱逐厄运和恶灵。这解释了你为什么可以到处看到它们：它们被绘制或雕刻在街道上，充斥在工匠的工坊里和罗马帝国的房舍中。

但比任何事物都能挑起我们的好奇心和想象力的是绘画。从庞贝的第一批出土文物中，发现了许多绘制在墙壁上的小型色情场景。许多在发现时遭到特意毁坏，因为当时的道德观认为这些画过于猥亵。其他的则被切割下来，藏到著名的秘密柜子或“淫秽室”里，而这批收藏现在大部分都展示在那不勒斯的国家考古博物馆中。与一般所知相左的是，发掘出绘画的建筑不是妓院，而是一般房舍。色情场景的绘画是富裕家庭典型艺术收藏的一部分，被视为精致高贵的艺术品。这有点像今天你在家里摆上一尊古典裸体雕像一般。诗人奥维德曾提到富裕家庭中充斥着这类绘画。历史学家苏埃托尼乌斯说，提比略住宅的卧室里有很多色情绘画。1879 年，在罗马法内西纳（Farnesina）宫殿的公园里进行发掘时，发现了大量类似的绘画。考古学家在台伯河的淤泥下发现了一栋别墅的残骸，湿壁画因此被保存下来。他们只挖到四个房间和两条走廊，但这别墅残骸为一对非常知名的夫妻所有：奥古斯都的女儿朱莉亚和她的丈夫。一幅湿壁画绘制着一个男人试图勾引一位显然犹豫不决的女人，她坐在床沿，还穿着衣服，她的头上甚至仍戴着面纱。在下一幅绘画中，角色颠倒过来：半裸的女人沉浸在狂喜中，聚拥着似乎很吃惊的男人。湿壁画里也有一些仆人，可能是卧室女仆，在这类最亲密的时刻居然也在场。

让我们有点不安的是，小孩和年轻女孩也会看到这类性爱场景，但它们并不被视为春宫画。罗马人在日常生活中公开讨论性（他们甚至尊崇性爱神祇，比如维纳斯和普里阿普斯），性爱场景不仅被绘制在屋子的墙壁上，也画在油灯和晚宴宾客所使用的奢华餐具上。如同我们已经讨论过的，在这种例子里，它的目的不在于展示什么惊世骇俗的罪行，而是在夸耀房舍的奢华、文化和富裕程度。

这类色情绘画往往有更进一步的意义。集体性交的夸张场景有助于培养欢乐气氛，如此一来，“邪恶之眼”便会敬而远之。有着巨大阳具的普里阿普斯的肖像，因此成为财富和富足的象征。

这些绘画和雕像以及油灯装饰，向我们揭露了罗马时代真正的爱经。借由观赏博物馆里的玻璃柜，或庞贝和赫尔克拉尼恩（Herculanum）的许多卧室、前厅和通道的湿壁画，我们可以看到那些时代所流行的所有性爱姿势。

我们看到“骑马的女人”。或女人四肢趴在床上，准备让男人从后方进入。罗马人称此为“母狮”姿势。接下来则为典型的男上女下的“传教士”姿势。

油灯装饰和绘画都有为男人口交、为女人口交，以及双方相互口交的姿势。

有些场景则让人咋舌，比如，两个女人摆出传教士姿势的色情场景；一个女人穿着戴有假阳具的皮带。在这方面，老塞涅卡[①]在其著作《论辩》（*Controversiac*）第1册第2章第23页中告诉我们，一个男人抓到妻子和另一个女人上床，在确定那个情人到底是位真男人或“假”男人后，他会将两个人都杀掉。他后来似乎被判了很轻的刑罚：那是真正的荣誉谋杀[②]。诗人马提雅尔也写到扮演男性角色的女人，他对女性的独立意识将高涨而忧心忡忡。

此外，还不乏集体性交的场景。在某些例子里是两个男人和一个女人，在其他例子里则是两个男人和两个女人，形成惊世骇俗的“三角形”或火车……显然，这些案例中的某些参与者不可能再遵守罗马贵族的性禁忌。在这类情况下，我们称

---

① 老塞涅卡（Seneca the Elder，54 BC ~ 39），罗马修辞学家和作家。

② 为荣誉而杀害家族中的女性，现今的许多中东国家依旧存有这种风俗。

之为“中间的男人”通常被蔑称为“被动的男人”，但他似乎对女性有一定的吸引力。

当然也有特意表现幽默诙谐的场景，比如，一个女人以骑马的姿势骑着一位拿着哑铃的男人，或是丘比特推着一个男人，协助他在一个像是特技动作的体位里，于性爱高潮中举高一个女人。

双性恋和同性恋

那同性恋呢？对罗马人而言，同性恋不是问题。有趣的是，他们甚至没有相当于我们的“男同性恋”或“女同性恋”的特定称呼，代表他们对后两者并未心存偏见。

今日，我们以类别来划分：单独的男人、单独的女人、异性恋、同性恋，或双性恋。罗马社会却非如此。一位罗马公民可以如他所愿，在男性身体中找到和女性身体同等的美感和欢愉，这是广泛被接受的社会现状。

但有一必要条件。我们这样说好了，如果他和另外一个男人上床，他必须扮演“主动”角色，绝不可采取“被动”角色。再者，他的欲望对象（因为这可能是界定他的最佳方式）必须来自较低的社会阶级。这些是男性同性恋的规则。

因此，没有人会因此丑闻缠身，就连皇帝哈德良与他著名的爱人安蒂诺斯（Antinous）在公开场合一起露面时也是如此，后来，安蒂诺斯溺死在尼罗河，哈德良还将他奉为神明。

罗马人的意识形态所无法接受的是，一个男人在性关系中自愿选择被动角色。那肯定会遭人非议。

喜欢采取被动角色的罗马男人，被蔑称为“被动的男人”或“供人鸡奸的男子”。他们甚至有不同的法定地位，像男妓、角斗士和演员。他们没有投票权，在诉讼时不能亲自出席。

还有另一项罗马同性恋特征使我们感到不安：与男孩发生性关系。对我们而言，那是娈童癖，没别的话好说。但对罗马人而言可并非如此。他们唯一要遵循的规矩是社会地位的（惯常）法则，众所周知的“被动”角色禁忌，当然，还有年龄上的差距。

但这习俗源自何处？在公元前3世纪和前2世纪之间，罗马领土扩张到希腊和东方世界，希腊习俗随之流传至城市内：从食物到医学，从哲学到艺术，还有性习惯。从那时开始，为了模仿希腊世界，富有男人在家中与男孩或可爱的女孩做爱几乎蔚为风尚。而这都发生在他与妻子同住的多穆斯里。在图拉真治下的罗马，情况则没有丝毫改变。我们对此感到震惊，但我们必须记得，对罗马人而言，性往往发生在两个地位不平等的人或主人与性对象（男奴或女奴）之间。

从那时开始，富有的罗马人发展出一种风俗，那就是购买在必要时也能提供性欢愉的奴隶。不像购买女奴那样，购买男奴时，从来不是特别为了将他当成性玩物。但据某些学者所言，长相英俊、年龄在12~18岁的男奴的主要功能，几乎总是为他们的男主人或女主人提供性满足。是的，因为对富有又独立的上流社会女性而言，相同的法则也适用在她们身上。这解释了为何奴隶和前奴隶总是遭到蔑视：人们假设他们曾遭主人蹂躏。

我们在这时也许要问一个问题：既然帝都罗马有妓女，那么也有男妓存在吗？客案是肯定的。我们吃惊地发现，他们就像他们的女性同行一样必须缴税，还有假期可享受。而主要的不同点则在于妓女几乎总是奴隶，来自各个年龄层，并提供低廉的性服务；相反，男妓通常很年轻，收费高昂。我们也许应该将他们界定为上流阶级的情人较为妥当，而且多数是男性而非女性的情人。许多男妓后来变得相当富有。

有时，人际和性关系之间的纠葛变得更为复杂。学者约翰·克拉克指出，有些在奥斯蒂雅出土的坟墓，其墓碑确切地显示出了地道的“三角关系”。一个墓碑上面写道：“卢修斯·阿蒂利斯·阿蒂马斯和克劳狄·阿菲雅斯，将这个石棺（或坟墓）献给提图斯·弗拉维厄斯·特洛菲马斯，因此他们三人能一起安息。”在另一个例子里，一个叫阿利乌斯的男人将阿莉亚·波泰斯塔丝下葬，后者是他和另一个男人共享的女奴。墓碑上说，在她死后，这两个男人反目成仇。今日，没有人会在墓碑上写这种事，人们不会将道德和宗教戒律所谴责的这类关系，大咧咧地公之于世。

镜子里的女人

在结束这段罗马性行为的旅程时，我们必须说，如同我们所见，这个世界与我们的迥然大异，它只围绕着单一的受益者打转，即罗马的男性公民。尽管如此，罗马妇女（尤其是富有女性）拜她们所获得的解放之赐，也能为自己塑造新角色，得到她们应得的性满足。考虑到那个时代的背景和其他文化、文明和种族情况，她们的成就令人刮目相看。更何况，女性得重新等待两千年，才能取得和罗马妇女相同的地位。

现在，出现在我们眼前的正是这类气氛。这场景充满着诗歌和爱。她正在如花般盛开的年纪，美艳绝伦，躺在覆盖着柔软丝绸床单、装饰精美的床上。她的男人身材壮硕，一头卷发，从后方与她结合，两人正处在强烈的高潮中。他们深情凝望彼此。她转身拥抱他，一双手温柔地爱抚着他。他们都全身赤裸，金饰是她唯一穿戴的“衣物”。

她的脚踝、手腕和臂膀都戴着镯子。一条镶嵌着宝石和小粒金块的漂亮项链绕过她的脖子，安栖在她的锁骨上。但最抢眼的饰品是那条用大圆环连接而成的金项链，从肩膀上垂下来，盖住她的乳头，在肚脐处交叉，然后绕到背部，就像以前斜挂在脖子旁的子弹带。这些金饰都让我们肯定我们正身处一个富有女人的多穆斯里。床旁边是一个火盆，里面燃烧着树脂，香气弥漫在整个房间内。还有一只作伴用的小狗，它正坐在小凳上，警戒地盯着一只老鼠，后者正准备跑来喝他碗里的东西。墙壁上有一幅装有小门的色情绘画，女主人碰到想对其展示的人时才会将门打开。

是的，正是女主人。打量着她，我们可以看出，她的发型有点落伍。她的长发在颈背梳成发髻，然后盘至额头，形成一种光环。但这发型对图拉真时代来说不是有点落伍吗？实际上，这个发型在公元 20 年左右正引领风骚，那是在弗拉维治下，甚至更早以前。我们还没时间考虑完这一点，就有一只女性老迈的手伸到我们前面，拿走了这幅性感的图像。

事实上，我们到刚才为止所看到的不是真实的场景，而是一只青铜镜子的背面装饰。这个杰出的装饰描绘着两个恋人，女人身处场景中央，自由奔放、年轻又性感。相反地，现在拿着镜子的那只手是年迈女人的手。那应该就是镜子主人的手。

我们无法看清她的脸，因为镜子宛如日食般将其遮蔽。我们往旁边走一步，瞪着那张满布皱纹的脸：她和装饰里的女人何其相像，令我们大为吃惊。天啊，的确是她本人！

一如惯例，上流社会的女性喜欢委托工匠来为青铜镜子做装饰。而这位女主人在几十年前委托工匠依照当时她年轻貌美的模样铸造出这幅图像。现在，时光荏苒，年轻追求者的卷发也掉光了，同样也满脸皱纹，他现在正在这栋奢华多穆斯的一间卧室里睡觉，就在离她咫尺之遥处大声打鼾，而他俩一直共同住在这栋位于埃斯奎利尼山丘上的多穆斯里。

那女人现在正打量着青铜镜子中映出的脸庞，她静静看着自己脸上的皱纹，还有一位女仆正小心翼翼地梳着她的白色长发。然后她盯着镜子边缘，沿着边缘有一道框架，雕刻着黄道十二宫的所有象征符号。她漫不经心地看着这些符号：人马座、摩羯座、宝瓶座、双鱼座……符号的目的便是提醒照镜子的人时光不再。它们仿佛在说：趁你还年轻貌美时尽情享受人生，抓紧维纳斯的礼物吧。如同哲学家贺拉斯所说，人要及时行乐。女人的眼睛开始微笑。她曾年复一年地尽情品味她的丰美年华。

这只直径大约五寸的青铜镜子，将于数个世纪后由考古学家在埃斯奎利尼山丘发掘出来。现在它保存于罗马的古物收藏馆，编号为13694。就像许多号码一样，它也不过是个毫无意义的编号。但这个镜子所反映的人生，可是诉说了一整个历史时期的故事。

现在，夜晚统治着罗马的街道。我们所能见到的只有几盏“车灯”：奴隶提着油灯，为一小群人照亮前路。我们还看见其他固定的灯光，它们属于某些典型的夜间行业，比如妓院，但出现在我们眼前的是赌场。在小旅店里，仍然有人在丢骰子、下注和输个精光。这时还没有扑克牌，但诈赌和争吵却的确存在。一阵突如其来的密集叫喊声吸引了我们。它来自一家小旅店。我们可以听到凳子在地上咚咚滚动和水壶破裂的声音。一个女人走出来，拼命高声尖叫。她可能是女老板，或是在旅店里工作的妓女，谁知道呢。但她的尖叫获得了回应。刚在几分钟前经过这里的消防巡逻队闻声而来。几秒钟内，巡逻队便冲入店内。我们听到更多叫喊声，然后突然一片沉寂。与此同时，两位巡逻队员抓着一个男人从店里走出来，他们将他的臂膀扭到身后。但那个男人一路挣扎，大声抗议。他原本一直扭动个不停，直到他被一阵棍棒连续猛打之后才乖乖就范。随后，他还被踹了好几下。在这里，巡逻队员可不好惹。我们最好赶快上路。

酒馆里有醉鬼，黑暗中潜伏着杀人犯，罗马夜间的街道上到处藏匿着危险。危险甚至会从天而降。你要小心的不是倾倒而下的尿。你可能会被从窗户丢出的笨重物品砸个正着，比如破碎的陶器、凳子，和其他已经不堪使用的东西（就像以前意大利某些城市的过年习俗）。丢东西违反法律，但这种情况时常发生。

这是曾属于一个罗马贵妇人的青铜镜子的背面装饰。物主命人描绘她自己、情人和她的金饰。罗马人认为，性是维纳斯的礼物。

我们在某些街道上，看见打扫街道的奴隶的身影。他们在火把的微弱光亮下工作：夜晚（和黄昏时刻）是打扫街道垃圾的最佳时段。白天时街道上人潮拥挤，根本不可能打扫。

吓跑恶灵的仪式

我们进入一条巷子。夜里，万籁俱寂，一阵奇怪的祈祷声吸引了我们的注意。我们试图找出声音源头，它似乎是来自一栋建筑的一楼。一扇窗户的护窗木板微敞着，从后方透出一抹淡淡的光芒。我们安静地走到窗边，眼睛往腐坏木板的隙缝里偷窥。我们随即看到一个怪异又古老的场景。

在几盏油灯的微弱光亮下，一个男人正在举行驱逐恶灵的仪式。古罗马人非常迷信。他们相信，死去家族成员的影子（也就是他们的鬼魂）会一直在子孙的家里幽幽徘徊，不肯离去。但倘若你能用仪式和供品讨他们欢心，他们就会帮助生者，并在日常生活中保护他们。不然的话，他们就会变成恶灵（称作鬼魂或死者恶灵），在夜里或在你的梦中出现。因此，古罗马人有必要时常在半夜举行净化仪式。

我们现在所见和奥维德流传给我们的一篇有关这类仪式的描述，有着惊人的相似点。男人下了床，赤脚绕着房间打转。在一片死寂中，他轻弹举在头顶上方的手指。然后他在一盆泉水里洗手，代表净化——他以高价从一位狡猾的商人那买来这盆未遭污染的水。

桌上的那盆水旁边，有一盘黑豆。那些是他奉献给死者影子的供品。为了向死者保证豆子没被下毒，他舀起一把豆子，放进嘴里。然后，他没有转身，将黑豆吐回手里，一个接一个丢向肩膀后方，每丢一次，就重复那句吸引我们注意的话："我丢出这些豆子，随着它们，我让自己和挚爱的家人获得自由。"你绝对不能转身。在理论上，死者的灵魂是躲在生者背后的，他们会捡起豆子来吃掉，至少在象征性上是如此。考虑到现在的时间，而且他已昏昏欲睡，他当然是讲得口齿不清，但我们还是听得懂。

接下来是仪式的最后一部分，男人将双手重新浸入水盆，并做出九次请求，请死者的灵魂离开他的家。他边说边撞击着青铜盘子。最后，他停下来喘着气，默不作声。他现在该做的只有转过身来检查影子是否已经离去。他迟疑了一下，无法确定，然后猛然转身，瞪着他四周的房间。他的脸放松下来，露出微笑。看来仪式发挥了功效。

24:00

最后的拥抱

现在，街道上没有别的人影，只剩下我们。罗马在我们的四周沉睡。有些人裹着被单，在他们奢华的卧室里熟睡着。其他人则睡在公寓大楼上层房间里用麦秆铺成的简陋床上。还有人睡在地板上，在他们主人多穆斯的走廊里。

我们前面是条宽广的街道，两旁商店鳞次栉比。在晚上的这个时刻，它们全以厚重的木板封住，木板插入地面，用坚固的门闩拴紧。我们抬起目光，注意到四周都是高耸入云的公寓大楼的幢幢黑影。这感觉就像我们正站在一道黑暗峡谷的底部，头顶则是满天星斗。

我们走下街道，感受到一股不真实的静谧。在咫尺之外，一座喷泉流泻而出的潺潺水声划破了这份沉静。我们唯一的旅伴是流水的声响。

这份静谧很诡异。但更诡异的是，它很罕见。我们现在就处于150万居民所住的城市心脏地带。午夜通常是商店和工坊的运货时间，充斥着马车铁轮滚动在石制路面上的嘈杂声，男人叫喊着，马儿不断嘶鸣，还有不可或缺的咒骂声……这些只是从远处的另一条街道所传来的微弱声响。一只狗的汪汪狂吠在回荡着。罗马是座不夜城。

眼前是岔路。就在十字路口中央，我们注意到有个朦胧的人影正安静地盯着我们。她直挺挺地站着，穿着白色长袍，双臂微微敞开，仿佛在欢迎和拥抱我们。我们的好奇心被挑起，朝她走近了几步。现在我们看出来她是谁了，也弄清楚，她不是在看我们。

她的眼睛凝望着远方，就像陷入沉思的人。黯淡的月光照亮一张柔和的乳白色脸庞，那张脸上带着一抹浅浅的微笑。她的额头上缠绕着一条缎带，头发整个往上梳，但有几绺杂乱的发丝轻轻散落在肩膀上。一阵突如其来的狂风在她周遭扬起一阵沙尘，但她的头发却没有随之飘动。她的头发也无法飘动，因为它是由大理石制成的。她赤裸的双臂与长袍上的数百个皱褶，也都是由大理石制成。雕塑她的雕刻家使用的是世界上最珍贵的大理石之一，而凝结在石头里的是罗马人最尊敬的神祇之一：玛图塔圣母（伟大的母亲），“吉祥之母”，生育、起源和曙光女神。

我们在帝都罗马的一日之旅就此结束。差不多是距今两千年前的普通一天。

致　谢

我谨在此向罗莫洛·奥古斯都·斯塔乔利教授致谢，他是研究古罗马日常生活的优秀专家，他仔细阅读了本书的初稿，多年来总是给我珍贵的建议和指点。他那些有关两千年前生活实况的描述和著作，引发了我对罗马世界的兴趣。

我也要感谢安东尼奥·德·西莫内（Antonio de Simone）教授，他引领我进入庞贝的世界，使我深深爱上它，庞贝是世界上挖掘古罗马日常生活秘密的最佳所在。

显然，如果没有那些在数代以来描述罗马生活细节的著作，本书将无法诞生。我尤其要感谢所有那些在我参观遗址时大力协助我的考古学家，他们邀请我分享考古发现的细节和奇闻，并耐心回答了我提出的无数问题。

我也要感谢加布里埃拉·温加雷利（Gabriella Ungarelli）和蒙达多利的阿尔贝托·杰尔索米尼（Alberto Gelsumini），他们从一开始便对本书充满信心，并以高度热忱一路呵护其诞生和成长。我想感谢卢卡·塔拉齐（Luca Tarlazzi），他所绘制的罗马日常生活“照片”非常杰出，完美到他似乎曾带着素描簿走过古罗马的街道。

最后，我想向我的妻子莫妮卡致谢，她在我每次拍摄或参访考古遗址回来时，或读完无数本有关罗马人生活的研究书籍时，总是以无尽的耐心来面对我的热忱，并倾听我滔滔不绝讲述的古罗马故事。

图书在版编目（CIP）数据

古罗马的日常生活：奇闻和秘史 /（意）阿尔贝托·安杰拉著；廖素珊译. --北京：社会科学文献出版社，2019.1（2023.2 重印）
（思想会）
ISBN 978-7-5201-3569-6

Ⅰ.①古… Ⅱ.①阿… ②廖… Ⅲ.①社会生活-历史-古罗马-通俗读物 Ⅳ.①K126-49

中国版本图书馆 CIP 数据核字（2018）第 219444 号

·思想会·
古罗马的日常生活：奇闻和秘史

著　　者 / [意大利] 阿尔贝托·安杰拉（Alberto Angela）
译　　者 / 廖素珊

出 版 人 / 王利民
项目统筹 / 祝得彬
责任编辑 / 祝得彬　刘学谦　刘燕婷
责任印制 / 王京美

出　　版 / 社会科学文献出版社·当代世界出版分社（010）59367004
地址：北京市北三环中路甲 29 号院华龙大厦　邮编：100029
网址：www.ssap.com.cn
发　　行 / 社会科学文献出版社（010）59367028
印　　装 / 北京盛通印刷股份有限公司

规　　格 / 开 本：880mm×1230mm　1/32
印 张：12.625　插 页：0.25　字 数：278 千字
版　　次 / 2019 年 1 月第 1 版　2023 年 2 月第 4 次印刷
书　　号 / ISBN 978-7-5201-3569-6
著作权合同登记号 / 图字 01-2018-7895 号
定　　价 / 68.00 元

读者服务电话：4008918866